한국의 교사와 교원노조

한국의
교사와
교원노조

초판 1쇄 인쇄 2025년 10월 24일
초판 1쇄 발행 2025년 11월 3일

지은이 박정훈
펴낸이 김승희
펴낸곳 도서출판 살림터

기획 정광일
편집 이희연, 송승호, 조현주
북디자인 꼬리별

인쇄·제본 (주)신화프린팅
종이 (주)명동지류

주소 서울시 양천구 목동동로 293, 2215-1호
전화 02-3141-6553
팩스 02-3141-6555
출판등록 2008년 3월 18일 제313-1990-12호
이메일 gwang80@hanmail.net
블로그 http://blog.naver.com/dkffk1020
한국교육연구네트워크 www.kednetwork.or.kr

ISBN 979-11-5930-331-9 03370

한국의
교사와
교원노조

박정훈 지음

머리말

'단 한 명의 아이도 포기하지 않는 교육', '모두가 행복한 교육', 4년마다 치르는 교육감 선거의 단골 공약입니다. 공약은 교육감 후보들이 내걸지만 그 실천은 누가 해야 한답니까? 교실에서 학생들과 부대끼며 살아가는 교사들이겠죠. 그러나 대한민국 교사들은 자신들이 못 살겠다고 아우성치고 있습니다.

2023년 여름, 우리 사회는 교사들의 절규를 들었습니다. 서이초 교사의 죽음을 계기로 11차례에 걸쳐 연인원 80만 명의 교사들이 거리로 나왔습니다. 아무도 예상치 못한 사건이었습니다. '순둥이' 교사들이 그렇게나 많이 거리로 나온 건 한국 교육계에서 일어난 최초이자 최대의 사건입니다.

놀란 정치권은 교사들의 외침에 즉시 응답했습니다. '교권 5법'이 만장일치로 국회를 통과했습니다. 그러나 발등의 불만 껐을 뿐, 학교는 변화하지 않았습니다. 교사들을 죽음으로까지 몰아간 법률의 문제 조항 몇 개를 수정했다고 학교가 쉽사리 변할 리 없겠죠.

한국 현대사에서 교사들이 '이렇게는 못 살겠다'며 거리로 나온 사건은 세 번 있었습니다. 첫 번째는 1960년 4.19혁명 직후, 두 번째는 1987년 6월 항쟁 이후, 세 번째는 2023년 서이초 사건 이후입니다. 세

번의 사건은 모두 교원노조 건설과 확대로 이어졌습니다.

4.19혁명 직후 교사들은 죽어간 제자들의 피에 보답하자며 '한국교원노동조합 총연합회'를 건설했습니다. 보통 '4.19 교원노조'라고 부릅니다. 4.19 교원노조는 1년 후 일어난 5.16 군사쿠데타로 극심한 탄압을 받고 해산당했습니다. 이후 한 세대 동안 한국의 교사들은 무권리 상태로 살아야 했습니다.

1987년 6월 항쟁 이후 교사들은 군부독재 교육을 거부하며 1989년 '전국교직원노동조합'(이하 전교조)을 건설했습니다. 그러나 정부는 전교조를 '불법'으로 규정하고 1,527명의 교사를 학교 밖으로 쫓아냈습니다. 전교조는 10년을 싸워 1999년 합법성을 쟁취했으며, 사회적 영향력이 큰 교원노조로서 한 세대를 풍미했습니다.

2023년 서이초 교사의 죽음 이후 거리로 나선 교사들은 교원노조에 대거 가입했습니다. 5만 명 수준이었던 '교사노동조합연맹'(이하 교사노조연맹)에 젊은 교사들이 대거 가입하여 10만 명을 넘어섰습니다.

1948년 대한민국 정부 수립 이후 김영삼 정부까지 한국 교사들에게 허용된 조직은 '한국교원단체총연합회'(이하 한국교총)뿐이었습니다. 1948년 '대한교육연합회'(이하 대한교련)로 출범하여 1989년 개명한 한국교총은 이승만, 박정희, 전두환 정권 시절 독재의 하수인 역할에 충실했습니다. 1988년 대한교련이 전두환에게 747만 원짜리 병풍을 선물한 것은 유명한 사건이었습니다. 1988년이면 짜장면 한 그릇 가격이 900원 정도였으니 지금 시세로는 7천만 원쯤 하겠네요. 그런 한국교총은 교장·교감이 주도하는 교원단체로서 평교사의 목소리를 외면했습니다.

1999년 전교조가 합법화되면서 한국교총의 독점적 지위는 무너지고 교원단체는 한국교총과 전교조로 양분되었습니다. 전교조의 사회적 영향력은 한국교총 못지않았지만, 회원 수로는 한국교총을 뛰어넘지 못했습니다. 그러다 2023년 서이초 사건을 거치면서 전교조와 교사노조연맹의 조합원 수를 합치면 한국교총을 능가하게 되었습니다.

전교조가 한국교총의 독점적 지위를 깨고 나온 지 36년, 전교조가 합법화되면서 한국교총과 전교조 양대 교원단체의 시대 24년, 이제 바야흐로 한국 교원단체의 역사에서 전교조와 교사노조연맹 양대 교원노조의 시대가 열렸습니다.

교원노조의 시대가 열렸지만 갈 길이 멉니다. 전교조와 교사노조연맹 조합원을 다 합쳐도 50만 교원의 30%가 안 됩니다. 일반직 공무원은 70% 가까이 노동조합에 가입해 있습니다. 또한 교원노조의 활동은 언론과 SNS를 통해 알려지지만, 학교 안에서 학교를 바꿔나가기 위한 교사들의 조직적 움직임은 나타나지 않습니다.

서이초 사건 이후 교원노조들은 교권 강화를 위해 국회에 법률 제정을 요구하는 활동에 집중했습니다. 이재명 정부 출범 이후에는 정치 활동의 자유 확보에 집중하고 있는 것으로 보입니다. 당연히 해야 할 일들입니다.

그런데 교원노조의 손발을 다 묶어놓은 '교원의 노동조합 설립 및 운영 등에 관한 법률'(이하 교원노조법)을 폐기하고 다른 노동조합들처럼 노동조합답게 활동할 문제는 별로 논의되지 않는 것으로 보입니다. 교원노조의 발전 전망을 세우는 것보다 중요한 일이 없는데, 가장 중요한 일이 관심 밖인 것 같아 못내 아쉽습니다. 이것이 제가 책을 쓰게 된 가장 중요한 이유입니다.

교원노조는 그때그때 발생하는 교육 현안에 대해 입장을 내고 행동도 활발히 해야 하지만, 장기적으로 학교와 교육을 어떻게 바꿀 것인가에 대한 전망을 내놓고 교사들의 공감을 얻어나가야 합니다. 그리고 실력으로 이를 관철해야 합니다.

1989년 창립한 전교조는 전망을 내놓았습니다. 그래서 정권이 극심한 탄압을 했지만, 전교조 교사들의 꿈까지 빼앗을 수는 없었고, 전교조는 마침내 합법화를 이루었습니다. 그러나 다른 노동자들과 달리 교원노조법이라는 특별법을 만들어 합법화됨으로써 전망을 실현할 힘을 갖지 못했습니다.

교원노조법은 단결권만 보장하고, 단체교섭권은 제한했으며, 단체행동권은 원천적으로 박탈했습니다. 단결권, 단체교섭권, 단체행동권을 '노동기본권'이라 부르는 이유는 세 개의 권리가 독립된 게 아니라 하나이기 때문입니다. 전교조는 '노동1.5권'을 가진 불완전한 노동조합으로서 형식만 노동조합일 뿐 노동조합다운 역할을 할 수 없었습니다. 전교조가 교육부와 마지막으로 단체협약을 체결한 게 2002년이고, 23년 동안 무단협 상태라면 아마 믿지 못할 것입니다. 심지어 사립학교 교사들은 전교조가 합법화된 이후 단 한 번도 단체협약을 맺지 못했습니다. 그래서 전교조는 10만의 벽을 넘지 못하고 주저앉았습니다.

전교조가 한계에 갇히고 침체했을 때 교사노조연맹이 출범했고, 서이초 사건을 계기로 10만을 넘어 제1교원노조가 되었습니다. 그러나 전교조를 가로막은 법률적 한계는 교사노조연맹에게도 똑같습니다. 전교조에 비해 교사노조연맹이 새로운 조직이고, 젊은 교사들이 주축이라 성장세에 있지만, 10만을 돌파한 이후 성장세가 둔화됩니다. 전교조와 교사노조연맹은 온전한 노동3권을 쟁취하는 것을 최우선 과제로 놓고 힘을 모아야 할 것입니다.

교원노조는 교사들의 요구에 기초하여 건설되고 발전합니다. 전교조는 1980년대 청년 교사들이 만든 조직입니다. 전교조를 건설할 당시 교사들의 지향과 성격이 지금 젊은 교사들의 생각과는 다를 수밖에 없습니다. 1980년대 청년 교사들이 '참교육'을 외치며 전교조를 건설했다면, 2025년의 청년 교사들은 '교권'을 중심 과제로 교원노조에 가입합니다. 시대가 변하면 모든 것이 변화합니다. 그러나 변치 않는 게 있습니다. 노동조합의 발전 원리입니다. 단결하여 교섭하고 단체행동으로 요구를 관철하는, 헌법 제33조에 보장된 권리를 제대로 행사할 때만 발전할 수 있습니다.

저는 서울의 공립 고등학교에서 과학을 가르치는 30년 차 전교조 조합원입니다. 전교조 조합원의 자격을 유지할 수 있는 시간이 얼마 남지 않았습니다. 전교조를 통해 학교와 교육을 바꾸고 싶었으나 현실의 벽은 너무 높았습니다. 2023년 국회 앞 '검은 점'들의 집회에 참석하면서 후배 선생님들에게 너무 미안했습니다.

저는 '노동1.5권'을 지닌 전교조 활동을 하면서 많은 한계를 느꼈고, 다음 세대 교원노조의 모습에 대해 고민해 왔습니다. 인터넷 서점에서 '교원노조'를 검색하면 교사들이 읽을 만한 책이 없습니다. 젊은 선생님들에게 물어보니 사범대학 다닐 때 교원노조에 대해 배운 적이 없다고 합니다. 임용고시를 통과하고 교육청에서 실시하는 신규 교사 연수를 받을 때 교원단체 소개 시간도 너무 짧아서 기억나는 게 없다고 합니다. 교원노조를 30년 가까이 한 선배 교사로서 부끄러웠습니다.

교원노조를 학술적으로 연구하는 학자도 필요하겠지만, 교원노조에 직접 몸담고 잘 나가던 시기와 어려운 시기를 모두 경험해 본 교사가 직접 교원노조의 과거, 현재, 미래를 성찰하는 것도 필요하다고 생각했습니다. 이것이 제가 책을 쓰게 된 두 번째 이유입니다.

독자가 전교조 조합원이라면 1980년대 청년 교사들이 군부독재 시절에 왜 전교조를 만들려 했고, 어떻게 군부독재의 탄압을 이겨내고 합법화를 쟁취했으며, 어떤 성과를 이루었고, 어떤 한계에 갇혀 교원노조로서 제 역할을 할 수 없었는지 이해하는 데 도움이 되었으면 합니다.

독자가 교사노조연맹 조합원이라면 전교조가 경험했던 한계를 잘 이해하고 교사노조연맹의 장점을 살려 교원노조의 전망을 찾는 데 도움이 되길 바랍니다.

독자가 교원노조 소속이 아니라면 교원노조를 이해하고 가입을 결심하는 데 도움이 되길 바랍니다.

2025. 9. 15.

박정훈

차례

머리말 4

1부

서이초 사건과 교원노조

1.
2023년 터져 나온 교사들의 거대한 분노

2023년 7월 18일 서울 서이초의 신규 2년 차 선생님이 학교에서 생을 마감했습니다. 안타깝게도 우리는 아직도 그 선생님의 이름을 모릅니다. 그래서 '서이초 교사'라고 쓰겠습니다.

서이초 교사의 죽음이 알려진 건 다음 날입니다. 7월 19일 서울교사노조는 1학년 담임을 맡았던 고인의 학급에서 학생끼리 사건이 있었고, 학부모가 강하게 항의하여 고인이 매우 힘들어했다는 것을 알렸습니다. 7월 22일에는 고인이 1년 전에 담임을 맡았던 학급의 학부모들에게 보낸 자필 편지가 언론을 통해 공개되었습니다.

2022년은 저에게 참 선물 같은 해였습니다. 너무나 훌륭하고 착한 아이들을 만나 함께할 수 있음에 저에게도 너무나 가슴 벅차고 행복했던 1년이었어요. 순수하고 보석처럼 빛나는 스물 일곱 명의 아이들과 하루하루를 보내면서 '앞으로 교직 생활을 하면서 이렇게 좋은 아이들을 또 만날 수 있을까'라는 생각을 자주 했습니다. 참으로 귀한 우리 아이들을 믿고 맡겨주시고, 아이의 학교생활을 늘 지지해 주셨음에 담임교사로서 마음 깊이 감사드립니다.

위 편지는 2023년 2월, 학년말에 보낸 것입니다. 이렇게 아름다운 마음을 가진 선생님이 5개월 후에 생을 마감했습니다. 서이초 담벼락에는 전국 각지에서 보낸 근조화환이 셀 수 없이 많이 놓이고, 교문에는 고인의 아픔에 공감하는 추모 글귀들이 붙었습니다. 그리고 첫 교사 집회가 시작됐습니다. 7월 22일부터 10월 28일까지 11차례나 집회가 이어지며 연인원 80만 명의 교사가 거리로 나왔습니다. 다음 표는 집회 차수별 참여 인원입니다.

서이초 담벼락을 둘러싼 근조화환 ⓒ교육희망

집회 차수	날짜	참여 규모(주최 측 추산)
1차	7. 22.	5천 명
2차	7. 29.	3만 명
3차	8. 5.	4만 명
4차	8. 12.	3만 명
5차	8. 19.	5만 명
6차	8. 26.	6만 명
7차	9. 2.	30만 명
8차	9. 4.	12만 명
9차	9. 16.	3만 명
10차	10. 14.	3만 명
11차	10. 28.	12만 명

서이초 교사의 49재를 이틀 앞둔 9월 2일 제7차 교사대회에는 전국적으로 30만 명이 모였습니다. 한 점 한 점이 모여 여의도를 검게 물

9월 2일 제7차 전국 교사 집회 ⓒ교육희망

들인 집회에 모든 국민이 놀랐습니다. 단일 직업군의 집회로는 전무후무한 사건이었습니다.

서울 여의도 국회의사당 앞 대로만이 아니었습니다. 9월 4일 '공교육 멈춤의 날', 제주도에서는 교사 2천 명이 모였다고 합니다. 제주도의 교사가 총 6천 명인데, 1/3이 거리로 나온 것입니다.

교사 집회가 이토록 지속성을 띠고 규모가 커진 데에는 서이초 교사의 죽음 이후에도 계속 교사들의 안타까운 소식이 전해졌기 때문입니다.

8월 8일 MBC 뉴스데스크는 2021년에 경기도 의정부시 호원초등학교의 김은지 선생님과 이영승 선생님이 학부모의 민원에 시달리다 6개월 간격으로 세상을 떠났는데, 학교 측이 진실을 은폐하고 단순 추락사로 교육청에 허위로 보고했었다는 사실을 보도해 충격을 주었습니다.

8월 31일에는 전북 군산시 무녀도초등학교에서 과도한 업무, 관리자와 갈등에 시달리던 6학년 담임 선생님이 세상을 떠났습니다. 같은 날 서울 신목초등학교에서는 학부모 민원에 시달리다 병가를 냈던 6학년 담임 선생님이 복직을 앞두고 세상을 떠났습니다.

9월 3일에는 경기도 용인 기흥고등학교 체육 선생님이 수업 중 잠시 자리를 비운 사이 한 학생이 배구공에 맞아 눈 부위를 다치는 사고가 발생하자 학부모가 업무상 과실치상 혐의로 선생님을 고소하고 교육청에 징계를 요청하는 등의 민원에 시달리다 세상을 떠났습니다.

9월 7일에는 대전 관평초등학교에 재직할 때 아동학대 혐의로 고소당해 10여 개월 동안 수사를 받으며 고초를 치른 끝에 무혐의 처분을 받는 등 학부모들의 악성 민원에 시달리다 용산초등학교로 근무지를 옮긴 선생님이 세상을 떠났습니다.

칼퇴근, 3개월 방학, 노후 연금 등 교사를 질시의 눈으로 바라보던 사람들이 도대체 학교가 어떤 상태길래 교사들이 죽어가는지 묻기 시작했습니다. 8월 26일 6차 집회 때, 12년 차 초등 교사라고 소개한 '소담이' 선생님은 학교가 어떤 상태인지 설명하며 교사들의 분노를 대변했습니다.

> "학교폭력이 일어났습니다. 그러면 어김없이 누군가는 교사에게 소리치며 혹은 냉담하게 선생님은 도대체 뭘 했느냐고 묻습니다. 우리 사회에 무슨 문제가 생길 때마다 너나없이 학교는 무엇을 했느냐고 묻습니다. 그리고 앞다투어 학교에서 이런 것을 해야 한다고 말합니다. 안전, 인성, 진로, 민주시민, 인권, 다문화, 통일, 독도, 경제, 환경교육에 이제는 마약에 도박까지.
>
> 선생님! 우리가 무엇을 안 했습니까? 그럼에도 무슨 일만 생기면 교사에게 대체 뭘 했냐며 책임을 돌리는 이 사회, 당신들은 상황이 이렇게 될 때까지 대체 무엇을 했습니까? 우

리가 하나의 점으로 모여 뜨거운 아스팔트 위에서 함께 울
부짖는 이 순간까지 정말 무엇을 하셨습니까?"

교사들의 분노에 놀란 정치권은 9월 27일 국회에서 교권 5법 개정
안을 통과시켰습니다. 개정된 법률의 핵심은 4가지입니다.

- 교원의 정당한 생활지도는 아동학대로 보지 않는다.
- 교사가 아동학대로 신고됐더라도 정당한 사유가 없는 한 직위
  해제 처분을 금한다.
- 교장은 교육 활동 침해 행위를 축소·은폐할 수 없다.
- 부모 등 보호자는 학교의 정당한 교육 활동에 협조하고 존중
  해야 한다.

너무나 당연한 것들이고, 오랫동안 교사들이 문제를 지적해 왔음에
도 불구하고 수십만 교사가 거리로 나와서야 개정됐습니다. 넉 달 동
안 아스팔트를 검은 점으로 채웠고, 국회가 법률을 개정했는데, 학교
는 얼마나 변했을까요?

서이초 사건 발생 1년을 앞둔 2024년 6월 서울교사노조가 한길리
서치에 의뢰해 서울 시민과 교사 각 1천 명을 대상으로 한 조사에 따
르면, "교권 보호와 관련해 체감되는 변화가 있는가?"라는 질문에 서
울 교사의 77.4%가 '변화 없다', 11.2%는 '오히려 나빠졌다'고 답했습
니다. '나아졌다'는 대답은 10.8%에 그쳤습니다.

서이초 교사의 죽음이 학부모한테 괴롭힘을 당한 결과인지 조사했
으나 협박 등에 이르는 범죄 혐의점이 없다고 처리한 경찰의 수사 결
과에 대해 서울 교사의 98.7%가 신뢰하지 않는다고 답했습니다. 피해
자는 있는데 가해자가 없는 전형적 사건 처리였습니다.

제가 전교조 활동을 30년 하면서 많은 집회에 참여해 보았지만 가장 많은 교사가 모인 집회가 1만 명 정도였습니다. 2023년과 같은 대규모 교사 집회가 가능할 수 있을까?라고는 상상도 해보지 못했습니다. 4달 동안 11차례에 걸쳐 최대 30만 명, 연인원 80만 명이 참여한 교사 집회 결과 현실의 변화를 느끼지 못하다니, 왜 이렇게 되었을까요? 앞으로는 어떻게 해야 할까요? 2023년 11차례의 교사 집회를 돌아보면서 함께 생각해 보겠습니다.

7월 22일 첫 집회를 제안한 사람은 경기도 파주시 마지초등학교에 근무하는 박교순 선생님이라고 합니다.[1] 박교순 선생님은 7월 20일 초등학교 교사들의 커뮤니티 '인디스쿨'에 함께 모이자는 글을 올린 후 집회를 신고했습니다. '인디스쿨'은 전국의 초등학교 교사들이 20년 전부터 온라인으로 교육자료나 수업 경험 등을 공유해온 플랫폼입니다. 전국 초등 교사의 75%인 14만 명이 회원으로 가입해 있습니다.

박교순 선생님의 인디스쿨 닉네임은 '굳잡맨'인데, 각 집회마다 제안자가 다릅니다. 2차 집회는 '수학귀신', 3차는 '네시사십분만기다려요', 4차는 '군밤장슈', 5차는 '서울서울서울'이 준비했다고 합니다. 매 집회는 각 운영진에서 결정하는데, '주최는 1회 제한', '시간은 2시~4시', '공개모집을 통한 운영진 구성' 등 1차 집회의 구성안이 유지되었다고 합니다.

순조롭게 진행되던 집회는 서이초 교사의 49재를 '공교육 멈춤의 날'로 지정한 9월 4일을 앞두고 혼선을 겪게 됩니다. 교육부는 일선 학교로 공문을 두 차례나 보내 '공교육 멈춤의 날'을 멈추게 하려고 했습니다. 교육부가 「9.4 불법 집단행동 관련 학사 운영 및 교원 복무 관리 철저 요청」이라는 제목으로 학교에 보낸 공문은 아래와 같습니다.

---

1. 교육언론 〈창〉, "1차 교사 집회 뒤 사라진 '굳잡맨', 그가 입을 열었다.", 2023.8.14.

서이초 교사 49재를 맞아 임시 휴업 또는 교원의 집단 연가·병가 사용 및 집회 참여 등 불법 집단행동을 독려·조장하는 행위가 확산되고 있으나, 집단행동을 위한 학교의 임시 휴업 결정, 교원의 집단 연가·병가 사용 및 교장의 연가·병가 승인, 집회 참여 모두 불법입니다. 교육부는 학생들의 학습권을 외면한 채 수업을 중단하고 집단행동을 하는 행위에 대해서는 법과 원칙에 따라 엄정하게 대처할 것입니다.

그러자 한국 최대의 교원단체임을 자랑하는 한국교총은 "9월 4일은 49재의 의미를 담아 추모 열기를 교원의 지지와 국민적 공감 속에서 모을 수 있도록 학교 근무 일정을 마친 저녁 7~8시경에 추모제를 갖자"고 제안했습니다.

인디스쿨에서 '공교육 멈춤의 날' 웹 기획 및 운영을 담당했던 선생님이 자신의 블로그에 9.4 집회를 취소한다는 글을 올렸습니다. 그는 교사들이 집회 참석으로 인해 징계받기를 원치 않는다고 이유를 밝혔습니다.

최대 규모의 집회가 될 것이 예상되고, 교육부가 엄정한 대처를 언급하는 상황에서 한 개인이 책임질 수 있는 상황이 아니었겠지요. 이런 우여곡절이 있었지만 9.4 '공교육 멈춤의 날' 집회는 예정대로 진행되었습니다. 서울 여의도 앞 집회의 경우 시작 시간을 오후 4:30으로 정해 진행했습니다.

2023년 교사 집회 주최자들은 '전국교사일동'이라는 이름으로 활동했습니다. 교사들의 자발적 참여를 강조했고, 실제로 집회를 진행할 때마다 새로운 준비팀 30여 명이 구성되고, 집회를 마치면 흩어졌다고 합니다. '전국교사일동'은 서로 어느 학교인지, 이름이 무엇인지 묻지 않았다고 합니다.

집회 때마다 새로운 준비팀을 꾸리는 것은 '특정 단체'가 개입하는 것을 방지하기 위해서였다고 합니다. 4차 집회 홍보팀장을 맡은 임소영 선생님은 "특정 단체가 개입되면 교사로서 교육 정상화를 위해 모인 개별 교사들의 목소리가 작아질 것"이라고 말했습니다.[2] 특정 단체의 개입을 배제하고 집회를 이어가는 교사들의 '순수성'과 '중립성'이 전국 교사들의 호응과 지지로 이어지고 있다고 판단한 것이죠.

4차 집회 당시 국회의원들의 참여가 예정되어 있었는데, 참여하기로 했던 국민의힘 의원들이 불참하자 집회의 '순수성'과 '중립성'을 지키기 위해 주최 측은 야당 국회의원의 발언도 취소해 버렸습니다. 더불어민주당 강민정 의원은 그나마 교사 출신이라는 이유로 발언 기회를 얻을 수 있었지만, 무대 위로 오르지는 못하고 무대 아래에서 발언해야 했습니다.

'전국교사일동'이 주최하는 집회에서 교원단체들의 목소리가 실리기 시작한 것은 8월 12일 4차 집회부터입니다. 8월 5일 3차 집회에서 주최 측은 "이제 교원단체·교원노조가 나서서 공동 요구안을 만들어 실현해달라"라고 요구했습니다. 이에 전교조가 교원 5단체(교사노조연맹, 한국교총, 새로운학교네트워크, 실천교육교사모임, 좋은교사운동)에 공문을 보냈고, 4차 집회에서 처음으로 6개 교원단체 공동결의문을 발표했습니다.

2023년 교사 집회를 처음 제안하고 기획하고 집행했던 '인디스쿨', '전국교사일동' 교사들의 헌신적 활동은 매우 고마운 일입니다. 집회가 지속되면서 참석자 규모가 커지고 분노의 표출을 넘어 법률 개정을 통한 해결로 방향을 잡아나가자 더 이상 교사 커뮤니티 수준으로는 감당이 안 되었을 것입니다.

---

2. 오마이뉴스, 〈전국 교사집회 준비하는 '전국교사일동'은 누구?〉, 2023.8.13.

게다가 현실은 만만치 않아서 '공교육 멈춤의 날'을 막으려는 교육부에 맞서 교사들의 단체행동을 옹호하고, 더 나아가 정치권을 움직여 법률 개정을 이루어내려면 법적 지위를 가진 교원단체가 필요한 상황이었습니다.

2023년 교사들의 전국적 행동이 정점에 이르렀던 날은 9월 4일 '공교육 멈춤의 날'이었습니다. 이날 하루를 재량휴업으로 만들자는 교사들의 움직임이 있었지만, 교육부 발표에 따르면 실제로 재량휴업을 한 학교는 전국에서 초등학교 17개에 불과합니다. 만약 전국의 학교가 문을 닫고 교사들이 거리로 나왔다면 어땠을까요?

2023년 교사 집회의 규모는 대단했지만, 국회를 향한 청원 운동 성격이었습니다. 만약 교사들 대다수가 노동조합에 가입해 있고, 노동조합이 정부를 상대로 교섭을 벌이는 방식으로 문제를 풀어가며, '공교육 멈춤의 날'이 다른 노동조합들처럼 파업의 형태로 전개되었다면 어땠을까요?

그런 게 가능할까요? 임금인상도 아니고, 근로조건 개선도 아닌데 파업을 통해 문제를 해결한다는 게 가능한 일일까요? 두 가지 사례를 생각해 보겠습니다. 첫 번째는 2020년 의사들의 파업입니다. 두 번째는 꽤 오래전 일인데 1996~1997년 민주노총의 총파업입니다.

먼저 2020년 의사 파업을 보겠습니다.[3] 2020년 코로나19가 창궐하면서 공공 병상과 의료인 부족 현상이 심각하게 나타나자, 문재인 정부는 7월 23일 향후 10년 동안 의대생 4천 명을 증원하겠다고 발표했습니다. 1년에 400명인 셈이죠. 이에 대한의사협회는 반대했고, 8월 23일 종합병원의 인턴과 레지던트들이 모두 파업에 돌입했습니다. 결

---

3. 2024년에 윤석열 정부가 의대 정원을 매년 2천 명씩 증원한다고 발표하여 전공의들이 의료행위를 거부했지만, 이때는 사표를 쓰고 나갔기 때문에 2020년 공공의대 증원 확대 문제를 살펴보고자 한다.

국 정부는 의사들에게 백기를 들었고 9월 4일 인턴과 레지던트들이 모두 복귀했습니다.

당시 언론은 이를 모두 '의사 파업'으로 표현했습니다. 종합병원의 인턴과 레지던트는 노동자입니다. 그러나 그들은 노동조합을 만들지 않았습니다. 따라서 그들의 집단행동은 '업무 방해' 행위입니다. 그런데 노동조합도 만들지 않은 사람들의 불법적 집단행동에 '파업'이라고 이름 붙였습니다.

다음으로 1996~1997년 민주노총 총파업을 보겠습니다. 민주노총은 1995년 11월 11일 조합원 50만 명으로 창립했는데, 창립과 동시에 큰 시련에 직면했습니다. 1996년 1월 김영삼 정부가 노동법 개정을 천명했기 때문입니다. 당시 노동법 개정 사항은 변형근로제, 정리해고제, 파견근로제, 파업 기간 중 무노동·무임금 적용, 노조의 정치 활동 금지, 동일 사업장 내 대체근로 및 신규 하도급 허용 등 노동조건을 심각하게 위협하는 것들이었습니다.

민주노총 총파업

1996년 12월 26일 새벽, 김영삼 정부는 노동계의 거듭된 경고를 무시하고 노동법을 국회에서 날치기로 통과시켰습니다. 여당의 날치기 통과에 맞서 민주노총은 총파업을 선언하고 12월 26일부터 해를 넘겨 1월 18일까지 총파업 투쟁을 벌였습니다. 하루 평균 168개 노조에서 19만 명이 파업에 참여했고, 파업 참여 누적 인원은 360만 명에 이르렀으며, 총파업 기간에 거리 시위에 참여한 사람들도 연인원 350만 명에 달했습니다.

노동자들의 거센 저항에 놀란 김영삼 대통령은 1997년 1월 21일 야당 당수들과 회담을 가진 후 노동법 재논의에 합의하게 됩니다. 1996~1997년 민주노총 총파업은 대한민국 헌정사상 국회를 통과한 법률이 발효되지 못하고 폐기되게 한 유일한 사건입니다.

민주노총의 총파업과 관련해 또 하나 살펴볼 지점은 정부의 대응입니다. 김영삼 정부는 총파업을 불법으로 규정하고 주요 노조 간부, 현장 지도자, 조합원들에 대한 대규모 수사 및 사법처리 방침을 발표했습니다. 주요 사업장마다 경찰 투입과 함께 노조 간부 연행, 구속이 빈번히 발생했습니다. 그러나 총파업을 지지하는 국민 여론과 국제노동기구ILO의 비판이 고조되자 정부는 공식적으로 사법처리를 하는 것을 유보하겠다고 밝혔고, 일부 노동조합 간부들이 형사 처벌을 받았지만, 투쟁의 규모에 비해 처벌은 약하게 이루어졌습니다.

대한민국은 교사들이 파업한다는 것을 상상하지 못하는 사회입니다. 교원노조에 파업권이 없기 때문입니다. 다른 나라들은 어떨까요? 2025년 올해 벌어진 교원노조의 파업만 살펴보겠습니다.

교육개혁의 메카 핀란드에서는 올해 5월 8~9일 공공·복지 부문 공무원 5,500명이 파업을 벌였는데, 여기에 지방학교 교사들도 포함되어 있어서 일부 도시에서는 수업 중단 및 원격수업 전환 조치가 있었습니다.

독일의 'GEW'Gewerkschaft Erziehung und Wissenschaft, 교육학술노조는 26만 명의 조합원을 보유한 독일 최대 규모의 교원노조입니다. 2025년 5월 13~15일에 베를린에서 GEW 소속 교사, 사회복지사, 심리치료사들이 참여한 경고 파업이 있었습니다. 핵심 요구는 학급 규모 축소, 교직원 건강 보호를 위한 협약, 근무 환경 개선 및 업무 부담 경감이 었는데, 경고 파업이 시험 기간 중 진행되어 논란이 컸습니다.

5월 21일에는 브란덴부르크주의 포츠담에서 GEW가 주도하는 6천 명 규모의 시위가 있었습니다. 교사들이 시위에 나선 이유는 수업 시수 증가, 신규 채용 중단, 학교 보조 인력 축소 등에 대한 항의였으며, 시위로 인해 일부 학교에서는 오전에 수업이 조기 종료되는 등 학사일정에 차질이 발생했습니다.

다시 대한민국 현실로 돌아오겠습니다. 1996~1997년 민주노총 파업이나 2020년 전공의들의 파업을 노정 교섭이라고 합니다. 보통 교섭 앞에 붙는 말은 '노사'입니다. 이때는 개별적 사용자와 교섭이 아니라 정부와 직접 맞서 싸웠기 때문에 노정 교섭이라고 부를 수 있습니다.

저는 9월 4일 '공교육 멈춤의 날'에 교사들이 '파업'을 해야 했다고 주장하려는 게 아닙니다. 파업권이 있는 노동조합들도 파업이 그렇게 간단한 일이 아닙니다. 2023년에 분출한 교사들의 거대한 분노가 학교의 변화로 귀결되지 못한 이유가 무엇인가, 앞으로는 어떻게 할 것인가를 지금부터라도 생각해 보자고 하는 것입니다.

왜 의사들은 노조도 안 만들면서 파업을 해버리는데 교사들은 재량휴업조차 정부의 협박을 받아 포기하는가, 1996~1997년 민주노총은 총파업으로 노동법 개악을 막았는데 왜 교사들은 그런 상상을 못하는가, 왜 다른 나라에서는 교원노조가 일상적으로 하는 파업을 왜우리는 꿈도 못 꾸는가, 이런 것을 곰곰이 생각해 보자고 하는 이야기입니다.

2023년 11차례의 교사 집회를 돌아볼 때 결국 교사들의 고통을 해결할 수 있는 교사 조직은 교장들이 주도하는 한국교총이 아니고, 인디스쿨 같은 온라인 커뮤니티도 아니고, 새로운학교네트워크·실천교육교사모임·좋은교사운동과 같이 법률상 공식적 지위나 권한이 없는 '임의조직'도 아니고, 헌법과 법률이 보장하는 권한을 가진 교원노조입니다. 전교조와 교사노조연맹은 법률적 권한이 형식적으로 부여되어 있을 뿐 실제로는 교사들의 단결된 힘으로 자기 문제를 해결해 나갈 능력이 없는 노동조합입니다.

서이초 교사 사건 이후 몇 개 법률을 개정했지만, 학교 현실이 변하지 않았다면 여기에서 출발하여 다시 교원노조가 해야 할 일을 찾아야 합니다.

교원노조가 중심에 서서 서이초 교사를 비롯하여 많은 교사들을 죽음으로 몰고 간 낡은 질서와 제도를 해체하고 새로운 학교를 만들기 위한 집단적 운동을 지속해야 합니다. 학부모가 교사 위에 군림하며 갑질을 일삼게 된 학교의 운영 구조, 학부모가 문제를 제기하면 교사에게 책임을 떠넘기는 교장을 양산하는 교원 승진 제도, 교사를 법적 처벌의 대상으로 만든 각종 법률과 그 법률 제정 과정에서 교사들의 목소리를 전면 무시했던 정치세력과 교육 관료들, 이런 문제를 하나하나 분석하고 해결책을 찾아야 합니다.

2.
교원노조의 미래를 위한 연구 과제

1. 학교의 변화와 교원노조의 과제

교원노조는 교사의 요구를 대변하고 실현하는 것을 목적으로 하는 조직입니다. 교사의 요구는 임금인상과 같은 경제적 이익도 있고, 수업시수 감축과 같은 근로조건 개선도 있고, 교장의 억압적 학교 운영 체제 개선도 있고, 고교학점제 폐지와 같은 교육 정책 개선에도 있습니다.

2017년 교사노조연맹이 창립되기 전까지 교사를 대변하는 유일한 조직은 전교조였습니다. 전교조를 상징하는 단어는 '참교육'입니다. 전교조가 내세운 참교육의 구체적 내용이 무엇인가는 다음 장에서 살펴보기로 하고, 지난 한 세대 동안 '전교조' 하면 '참교육'이었습니다. 그래서 전교조를 좋아하지 않았던 보수 언론들도 툭하면 "전교조는 참교육 초심으로 돌아가라"는 식으로 비난했습니다.

전교조가 교권을 주장하지 않은 게 아니지만, 교권보다 참교육이 부각된 데에는 시대적 상황이 있었습니다. 1989년 전교조를 창립할 당시 학교는 전근대적 질서가 지배하고 있었습니다. 1948년 제정되어 1998년 폐지된 교육법 제75조 '교사는 교장의 명을 받아 교육한다'는 학교 안에서 교사의 지위를 보여주는 대표적 법령입니다. 교장과 교사의 관계는 수직적이었고, 학교는 교장의 왕국이었습니다.

교사와 학생의 관계도 전근대적이었습니다. '군사부일체君師父一體'라 하여 교사를 임금이나 부모와 동일시하고, '스승의 그림자는 밟지 않는다'는 유교적 이데올로기가 통용되던 시절이었습니다.

교사는 학생을 '훈육'했습니다. 훈육의 수단으로 체벌과 기합이 사용됐습니다. 교사가 학생에게 가하는 폭력은 '사랑의 매'로 미화되었습니다. 학교에 학생 인권이란 존재하지 않았으며, '자유', '권리'같이 사치스러운 것은 대학에 들어가서 마음껏 누리라고 했습니다. 교사는 교장에게 억눌리는 피해자였지만, 동시에 학생에게는 가해자이기도 했습니다.

교사와 학부모의 관계도 수직적이었습니다. 학부모는 '육성회'와 같은 학교 후원조직에 참여하는 것 외에 학교의 공식적 의사 결정에 참여할 수 없었습니다. 학부모가 학교를 방문하는 경우는 자녀가 소위 '사고'를 친 경우 외에는 드물었습니다. 학부모는 학교 운영에 대해 민원을 제기할 수 있는 통로가 없었고, 그저 학교의 지시를 따르면서 자녀를 맡겨야 했습니다.

그 시절 교사와 학부모의 관계를 보여주는 단적인 현상은 '촌지' 문화입니다. 촌지寸志는 '작은 뜻'이라는 의미지만, 사실은 뇌물이나 마찬가지였습니다. 지금은 학교에서 사라졌지만, 1980년대 학교에서는 일상이었습니다. 1989년 출범한 전교조가 '촌지 거부'를 선언했을 때 학부모들이 열렬히 지지한 것은 당시 교사와 학부모의 관계를 보여줍니다.

그런 시대적 상황에서 전교조는 교사의 요구를 대변하면서, 동시에 학생과 학부모의 요구도 옹호해야 했습니다. 전교조 교사들은 교육 관료의 횡포, 교장의 갑질, 친일 독재를 미화하는 교과서에 대한 분노와 함께 학생들에 대한 미안함, 학생을 지켜주지 못하는 교사의 처지에 대한 자괴감을 함께 느꼈습니다.

전교조는 학생의 자유를 억누르는 억압된 학교 문화와 맞서 싸웠고, 그런 활동들을 '참교육'이라 표현했습니다. 전교조 교사들은 힘들더라도 학교 안에서 학생 자치활동, 학급 자율 활동, 동아리 활동 등을 열심히 지도하고 지원했습니다. 또한 1996년 학교운영위원회가 도입되었을 때 환영하고 학부모와 함께 학교 민주주의를 실현하기 위해 싸웠습니다. 전교조는 교사, 학생, 학부모의 요구를 동시에 대변하면서 '교육3주체론'을 정립했습니다.

그로부터 오랜 시간이 지났습니다. 시대가 바뀌고 학교가 변하면 교원노조의 활동 방향도 달라집니다. 2025년 현재 학교는 학생을 억압하는 기구가 아닙니다. 지금도 일부 사립 고등학교에는 전근대적 질서가 남아있지만, 학교와 교사는 학생에게 무엇을 강요하지 않습니다. 학교 안에 체벌을 비롯하여 전근대적 질서는 '거의' 사라졌습니다. 언제부터라고 딱 꼬집어 말할 수는 없지만, 2010년 진보 교육감 시대가 열리면서 전근대적 질서는 학교에 남아있을 수 없게 되었습니다.

보수 언론은 진보 교육감을 전교조 교육감이라고 비아냥대는데, 사실 진보 교육감들이 내걸고 시행했던 조치들은 대부분 전교조가 오랫동안 주장해 왔던 것들입니다. 또한 전교조 출신 진보 교육감들이 많이 당선되었으니, 전교조는 진보 교육감 시대를 맞아 한 세대 동안 노력해 온 것들의 결실을 이루었다고 봐도 무방할 것입니다.

학교의 전근대적 질서와 억압적 성격이 해체되면서 역으로 교사가 학생, 학부모에게 공격받는 상황이 되었습니다. 이 시기도 대체로 2010년대에 시작되었습니다. 2017년 더케이손해보험이 교권 침해로 인한 피해와 법률비용 손해를 보장하는 '교권 침해 보험'을 출시한 것은 학교의 변화를 보여준 상징적 사건입니다. 현재는 전국 17개 시도교육청이 50만 교원을 모두 '교원 배상 책임보험'에 가입시킨 상황입니다.

2024년 더불어민주당 백승아 의원이 교육부로부터 받은 2019~2023년 교권 침해 관련 자료에 따르면, 최근 5년간 교권 침해 건수는 총 14,213건이며, 2023년에는 5,050건으로 4년 전보다 2배가량 늘어났습니다. 교사가 상해·폭행당한 사례는 1,464건으로 전체 교권 침해의 약 10%에 해당하며, 피해 교사들의 병가와 휴직도 2020년 415건에서 2023년 2,965건으로 3년 사이 7.1배 늘었습니다. 가해 학생에 대한 전학·퇴학 조치도 2020년 113건에서 2023년 564건으로 5배 증가했습니다.

교원노조가 교사뿐 아니라 학생과 학부모의 이해를 대변하던 시대는 지났습니다. 2023년 교사 집회에서 가장 많이 외쳤던 구호 중 하나는 "우리는 교육하고 싶다"였습니다. 교사로서 자긍심을 갖고 좋은 교육을 하고 싶은데, 교사를 옥죄는 법률과 제도, 학부모의 민원 때문에 교사로 사는 게 너무 힘들다고 절규했습니다. 따라서 교원노조는 현재의 학교 질서를 해체하고 제대로 교육이 이루어질 수 있는 체제를 만들어야 합니다. 참교육에서 교권으로 담론을 이전하고, 이를 보험이 아니라 학교 시스템 구축을 통해 해결해야 합니다.

교사와 학생, 교사와 학부모의 관계는 변했지만, 교사와 관리자(교장·교감)의 관계는 변하지 않았습니다. 이는 서이초 사건에서도 잘 드러납니다. 이 일 이후 교육부와 서울시교육청 합동조사단이 7월 27~28일 서이초 교사 65명을 대상으로 설문 조사한 결과에 따르면, 응답자의 절반가량(49%)이 교권 침해를 경험한 적 있다고 했고, 한 달에 7번 이상 학부모 민원과 항의를 경험했다는 교사도 15%에 달했습니다. 서울 강남이니까 다른 지역보다 더 심한 상황이었을지도 모릅니다. 그렇다면 서이초의 교장·교감은 학부모 민원이 발생했을 때 책임지고 문제를 해결하는 게 가장 중요한 역할이어야 했습니다.

그러나 학부모 민원 발생 시 학교관리자의 지원을 받았다는 응답은 21.4%에 불과했고, 65.2%가 동료 교사의 지원을 받았다고 했습니다. 서이초 선생님이 세상을 떠난 후 서이초 교장은 입장문을 통해 선생님의 고충을 개인사로 축소했고, 학부모의 민원과 괴롭힘을 부정하거나 축소했습니다. 이는 서이초 사건에서만 나타난 게 아닙니다. 2023년 문제가 되었던 의정부 호원초등학교, 군산 무녀도초등학교에서 모두 발견되는 현상입니다.

지난 30여 년간 전교조가 해체하고자 했던 교장의 지배 질서는 오롯이 유지되었습니다. 학생을 옥죄던 전근대적 질서는 해체되었으나, 그 자리에는 다른 질서가 들어와 채워졌습니다. 학부모를 교육의 동반자로 보고 협력 관계를 유지하려 했으나, 현재의 학교 질서는 교사와 학부모의 관계를 더욱 멀게 만들었고, 심지어 학부모가 교사를 억압하는 새로운 주체로 등장했습니다. 교원노조는 교사의 교육권을 가로막는 낡은 질서를 해체하고 새로운 학교의 질서를 세워야 합니다. 이 문제를 『한국의 교사와 교원노조』의 첫 번째 과제로 삼고자 합니다.

2. 낡은 교원노조법과 교원노조의 진로

우리나라에 철도노조법, 언론노조법, 학교비정규직노조법, 이런 것은 없습니다. '유이'하게 교원노조법과 공무원노조법이 있습니다. 대한민국의 모든 노동자는 '노동조합및노동관계조정법'에 따라 노조를 만들고 운영합니다. 교사·교수와 공무원만 특별법을 만들어 운영하고 있습니다.

왜 이렇게 되었을까요? 1999년 전교조가 합법화될 당시 공무원 중 교육 공무원(사립학교 교사 포함)에게만 노동조합을 허용했기 때문입니다. 대다수 공무원은 노동조합을 설립할 수 없지만 교사에게만 노동조합을 허용하려다 보니 특별법을 만들게 된 것입니다.

이후 2002년 공무원노조가 설립됐습니다. 공무원노조도 불법으로 규정되어 모진 시련을 겪다 2006년 공무원노조법이 제정되면서 합법화되었습니다. 현재 대한민국 공무원 중 경찰, 군인, 교도관, 판사, 검사 등을 제외한 대다수 공무원이 노동조합을 갖게 되었습니다. 대한민국 공무원 116만 명 중 교육공무원 36만 명, 일반직 공무원 50만 명이 노동조합 가입이 가능한 상태가 되었습니다.

1999년에는 공무원에게 노동조합을 허용하지 않는 게 원칙이고, 교육공무원에게 허용하는 것이 예외였다면, 현재는 공무원에게 노동조합을 허용하는 게 원칙이고 특수한 직군에 대해 예외인 상황입니다. 물론 노동자의 권리를 소중히 여기는 나라는 경찰과 군인도 노조 설립의 자유가 있습니다. 단체행동권 등에 제한은 있지만 노조 설립 자체는 폭넓게 허용하는 것이 선진국의 기준입니다.

교원노조법은 탄생 자체부터가 비정상적이었기에 교원노조의 정상적 활동을 보장하지 않습니다. 제가 머리말에서 교원노조법은 '노동3권'이 아니라 '노동1.5권' 법률이라고 말씀드렸는데, 현재의 교원노조법으로는 정상적 노조 구실을 할 수 없습니다.

교원노조법의 문제를 요약하면 이렇습니다.

첫째, 단결권 자체부터 문제입니다. 단결권은 노동자가 자주적으로 결사할 권리입니다. 교원노조법은 교원노조를 전국 단위, 또는 시도 단위로 결성하게 되어 있습니다. 공립학교 교사의 경우는 별로 문제가 안 되지만, 사립학교 교사는 학교 단위 결성이 아예 부정됩니다. 재단 단위로 할 것인가, 공립학교 교사처럼 할 것인가는 사립학교 교사들이 결정해야 할 문제입니다. 실제로 2020년 교원노조법이 개정되면서 대학교수는 재단 단위로 결성할 수 있게 되었습니다. 제가 사립학교 교사들은 재단 단위로 노조를 만들어야 한다고 주장하는 것은 아닙니다. 이 단결권 문제가 단체교섭권과 연동되어 심각한 문제를 가져왔기에 교원노조의 미래를 위해 검토해야 한다고 말씀드리는 것입니다. 이 문제는 뒤에서 다시 다루도록 하겠습니다.

둘째, 단체교섭권의 문제입니다. 단체교섭권은 세 가지 문제가 있습니다.

첫 번째는 교섭 사항입니다. 교원노조법은 교섭 사항을 '교원의 사회경제적 지위 향상'에 관한 문제로 제한하고 있습니다. 단체교섭을 해 보면 교육부·교육청의 관료들은 교원의 임금, 수당, 근무 조건, 복지 등은 교섭할 수 있으나 교육 정책은 교섭할 수 없다며 한 발짝도 물러서지 않습니다. 예를 들어 교사의 수업과 노동조건에 막대한 영향을 주는 'AI디지털교과서', '고교학점제'는 교섭 사항이 될 수 없다고 교육 관료들은 주장합니다. 이런 것을 교섭할 수 없는 교원노조가 과연 제대로 된 노조라고 할 수 있겠습니까?

두 번째는 사립학교 교사들의 문제입니다. 사립학교 교사들의 경우 교섭 대상이 사립학교 설립·경영자와 전국 또는 시도 단위로 연합하여 교섭하도록 규정하고 있습니다. 그 결과는 무엇일까요? 사립학교 교사들은 합법화된 교원노조에서 단 한 번도 교섭하지 못했다는 것입니다. 반면 대학교수들은 대학 단위로 교섭하고 있습니다.

세 번째는 공립학교 교사들도 교육부 장관, 시도 교육감과 교섭은 할 수 있지만, 자기 직장인 학교에서 관리자와 교섭할 수 없다는 것입니다. 이는 교원노조의 대중화에 큰 걸림돌로 작용해 왔습니다.

마지막으로 단체행동권인데요, 이는 원천적으로 부정되었기 때문에 길게 이야기하지 않겠습니다.

교원노조법, 공무원노조법이 문제라는 것은 저의 개인적 주장이 아닙니다. 2018년 문재인 정부는 국회에 교사·공무원에게도 노동3권을 보장하는 헌법 개정안을 제출했습니다. 시대의 변화에 따른 당연한 조치입니다. 그러나 당시 더불어민주당의 의석수가 2/3가 되지 못했고, 야당인 자유한국당이 결사적으로 반대하여 개헌은 국회에서 한 마디 논의도 못 해보고 폐기되었습니다. 이제 다시 더불어민주당 이재명 정부가 출범했고, 이재명 정부와 뜻을 같이하는 정당들까지 합쳐도 의석수가 2/3가 안 되지만, 차기 총선에서 2/3를 확보하여 개헌을 하든, 현재 상태라도 교원노조법을 개정하든 교원노조의 새로운 길을 열지 못하면 교원노조는 대중화되기 어렵습니다.

교원노조가 30% 조직률을 돌파하여 과반수 교사가 참여하고, 교사들의 요구를 실현할 무기를 갖지 못하면 교원노조는 유명무실해집니다. 이 문제를 중요한 연구 주제로 다루겠습니다.

3. 교원노조에 대한 부정적 정서 극복

대한민국은 경제적으로는 선진국 대열에 진입했지만, 노동 인권은 후진국입니다. 국제노총ITUC은 151개국의 노동조합 305개, 1억 7,500만 명이 가입한 세계 최대 규모 노동조합 단체로 2014년부터 매년 글로벌 노동권 지수를 발표해 왔습니다. 아래 표는 국제노총ITUC이 발표한 〈2023 글로벌 권리 지수Global Rights Index〉입니다. 국제노총이 발표한 나라 이름을 다 쓰지 않고 독자들이 알 만한 국가만 썼습니다. 대한민국이 어디에 있는지 찾아보시죠.

등급	국가
1등급	덴마크, 핀란드, 노르웨이, 독일, 이탈리아, 스웨덴, 오스트리아
2등급	프랑스, 일본, 포르투갈, 스페인, 스위스, 싱가포르, 이스라엘, 코스타리카
3등급	벨기에, 아르헨티나, 호주, 캐나다, 멕시코, 폴란드, 남아프리카공화국
4등급	그리스, 헝가리, 페루, 카타르, 사우디아라비아, 영국, 미국, 베트남
5등급	중국, 이집트, 인도, 인도네시아, 쿠웨이트, 말레이시아, 태국, 대한민국
5+등급	아프가니스탄, 미얀마, 팔레스타인, 리비아, 남수단, 시리아, 예멘

한국을 찾으셨나요? 놀랍게도 5등급이죠? 각 등급의 의미는 아래와 같습니다.

- 1등급: 노동권이 간헐적으로 sporadic 침해되는 나라
- 2등급: 노동권이 반복적으로 rcpeated 침해되는 나라
- 3등급: 노동권이 정기적으로 regular 침해되는 나라
- 4등급: 노동권이 체계적으로 systematic 침해되는 나라
- 5등급: 법·제도에서 노동권이 아예 존재하지 않는 나라
- 5+등급: 정부 기능이 마비되어 평가 자체가 무의미한 나라

'5+등급'에 있는 나라들의 공통점은 전쟁 중이거나 내란 상태인 나라입니다. '노동권'이란 노동자의 권리라는 뜻이지만, 일하는 사람의 70%가 노동자인 한국에서 노동자의 권리는 모든 국민의 보편적 권리를 의미합니다. 한국은 전쟁이나 내전 중이어서 평가 자체가 무의미한 나라 바로 위의 등급입니다.

노동권 지수가 최하 등급인 대한민국에서는 노동조합에 대한 왜곡 선전, 두려움, 혐오가 광범위하게 퍼져 있습니다. 2016년에 출간된 『너에겐 노조가 필요해』[4]의 서문에 나오는 한 대목을 읽어보면서 함께 생각해 보겠습니다.

대다수 노동자는 '내 노동조합'을 가져본 적이 없다. 노동조합은 건너 들은 소문에만 존재한다. 그도 그럴 게 한국은 노동조합에 가입된 노동자의 비율이 세계에서 손꼽히게 낮은 나라다. 그나마도 노동자보다 회사의 입장을 우선으로 하

---

4. 김유미, 반지수, 『너에겐 노조가 필요해』, 사회운동, 2016.

는 어용노조가 상당수다.

뉴스와 같은 대중매체가 노동조합을 다루는 방식은 이런 현실을 유지하고 강화한다. 노동조합을 사회 불순세력, 만족을 모르는 극단적 이기주의자라는 딱지를 붙여 가까이해서는 안 되는 무시무시한 이들이라는 느낌이 든다. 반대로 노동자 편에서 이야기를 풀어가려는 시도에도 전형적 패턴이 존재한다. 안타까운 개인의 사연이 부각되고 얼마나 길고 처절한 싸움을 하고 있는지에 초점이 맞춰진다.

그 속에서 노동조합은 '나도 하고 싶은 것'이기보다 특별히 더 불쌍하거나 더 정의로운 사람만이 할 수 있는 것처럼 보인다.

노동조합에 대한 부정적 의식은 2023년 교사 집회 과정에서도 나타났습니다. 특히 전교조에 대한 부정적 의식이 많이 나타났습니다.

11차례에 걸친 전국 교사대회에 전교조 소속 교사들이 열심히 참여하고 준비했을 것이라 짐작하는 것은 당연합니다. 집회 사회자만 봐도 3차 집회 사회를 맡은 안지혜 선생님, 4차 집회 김승민 선생님, 5차 집회 김지희 선생님, 6차 집회 서민성 선생님, 8차 집회 이형아 선생님, 9차 집회 이민경 선생님 등이 모두 전교조 조합원입니다. 또한 많은 전교조 조합원이 재정팀, 홍보팀, 안전팀, 버스 조직, 지역 집회 총괄 기획과 집행을 맡아 전교조 조합원이라는 것을 내세우지 않고 활동했습니다. 그분들의 이름을 일일이 열거하지는 않겠습니다. 전교조 조합원들이 2023년에 어떤 역할을 했는지는 올해 전교조가 출간한 『교사, 공교육을 멈춰 세우다』를 읽어보시면 잘 알 수 있습니다. 하지만 『교사, 공교육을 멈춰 세우다』에는 교사들이 전교조를 부정적으로 대하는 사례들이 많이 나옵니다.

충북 산남초등학교 장은정 선생님은 11차례의 교사 집회 중 2차 지역버스와 3, 4차 교사 집회에서 안전팀 활동을 했다고 합니다. 그런데 장은정 선생님은 교사 집회를 준비하는 과정에서 교사들 사이에 퍼진 전교조 혐오를 경험했다고 합니다.

> 1차 교사 집회 후 언론에서 같은 날 있었던 전교조 추모 행동 집회 사진을 기사에 썼는데, 거기서 전교조에 대한 혐오가 시작되었습니다. 교사들의 요구 사항을 '법 개정'으로 정리하는 온라인 공간에서 의견을 내면 "너는 전교조냐?"는 공격을 받았습니다. 9.4 공교육 멈춤의 날이 논의되는 상황에서 어떤 이들은 "휴업을 요구하고 집에 있겠다. 집회에 나가서는 안 된다. 전교조처럼 해서는 안 된다. 피해가 나면 전교조는 나 몰라라 한다. 전교조 해직 교사는 힘들게 산다. 전교조가 너무 싫다." 등등의 표현을 하며 9.4 집회를 엎으려 했습니다. 뿌리 깊은 전교조 혐오로 많은 조합원들이 상처를 입었습니다.

이런 일도 있었답니다. 8월 19일 5차 집회에서는 교장 803명이 '교권 보장과 교육공동체 회복을 바라는 교장들' 명의로 성명을 발표했습니다. 성명서는 교권 회복, 안전한 학교 공동체 조성, 교사 지원 확대 등이 핵심 내용이며, 실명 공개와 함께 교장으로서 실천할 방안도 담고 있습니다.

그런데 교장단 성명서를 조직한 핵심 인물이 전교조 출신이라는 이유로 무대에서 배제해야 한다는 익명의 투서가 들어왔다고 합니다. 확인 결과 성명을 주도한 인물이 교사 시절 전교조 활동을 했으나 교장이 되면서 전교조를 탈퇴했고, 당시에는 한 교원단체의 대표였는데,

단체 대표가 발언하면 안 된다는 집회 원칙에 따라 발언자를 다른 사람으로 교체했다고 합니다.

전교조뿐 아니라 민주노총에 대한 부정적 이야기도 나옵니다. 제3차 집회 때 진행팀장이 대형 현수막 퍼포먼스나 양산 퍼포먼스를 제안했는데, 민주노총에서 사용하는 방식이라는 이유로 받아들여지지 않았다고 합니다. 그런데 이후 6차 집회에서 처음 시도되어 뜨거운 반응을 얻었고, 대형 현수막 퍼포먼스는 교사 집회를 대표하는 퍼포먼스로 자리 잡았답니다.

6차 집회에서는 더불어민주당 강민정 의원의 발언 여부를 놓고 논란이 발생했습니다. 진행팀에서는 거대 양당 모두에게 형평성을 고려하여 발언권을 줘야 한다는 의견과 여당이 참여하지 않을 경우 야당 국회의원 단독 발언도 필요하다는 의견이 대립했다고 합니다. 여당 국회의원이 참여하지 않은 상황에서 강민정 의원이 단독으로 발언할 기회가 생기자, 진행팀 일부에서는 집회 원칙 훼손이라고 강하게 반발했고, 집회가 끝난 후 일부 사람들은 전교조 교사들이 집회 진행팀과 집행부를 장악하고 전교조 출신 국회의원의 단독 발언이 가능하게 의사결정을 주도했다고 주장했습니다.

9차 집회 진행팀은 공연팀을 포함해 새로운 집회 형식을 시도하고자 했는데, 공연팀 내부에서 공연자 중에 전교조에서 활동하는 유명 인물들이 있다고 문제를 제기했다고 합니다. 사실 교사들은 그 공연자들이 전교조에서 활동하는 인물인지 아닌지를 아는 경우가 드물었는데도 끈질기게 문제를 제기하며 논란을 지속했다고 합니다.

서이초 교사의 죽음에 아파하고 우리 시대 교사들의 문제를 해결하겠다고 집회에 참여하는 교사들 사이에 전교조에 대한 혐오 정서가 퍼져 있다는 사실이 매우 씁쓸합니다. 사람의 감정이란 게 가까운 사람에게 섭섭함이 더 한 법인데, 다른 집단도 아니고 교사 집회에 참여하거나 준비하는 동료 교사들이 전교조에 대해 혐오 정서를 갖는다는 건 좀 깊이 생각해 봐야 할 문제입니다.

심지어 같은 교원노조 사이에도 전교조에 대한 혐오가 나타납니다. 제가 머리말에서 이 책을 쓰게 된 이유를 두 가지 말씀드렸는데, 세 번째 이유가 있습니다. 교사노조연맹의 홈페이지에서 창립 선언문을 읽고 난 후입니다.

> 오늘 우리는 대한민국 최초의 교육산업별 노조인 '교사노동조합연맹'을 창립한다. 우리는 자유와 민주를 염원하며 전국 초등 교사들이 앞장섰던 4.19 교원노조의 정신을 이어받고, 전 세계 교원노조가 가고 있는 교육산업별 노조를 지향하고자 한다.

4.19 교원노조의 정신을 잇겠다면서 전교조를 교원노조의 역사에서 삭제했습니다. 전교조의 '한계'를 딛고 새로운 교원노조 운동을 열겠다고 했으면 저는 그 자체로 존중했을 겁니다. 그런데 두 세대를 거슬러 올라가 4.19 교원노조의 정신을 잇겠다면서, 지난 한 세대 동안 한국 교육에 가장 큰 영향을 주었던 전교조를 삭제했습니다. 이는 4.19 혁명의 정신을 잇겠다면서 6월 항쟁을 삭제한 것과 마찬가지입니다. 이래서야 교원노조의 미래에 대한 전망을 함께 세울 수 있을까요?

우리가 부러워하는 북유럽 복지국가들의 노동조합 가입률은 70%에 육박합니다. 교사들의 노조 가입률은 더 높습니다. 핀란드는 95%, 스웨덴은 90%, 덴마크도 70% 정도입니다. 북유럽의 행복한 교육체제는 저절로 만들어진 게 아니라 교사들의 단결된 힘으로 만들어졌음을 알 수 있습니다. 그런 나라에서 교원노조에 대한 혐오감은 있을 수 없습니다.

그래서 이 책의 목적인 교원노조의 미래를 위한 과제를 말씀드리기 전에 제2부에서 한국 교원노조의 역사를 살펴보려고 합니다. 교원노조의 역사에서 가장 많은 부분을 차지하는 것은 전교조입니다. 전교조의 성과와 한계를 이해해야 교원노조의 미래를 제대로 설계할 수 있기 때문입니다.

다음으로 제3부에서는 전교조의 성과와 한계, 교사노조연맹의 장점과 약점을 살펴보고, 교원노조의 미래를 새롭게 구상하기 위하여 공무원·방송사 노조들에 대해 알아보겠습니다.

제4부에서 기존 교원노조 운동의 한계가 교원노조법에서 비롯되었음을 이해하고, 무엇을 어떻게 바꿔야만 제대로 된 교원노조를 만들수 있는지 현실 공부를 하겠습니다.

이에 바탕을 두고 변화된 시대에서 교원노조가 추진해야 할 주요과제를 제5부에서 생각해 보겠습니다. 교원노조의 미래에서 저는 없습니다. 저는 정년퇴임이 얼마 안 남았기 때문입니다. 다만 교원노조를 30년 한 사람으로서 저의 견해를 피력해 보고자 합니다. 이것이 도움이 될지 아닐지는 전적으로 후배 선생님들이 판단할 문제입니다.

2부

한국 교원노조의 역사

한국 현대사에서 교원노조는 대규모 민주 항쟁의 결과물로 탄생했습니다. 민주 항쟁은 교사들의 의식을 깨웠고, 각성한 교사들은 노동조합을 건설하여 시대의 요구에 부응하려 했습니다. 4.19 교원노조는 5.16 군사쿠데타로 해산되었고, 전교조는 군부독재와 수구 보수 세력에게 극심한 탄압을 받았습니다. 한국 사회에서 탄압받지 않고 성장한 민주노조가 없지만, 교원노조가 겪었던 수난은 가장 혹독했습니다.

한국의 교원노조 건설사는 눈물 없이 보기 힘든 수난사입니다. 전세계 어느 나라에서도 이렇게 교사들을 탄압한 나라가 없습니다. 4.19 교원노조는 건설 1년 만에 강제해산 당했지만, 전교조는 불법노조라는 멍에를 10년을 싸워 벗어냈고, 합법화 이후에도 또다시 '노조 아님' 통보를 받고 7년을 싸웠습니다. 1989년에 시작된 교원노조 합법성 획득 투쟁은 2020년에 와서야 완성되었습니다. 거의 한 세대에 걸쳐 싸운 것입니다.

대한민국의 교사들은 위대한 역사를 써왔습니다. 월급을 많이 주는 것도 아니고, 자유롭게 가르칠 수 있는 권한도 없는데, 올바른 교육을 위해 너무나 많은 희생을 감내했습니다. 그 과정에서 교원노조에 대한 두려움이 교직 사회 저변에 형성되었습니다. 두려움이라는 감정의 원인을 정확히 이해해야 미래로 나아갈 수 있습니다.

제2부의 주제는 한국 교원노조 운동사입니다. 최초의 교원노조인 4.19 교원노조는 활동 기간이 1년밖에 안 되지만, 교원노조의 역사적 뿌리이기에 좀 더 자세히 알아보겠습니다.

다음 세대의 교원노조인 전교조는 1989년 창립하여 현재까지 이어지고 있기 때문에 제2부의 분량 대부분을 차지합니다. 마지막으로 전교조 활동가들이 전교조와 결별하고 2017년 창립한 교사노조에 대해서도 간략히 살펴보겠습니다.

1.

'제자들의 피에 보답하라'며 일어선
4.19 교원노조

4.19 교원노조는 4.19혁명의 주역이었던 학생들의 희생에 대한 교사들의 각성으로 창립되었습니다. 이에 4.19혁명의 전개 과정, 4.19 교원노조의 창립 과정, 4.19 교원노조의 활동, 5.16 군사쿠데타의 발생, 4.19 교원노조 탄압 과정 순으로 살펴보겠습니다.

4.19혁명의 전개 과정에서 주요 사건은 아래와 같습니다.[1]

- 대구 2.28 민주 운동: 4.19혁명의 도화선이 된 대구 지역 고등학생들의 시위
- 대전 3.8 민주 의거: 대전 지역 고등학생들이 중심이 된 민주적 저항운동
- 3.15 부정선거와 마산 3.15 의거(마산 1차 시위)
- 4.11 마산 2차 시위: 마산 앞바다에서 김주열 학생이 처참한 시신으로 발견
- 4.18 대학생들의 시위와 반공청년단 폭력배들의 고려대생 피습

---

1. 주요 사건은 국가보훈부 산하 '국립 4.19 민주묘지' 홈페이지에 수록된 내용을 인용함.

사건

- 4.19 피의 화요일: 115명 사망, 727명 부상자 발생
- 4.25 대학 교수단 이승만 하야 시위
- 4.26 이승만 대통령 하야(승리의 화요일)

위 사건 중 4.19혁명의 도화선이 된 2.28 대구 지역 고등학생들의 시위를 자세히 알아보겠습니다. 선거유세가 한참 진행 중이던 2월 10일, 자유당 경북도당은 대구 시내 교장들을 소집하여 자유당 선거유세가 예정된 27일(토요일)에 많은 인원이 참석할 수 있도록 학교 수업을 12시까지 끝내고, 민주당 선거유세가 예정된 28일(일요일)에는 학생들을 등교하도록 지시했습니다.

이 말도 안 되는 지시를 내린 이유는 당시 고등학생들이 이승만 독재정권에 대한 반감이 컸기 때문에 학생들이 민주당 선거 유세장에 가지 못하게 하려는 것이었습니다. 경북고는 학기말 시험, 대구고는 토끼 사냥, 경북대사대부고는 임시 수업, 대구상고와 대구여고는 졸업생 송별회 등을 이유로 학생들에게 등교를 지시했습니다.

학생의 피에 보답하라는 현수막을 든 대학교수 시위

이를 거부한 대구 시내 8개 고등학교 학생 1,200여 명이 2월 28일 항의 시위를 벌였습니다. 당시 학생들이 외쳤던 구호는 "학원에 자유를 달라", "학원을 정치 도구화하지 말라" 등이었습니다.

대구에서 시작된 학생 시위는 전국적으로 번져나갔습니다. 3월 5일 서울 시내 학생 1천여 명이 민주당의 정견 발표 직후 시위를 벌였습니다. 3월 8일에는 대전 지역 고등학생 1천여 명이 학원의 자유를 외치며 시위를 이어갔습니다.

이렇게 전국적으로 학생들의 시위가 확산했지만, 이승만 정권은 학생들의 요구를 무시하고 3월 15일 대대적 부정선거를 감행했습니다. 자유당 완장 부대, 경찰, 반공청년단이 공포 분위기를 조성한 가운데 4할(40%) 사전투표 및 투표함 바꿔치기, 유권자 명부 조작 및 대리투표, 득표수 조작 및 3인조·5인조 공개투표, 야당 참관인 축출, 자유당 완장 부대와 깡패를 동원한 유권자 위협 등 추악한 부정선거가 진행됐습니다.

3.15 부정선거 이후 대중적 항의 시위와 4.19혁명에 이르는 과정은 생략하겠습니다. 2.28 대구 학생 시위만 자세히 알아본 이유는 혁명의

4.19혁명의 도화선이 된 2.28 대구 학생 시위

시작과 전개 과정에서 고등학생이 주도적 역할을 했던 것도 있지만, 4.19 교원노조 역시 대구에서 시작됐기 때문입니다.

지금은 대학생들이 취업 준비에 몰려 사회운동에 참여하기 어렵지만, 한국 현대사에서 민주주의를 발전시킨 대규모 항쟁의 주인은 학생이었습니다. 한 세대 전 6월 항쟁은 대학생들이, 두 세대 전 4.19혁명은 중고등학생들이 주축이었습니다. 두 세대 전 사건이라 잘 이해 못 할 수 있을 것 같아 당시 중고등학생들이 지금과 어떻게 달랐는지 살펴보겠습니다.

일제 강점이 끝나고 해방되던 1945년 당시 초등학교 취학률은 45%, 문맹률은 78% 정도였습니다. 초등학교 의무교육은 1952년에 시행됩니다. 초등학교 무상교육은 초등학교 취학률이 96.4%에 이른 1959년에 시행되었습니다. 이승만 정부는 교육 예산의 80% 정도를 초등학교 교육에 사용했고, 중고등학교는 책임지지 않았습니다.

4.19혁명이 일어났던 1960년 당시 진학률을 보면 초등학교 졸업자의 45%가 중학교에 진학하고, 중학교 졸업자의 50%가 고등학교에 진학하며, 고등학교 졸업자의 25%가 대학에 진학합니다. 이를 취학률(취학 적령 인구 대비 취학한 학생의 비율)로 보면 초등학교를 졸업한 100명 중 45명이 중학교까지, 23명이 고등학교까지, 5명이 대학까지 갔습니다. 대학생은 지식인 대우를 받았고, 고등학교만 나와도 많이 배운 사람 취급을 받았습니다. 4.19혁명 당시 중·고등학생이 앞장선 것은 1987년 6월 항쟁에 대학생들이 앞장선 것과 비슷하다고 볼 수 있습니다.

4.19혁명 당시 학생들은 어떤 마음으로 항쟁의 거리에 나섰을까요? 고등학생들이야 '배운 사람' 취급을 받던 시기였으니 말할 나위 없고, 더 어린 중학생들도 자신이 무엇을 하고 있는지 명확히 알고 참여했습니다. 다음은 시위 도중 경찰의 총에 맞아 사망한 서울 한성여중 2학

년 진영숙 학생이 어머니에게 남긴 편지입니다.

> 시간이 없는 관계로 어머님 뵙지 못하고 떠납니다. 끝까지 부정선거 데모로 싸우겠습니다. 지금 저와 저의 모든 친구들, 그리고 대한민국 모든 학생들은 우리나라 민주주의를 위하여 피를 흘립니다. 어머니, 데모에 나간 저를 책하지 마십시오. 우리들이 아니면 누가 데모를 하겠습니까?
>
> 저는 아직 철없는 줄 압니다. 그러나 조국과 민족을 위하는 길이 어떻다는 것을 알고 있습니다. 저의 모든 학우들은 죽음을 각오하고 나선 것입니다. 저는 생명을 바쳐 싸우려고 합니다. 데모하다 죽어도 원이 없습니다.
>
> 어머니 저를 사랑하시는 마음으로 무척 비통하게 생각하시겠지만, 온 겨레의 앞날과 민족의 해방을 위하여 기뻐해 주세요. 이미 저의 마음은 거리로 나가 있습니다. 너무도 조급하여 손이 잘 놀려지지 않는군요. 부디 몸 건강히 계세요. 거듭 말씀 드리지만 저의 목숨은 이미 바치려고 결심했습니다. 시간이 없는 관계상 이만 그치겠습니다.

경찰이 시위대를 향해 발포한 4월 19일 당일에는 심지어 서울 수송초등학교 학생들까지 "부모 형제들에게 총부리를 대지 말라"고 쓴 현수막을 들고 시위에 나왔으며, 6학년 전한승 학생은 총에 맞아 사망했습니다. 당시 수송초등학교 강명희 학생이 남긴 글 「나는 알아요」를 보겠습니다.

> 아! 슬퍼요.
> 아침 하늘이 밝아 오면은 달음박질 소리가 들려옵니다.

4월 26일 서울 수송초등학교 학생들의 시위

저녁놀이 사라질 때면 탕탕탕탕 총소리가 들려옵니다.
아침 하늘과 저녁놀을 오빠와 언니들은 피로 물들였어요.
오빠와 언니들은 책가방을 안고서 왜 총에 맞았나요?
도둑질을 했나요, 강도질을 했나요?
무슨 나쁜 짓을 했기에 점심도 안 먹고 저녁도 안 먹고 말없
이 쓰러졌나요?
자꾸만 자꾸만 눈물이 납니다.
잊을 수 없는 4월 19일 학교에서 파하는 길에
총알은 날아오고 피는 길을 덮는데 외로이 남은 책가방 무겁
기도 하더군요.
나는 알아요.
우리는 알아요.
엄마 아빠 아무 말 안 해도 오빠와 언니들이 왜 피를 흘렸는
지를.
오빠와 언니들이 배우다 남은 학교에 배우다 남은 책상에서
우리는 오빠와 언니들의 뒤를 따르렵니다.

이런 역사적 사실을 배경으로 4.19혁명 이후 교원노조가 만들어지는 과정을 살펴보겠습니다.

4.19혁명은 대구의 고등학생 시위에서 시작되었으며, 항쟁의 거리에서 피를 뿌린 이들도 학생들이었습니다. 최루탄이 눈에 박힌 채 마산 앞바다에서 시신으로 발견된 김주열 열사는 마산상고 학생이었습니다. 4.19혁명 희생자 186명 중 77명이 학생이었습니다. 대학생 22명, 고등학생 36명, 초등학생과 중학생이 19명이었습니다. 부상자는 공식 통계에 따르면 6,259명입니다.

학생들이 정권의 부당한 지시를 거부하고 있을 때 교사들은 학생들의 등교를 독려하고 시위를 막는 정권의 하수인 노릇을 했습니다. 교실 환경 정리를 선거에 이용해 이승만·이기붕의 사진을 게시해야 했고, 수업 참관 명목으로 학부모를 동원하여 자유당 시책을 선전하는 일도 다반사였습니다. 심지어 일부 교사들은 '3인조·5인조 공개투표' 등 부정선거의 보조 요원으로 가담하기도 했습니다.

그 시절 경북여고 교사였던 여학룡 선생님은 2.28 대구 학생 시위가 일어날 당시의 부끄러움을 이렇게 증언합니다.[2]

"선생님, 질문 있습니데이. 하필 야당의 강연회가 있는 일요일에 모든 학생들을 등교시킨 이유가 뭡니꺼. 거짓말은 하지 마이소. 우리한테는 정의를 말하라고 가르치시면서, 선생님은 아무 말씀도 없으시니 이율배반 아닙니까. 선생님, 비겁합니더."

"그래. 느그들이 내한테 그렇게 말해도 싸다."

---

2. 신동아 541호, 〈또 하나의 잊혀진 과거사, '4·19 교원노조' 사건〉, 2004.

비통한 심정을 토로하는 여학룡 선생님에게 학생들은 일제히 박수를 보냈다고 합니다. 변명하기 급급한 다른 교사들과 달리 솔직했기 때문이었다고 합니다.

부정선거에 항의하며 혁명의 제단에 목숨을 바친 학생들을 보면서 교사들은 말할 수 없는 자괴감과 죄의식을 갖게 되었습니다. 이에 교사들은 그동안의 방관자적 입장을 반성하고 교육자적 사명을 자각했으며, 더 나아가서 학원 민주화와 교육의 자주성을 실현하려는 열망으로 교원노조를 결성하기 시작했습니다. 이는 당시 최초로 교원노조를 결성한 대구 지역 교원노동조합결성위원회의 성명서를 보면 잘 알 수 있습니다.

> … 선생님! '국가와 민족을 위하여 정의와 생명을 바쳐 싸워야 한다고 말하지 않았습니까?'하고 정열에 불타던 그 눈동자! '비겁합니다' 외치던 그들의 울부짖음! 우리에게 어찌 양심의 가책과 자괴가 없을쏘냐. 전국의 교원 동지들이여! …
> 강철 같은 조직과 정열과 투쟁으로써 민주학원을 쟁취하자!

이승만이 하야한 4월 26일로부터 3일이 지난 4월 29일 전국 최초로 대구에서 교원노조 결성이 시작되었습니다.

• 4.29 대구시 교원노동조합 준비위원회 구성
• 5.1 서울 중·고등교원노동조합 결성
• 5.7 대구시 중·고등학교 교원노조와 대구시 초등교원노조 결성
• 5.15 부산시 중등교원노조 결성
• 5.21 부산시 초등교원노조 결성
• 5.29 경북지구 교원노조연합회 결성

- 6.10 광주지구 교원노동조합 결성
- 6.26 인천 중등교원노동조합 결성

몇 개 지역별 교원노조 결성 날짜를 적어봤는데요, 당시 교원노조는 학교 단위 분회를 만들고, 시군 지구 단위의 노조를 결성하고, 이를 도 단위로 묶어서 도연합회를 구성하면서 7월 3일 대구 시내 청구대학 대강당에서 전국대표자회의를, 7월 17일 서울 의사회관에서 교원노조 제1차 전국대의원대회를 개최했습니다.

당시 초중고 교사가 8만 명 정도였는데, 4.19 교원노조에 가담한 교사는 얼마쯤 됐을까요? 7월 17일 개최된 제1차 전국대의원대회 보고에 따르면, 조직 현황은 단위조합 82개, 조합원 수 19,883명이었습니다. 시도별로 살펴보면 경남이 8,145명, 경북이 8,042명으로 압도적 다수를 차지하고, 서울 979명, 전남 838명, 전북 816명, 경기 570명, 충남 353명, 제주 140명이었다고 합니다.

4.19혁명 후 석 달도 안 되어 조합원이 2만 명에 육박했는데, 이후 가입한 조합원 수는 전국 교사 수 8만 명의 절반 정도에 이르렀던 것으로 추정합니다. 4.19 교원노조가 어용단체로 규정하여 해체를 요구했던 대한교련의 『교총 40년사』에 82,000명이던 회원이 5만 명으로 급감했다고 기록된 것으로 볼 때 알 수 있습니다.

교원노조의 등장에 놀란 민주당 장면 정권은 노동조합법을 개정하여 교사의 노조 설립을 금지하고자 했습니다. "제복 근무를 하는 소방관, 형무관, 경찰관 등은 노조를 결성할 수 없다"는 노동조합법 제6조에 '교사'를 끼워 넣고자 했습니다. 이에 '노동조합법 개정안 철회'를 요구하는 단식투쟁이 대구·경북 지역을 중심으로 전개되었고, 장면 정부는 노동조합법 개정안을 폐기하게 됩니다.

4.19 교원노조는 무엇을 했을까요? 당시 4.19 교원노조의 요구 사항

과 활동 내용은 아래와 같습니다.

- 사학 재단의 비리 척결
- 권력과 결탁한 장사꾼과의 관계 청산
- 사친회비와 기타 잡부금 폐지
- 대한교련에서 발행하는 방학책 거부 및 대한교련 해체
- 법정수당 지급
- 자유당 권력에 적극 협력한 교육행정 관료 축출
- 학원 민주화와 교육의 정치적 중립 보장
- 3.15 부정선거에 적극 가담한 교장, 교감, 장학사, 교육감 즉각 퇴진
- 결식아동에 대한 대책과 부족한 교실을 증축하기 위한 기금 모금 운동

4.19 교원노조의 적극적 투쟁으로 각종 학원 비리의 원인이었던 초등학교 사친회비가 완전히 폐지되었습니다. 사친회란 학교 운영과 교사 후생을 위한 학부모 단체로, 당시 초등학교 교사들은 사친회비를 재원으로 하는 수당을 받고 있었으나 교사들은 박봉에도 불구하고 교육 정상화를 위해 스스로 금전적 손실을 감수했습니다. 대구에서는 교과서 자유 판매가 실행되기도 했습니다.

부정선거에 대한 항의에서 촉발된 4.19혁명은 한국 사회의 근본적 모순을 다시 제기하고 해결하는 운동으로 발전해 나갔습니다. 한국전쟁 당시 국군에 의해 자행된 무고한 학살의 진실을 폭로하며 '전국양민피학살유족회'가 건설되었습니다. 사회대중당, 한국사회당, 사회혁신당 등 혁신정당들이 다시 등장했습니다. 노동자들의 요구를 왜곡하던 어용노조 타도 운동이 벌어지고 노동조합이 급증했습니다. 대학생들

은 "가자 북으로! 오라 남으로! 만나자 판문점에서!" 구호를 들고 남북 학생회담을 제기했습니다.

4.19 교원노조는 학원민주화운동에 머물지 않고 사회민주화운동에도 적극적으로 연대했습니다. 당시 2대 악법으로 불리던 '반공임시특별법'과 '집회·시위운동에 관한 법률'(일명 데모 규제법) 제정을 반대하여 투쟁했습니다.

푸른 하늘을 본 기간은 잠시, 1961년 5월 16일 새벽 정치군인들이 탱크를 몰고 나와 한강대교를 건너 정권을 찬탈했습니다. 박정희가 쿠데타에 성공한 후 가장 먼저 한 일은 혁신정당, 사회단체, 노동조합을 해산하고 조직 간부들을 '용공容共분자'로 몰아 2천 명을 체포하고 구금한 것입니다.

4.19 교원노조 조합원 1,500명이 학교에 들이닥친 경찰에 체포되었고, 지도부 54명이 서대문형무소로 이송되어 '혁명재판'을 받았습니다. 당시 치안국이 용공 분자 2,000명을 구속했다고 발표했는데, 그중 1,500명이 4.19 교원노조 소속 교사들이었습니다.

교원노조 간부들은 고문 끝에 간첩이나 용공 분자로 조작되었습니

4.19혁명을 짓밟은 박정희의 5.16 군사 쿠데타

다. 1961년 6월 문교부 장관은 "교원노조가 민주당 정부를 전복하고 대한민국을 공산화하려던 음모가 발각됐다"라고 발표했습니다. 교원노조가 2대 악법(데모 규제법, 반공임시특별법) 반대 투쟁에 참가한 것과 서울대학교 민족통일연맹 학생들이 주장한 남북학생회담에 대해 환영한다고 발표한 것을 대한민국 '공산화' 음모라고 규정한 것입니다.

교원노조 간부들에게 적용된 법 조항은 '특수범죄 처벌에 관한 특별법 6조'였습니다. "반국가 단체에 이익이 된다는 점을 알면서 그 단체의 활동을 찬양·고무·동조하거나 기타의 행위를 한 자는 사형·무기 또는 10년 이상의 징역형에 처한다"는 조항입니다. 교원노조 지도부 중 2대 악법 반대 투쟁을 주도한 김문심 선생님은 무기징역, 4.19 교원노조 핵심 간부였던 강기철 선생님은 징역 15년, 신동영 선생님과 이목 선생님은 징역 10년, 이종석 선생님은 징역 7년 등 중형을 선고받았습니다. 구속되었던 1,500명 교사는 파면되었습니다.

파면된 교사들은 훗날 교육부의 심사를 거쳐 복직되었으나, 400여 명은 끝내 복직되지 않았습니다. 해직 교사들은 생계난에 허덕였고, 가족들에게는 연좌제가 적용되어 그 고통이 자식들에게까지 이어졌습니다. 연좌제란 범죄자와 친족 관계에 있는 사람에게 연대적으로 형사 책임을 지우는 전근대적 제도입니다. 사극에 나오는 '삼족을 멸하라!'가 연좌제입니다. 1894년 갑오개혁 때 폐지되었던 연좌제가 1980년대 군부독재 시절까지 실질적으로 존속했습니다.

4.19혁명 이후 40년이 흘러 김대중 정부가 들어선 후 군부독재 피해자들에 대한 진실 규명, 명예 회복, 피해 보상이 시작되었습니다. 그런데 4.19 교원노조는 제외되었습니다. 2000년 '민주화운동 관련자 명예 회복 및 보상 등에 관한 법률'을 제정할 때 민주화운동을 1969년 박정희의 '3선 개헌' 이후의 사건으로 규정했기 때문입니다. 이후 다시 법 개정을 거쳐 1964년 한일 국교 정상화 협정 반대 투쟁 이후 사

건으로 되었는데요, 왜 처음에는 1969년 이후로 규정했을까요?

1997년 대선에서 김대중 대통령은 충청권에 기반을 둔 정치인 김종 필과 손잡았습니다. 김종필은 김대중 정부에서 초대 국무총리를 지냈습니다. 김종필은 5.16 군사쿠데타를 기획했고, 쿠데타 후 중앙정보부를 창설하여 초대 중앙정보부장을 지냈으며, 공화당을 창당한 주역입니다. 그런 김종필의 반대 때문에 민주화운동을 1969년 이후 사건으로 규정하게 되었습니다.

우리의 헌법 전문은 '유구한 역사와 전통에 빛나는 우리 대한 국민은 3.1운동으로 건립된 대한민국임시정부의 법통과 불의에 항거한 4.19 민주 이념을 계승하고…'로 시작합니다. 헌법 전문에 '불의에 항거한 4.19 민주 이념을 계승'한다고 했으나, 4.19혁명을 짓밟은 군사쿠데타의 주역이 국무총리를 하고 있었으니 기를 쓰고 막았던 것이죠.

4.19 교원노조는 설립 신고필증도 받아보지 못하고 강제해산 되었습니다. 많은 이들이 4.19 교원노조의 존재 자체를 모릅니다. 교사들도 모릅니다. 오랫동안 전교조에 가입한 교사 중에도 모르는 분들이 많습니다.

제자들의 죽음에 보답하기 위해 일어선 4.19 교원노조, 5.16 군사쿠데타로 용공 조작되고 명예 회복조차 이루지 못한 4.19 교원노조, 이제 생존자도 얼마 남지 않은 4.19 교원노조, 그 역사를 잊으면 안 될 것입니다.

2.
광주민주화운동 이후 깨어나는 교사들

5.16 군사쿠데타로 권력을 탈취한 박정희는 군복을 벗고 대통령이 되었습니다. 이후 30년은 한국의 정치, 사회, 문화에서 암흑시대였습니다. 1969년 3선으로도 모자라 종신 집권을 선포한 유신 시대에는 막걸리 한 잔 마시면서 박정희를 욕했다가 국가보안법으로 감옥에 간 사람도 있습니다. 그래서 '막걸리 보안법'이라는 신조어가 생기기도 했습니다. 젊은 분들은 박정희 유신 시대가 어떤 시대인지 상상할 수 없을 것 같아 잠시 알아보겠습니다.

정치적 의사 표현은 말할 것도 없고, 경찰이 미니스커트와 장발을 단속한다고 30cm 자를 들고 다니며 여성의 치마 길이와 청년들의 머리카락 길이를 재던 시절이 있었다면 요즘 젊은이들은 믿을 수 없을 겁니다. 촛불 집회에서 늘 울려 퍼졌던, 한국 국민이 가장 사랑하는 노래 '아침이슬'과 '상록수'가 유신 시대에는 모두 금지곡이었습니다. 아침이슬의 가사 중 "태양은 묘지 위에 붉게 떠오르고"가 불순하다는 것, 상록수가 사회 비판적 메시지가 있다는 것이 이유입니다.

금지곡과 관련한 '웃픈' 이야기를 해보죠. 1970년대를 대표하는 포크 가수로 이장희 씨가 있습니다. 그는 '금지곡의 아버지'라는 별명을 얻었는데요, 그 이유가 기막힙니다. 그의 대표적 히트곡 〈그건 너〉는 남 탓을 조장한다는 이유로, 〈한 잔의 추억〉은 음주를 조장한다는 이유로 금지곡이 됐습니다.

국가가 국민의 머릿속까지 다 들여다보고 관리하겠다는 체제, 모든 국민이 반공을 국시로 총력안보를 이뤄야 하는 체제, 히틀러의 야만적 통치와 다를 바 없는 파시즘 체제가 박정희 전두환 군부독재 30년이 었습니다.

4.19 교원노조에 대한 극심한 탄압으로 교직 사회 안에는 오랫동안 패배 의식과 무기력이 지배했습니다. 5.16 군사쿠데타 이후 유신체제 까지 교사들의 조직적 운동은 거의 없었습니다. 대한교련만이 유일한 교사단체로 인정되었고, 노동조합은 물론 어떤 교사단체도 공식적 활동을 하지 못했습니다.

교사들만 그런 게 아니었습니다. 우리 사회의 거의 모든 영역에서 비판적 생각은 허용되지 않았습니다. 일제 강점기보다 더 극악한 통치 체제가 박정희 유신독재 체제였습니다. 일본 제국주의자들도 반일 투쟁에 나선 학생들에게 징역을 몇 년씩 선고하지 않았습니다. 박정희는 유신체제에 저항한 대학생들에게 사형, 무기징역, 징역 15년 선고를 서슴지 않았습니다. 그런 유신체제에서 학교는 정치권력에 의해 철저히 통제되고 입시에 편중되었으며 학교 조직은 관료화되었습니다.

교사 출신 시인으로 국회의원과 문화체육관광부 장관을 역임한 도종환 선생님은 그 시기의 학교를 이렇게 추억합니다.[3]

제가 80년 초 부강중학교에 근무할 때 제게 주어진 업무 중의 하나가 '대통령 각하 지시 사항 전달'이었습니다. 전두환 대통령이 어디 순시를 나가거나, 내각에 지시한 사항

---

3. 한겨레신문, 〈나의 삶 나의 시〉, 2010. 12. 17.

이 있거나, 언론에 보도된 내용이 있으면 그게 교육과 관련된 일이건 아니건 간에 교사들에게 나누어 주고 학생 교육에 활용했는지 아닌지를 매월 점검하는 업무였습니다. 장부가 있어서 거기에 늘 확인 도장을 받았습니다.

1970년대 숨죽여 있던 교사들의 의식은 1980년 광주민주화운동 이후 서서히 깨어났습니다. 1981년 친목 모임을 반국가 단체로 둔갑시킨 '아람회 사건', 영화 〈변호인〉으로 널리 알려진 1981년 '부림 사건', 1982년 전북 군산 제일고등학교 전현직 교사들을 이적단체 구성과 간첩 혐의로 조작했던 '오송회 사건', 1983년 교과서를 분석하던 교사들을 불법 연행하고 국가보안법 위반 혐의로 기소했던 '한국기독교사회문제연구원 사건', 1985년 교사들을 위한 무크지 『민중교육』을 발간하던 교사들을 구속하고 파면 등 중징계했던 '민중교육 사건' 등 교사들이 연루된 공안 사건들이 매년 발생했습니다. 이 사건들은 훗날 모두 재심을 거쳐 무죄가 되었습니다.

전두환 정권의 탄압이 워낙 무지막지하니 교사들의 조직적 활동은 YMCA초등교육자협회, YMCA중등교육자협회, YWCA사우회, 흥사단 교육문화연구회 등 합법적 사회단체를 통해서 이루어졌습니다. 그런 활동 속에서 계속 축적된 역량으로 1986년 5월 10일 '교육민주화선언'을 하게 됩니다.

5.10 교육민주화선언은 한국 교육 운동사에서 매우 중요한 사건입니다. 4.19 교원노조는 사전에 치밀하게 준비한 교사 주체가 없었습니다. 4.19혁명 과정에서 죽어간 제자들에 대한 양심으로 급속히 건설된 조직입니다. 그러나 광주민주화운동으로 각성하기 시작한 교사들은 서서히 한국 교육의 모순에 맞설 의식을 형성하고, 조직을 만들고, 교육민주화선언을 통해 교사 운동의 좌표를 설정했습니다.

YMCA중등교육자협의회 창립 총회 ©교육희망

5.10 교육민주화선언 ©교육희망

　5월 10일 546명의 교사들이 자기 이름을 걸고 교육민주화선언을 발표한 이후 5월 29일 강릉 지역, 6월 14일 충청 지역, 7월 12일 전북 지역으로 교육민주화선언이 확산되어 갔습니다. 서울, 호남, 해남, 강원, 영남, 전주 지역의 교원들은 교육민주화 실천 결의대회를 개최하여 조직적 행동으로 나아가기 시작했습니다.

　5.10 교육민주화 선언문의 앞부분을 함께 읽어보겠습니다.

학생들과 함께 진실을 추구해야 하는 우리 교사들은 오늘의 참담한 교육 현실을 지켜보며 가슴 뜯었다. 영원한 민족사 앞에 그 책임의 일단을 회피할 수 없음을 통감하게 된 우리는 더 이상 강요된 침묵에 머무를 수 없다는 결심에 이르렀다. 우리 교사들을 믿고 따르는 학생들의 올곧은 시선은 도도한 역사의 흐름 속에서 방관자로 남아있는 우리를 더없이 부끄럽게 만든다. 이제 우리는 꼭두각시의 허무한 몸짓을 그만 그쳐야 한다.

학생들의 피에 보답하여 4.19 교원노조가 생겨났듯이, 1980년대 암울했던 교육 현실 속에서 더 이상 침묵할 수 없다는 성찰이 담겨 있습니다. 선언문은 성찰을 넘어 교사들의 실천으로 나갈 것을 선언합니다. 5.10 교육민주화 선언문의 마지막 부분을 읽어보겠습니다.

"교육민주화를 달성하기 위해서는 우리 교사들의 역할에 일대 전환이 이루어져야 한다. 우리는 이제까지의 무기력한 말단 관료, 역사 속 방관자의 위치를 탈피, 새로운 교사로서 참삶을 살지 않으면 안 된다. 우리는 교육의 주체로서 국민의 교육적 요구를 올바르게 실천할 막중한 책임을 느끼며 교육의 민주화는 민주 사회의 이념을 지속적으로 제공하는 바탕이라는 자각에서 새로운 교육 건설의 역사적 과제를 짊어지고 모든 장애와 고난을 이기며 민주교육을 실천해 나갈 것을 오늘 엄숙히 선언한다."

선언문은 교육민주화를 위한 최소한의 조건을 5가지로 정리했습니다.

- 헌법에 명시된 교육의 정치적 중립성은 실질적으로 보장되어야 한다. 교육은 정치에 엄정한 중립을 지켜 파당적 이해에 악용되어서는 안 된다.
- 교사의 교육권과 제반 시민적 권리는 침해되어서는 안 되며, 학생과 학부모의 교육권도 최대한 보장되어야 한다.
- 교육행정의 비민주성, 관료성이 배제되고 교육의 자율성이 확립되기 위해 교육자치제는 조속히 실현되어야 한다.
- 자주적인 교원단체의 설립과 활동의 자유는 전면 보장되어야 하며 이에 대한 당국의 부당한 간섭과 탄압은 배제되어야 한다.
- 정상적인 교육 활동을 저해하는 온갖 비교육적 잡무는 제거되어야 하며, 교육의 파행성을 심화시키는 강요된 보충수업과 비인간화를 조장하는 심야 학습은 즉각 철폐되어야 한다.

전두환 독재정권의 폭압 통치가 정점에 달했던 1986년, 교사들이 자기 이름 석 자를 걸고 교육민주화선언을 한 것은 역사적 사건입니다. 어둠이 깊으면 새벽이 오는 법, 다음 해 6월 항쟁이 일어납니다. 6월 항쟁 이후 독재정권에서 숨죽여 지내야 했던 노동자들이 전국적으로 일어나 노동조합을 결성합니다. 이 시기에 전교조도 결성됩니다.

5월 15일은 '스승의 날'입니다. '민족의 스승'인 세종대왕 생일이 5월 15일이라서 그렇게 정했다는 이야기가 있는데, 임금님의 생일을 '스승의 날'로 하는 게 적절한 건지 모르겠습니다. '스승의 날'에 교사들은 별로 기쁘지 않습니다. '생화 카네이션은 안 되고 종이 카네이션은 되며, 학생 대표가 주는 것만 가능하다'는 교육부 공문에 교사들은 스승의 날 폐지 청와대 국민 청원으로 맞서왔습니다.

유래도 불분명한 5월 15일이 아니라 대한민국 교사들이 자신들의 올바른 좌표를 설정한 5월 10일을 '스승의 날'이 아니라 '교사의 날'로 정하자고 주장하는 분들이 있는데, 한 번쯤 교직 사회에서 공론화하면 좋을 것 같습니다.

3.
전교조, 왜 '참교육'을 주장했나?

언젠가부터 '참교육'이란 용어가 대중적으로 사용됐습니다. 주로 학교 일진이나 조폭을 '참교육했다'는 식으로 사용되는데요, '참교육'은 1989년 전교조가 내걸었던 구호입니다. 전교조 창립대회에서 교사들은 "전교조 깃발 아래 참교육을 쟁취하자"라는 구호를 외쳤습니다. 전교조가 행사 때마다 공식적으로 부르는 노래의 제목은 '참교육의 함성으로'입니다. 1절만 소개합니다.

> 굴종의 삶을 떨쳐 반교육의 벽 부수고
> 침묵의 교단을 딛고서 참교육 외치니
> 굴종의 삶을 떨쳐 기만의 산을 옮기고
> 너와 나의 눈물 뜻 모아 진실을 외친다
> 보이는가, 강물 참교육 피땀 흐르는
> 들리는가, 함성 벅찬 가슴 솟구치는
> 아, 우리의 깃발 교직원노조 세워
> 민족 민주 인간화 교육 만만세

전교조가 '참교육'을 내걸자, 노태우 정권은 참교육은 '좌경 의식화

교육', '좌경 용공 교육'이라고 매도했습니다. 국민과 전교조를 분리하기 위한 이간질이었습니다. 이에 대해 전교조는 참교육이란 '민족 민주 인간화' 교육이라고 설명했습니다.

국민들은 참교육이라는 구호를 지지했습니다. 군부독재 시절에 학교를 다녀본 사람들은 '참교육'이라는 추상적 단어 속에 수많은 의미가 담겨 있음을 느꼈습니다. 군부독재 시절의 학교는 어떤 모습이었을까요?

800만 관객을 동원했던 곽경택 감독의 영화 〈친구〉는 1981년 부산의 고등학교를 배경으로 시작합니다. 제가 1981년에 고등학교 1학년 학생이었기 때문에 〈친구〉는 저의 학창 시절 이야기이기도 합니다.

영화 도입부에 묘사된 수업 시간을 기억하시나요? 성적표를 나눠주는 날, 교사(김광규 역)가 애들을 교실 앞에 쭉 세워놓은 상태에서 한 명씩 불러냅니다. 아버지 직업이 무엇인지 물어보고 "이 빌어먹을 놈아! 느그 아부지는 회사에서 직장 상사한테 굽신거려가지고 니 공부시키는데, 니는 시험을 30점밖에 못 받나?", "느그 아부지는 죽은 사람 염해가며 니 공부시키는데, 공부를 이 꼬라지로 하나, 으이?!"라고 말하며 뺨을 때립니다.

사랑의 매가 아니었습니다. 훈육도 아니었죠. 뭘 대단히 잘못해서 맞는 것도 아니었습니다. 5분 지각해서, 머리카락이 길어서, 복장 규정을 위반해서, 수업 시간에 질문에 대답하지 못해서, 숙제를 해 오지 않아서, 수업 준비물을 챙겨오지 못해서, 짝과 이야기하다 웃어서, 야간 자율학습을 빠져서 맞았습니다.

손바닥으로 맞고, 출석부로 맞고, 빗자루로 맞고, 대걸레 자루로 맞았습니다. 원산폭격, 오리걸음, 쪼그려 뛰기, 앉았다 일어서기 등 군대식 기합도 받았습니다. 아침 등굣길에 교문 앞에는 학생부 교사들과 선도부 학생들이 서서 교복 검사, 가방 검사를 하고 조금만 규정과 달라도 맞아야 했습니다.

한국 공포 영화에 새로운 이정표를 세운 〈여고괴담〉에 등장하는 '미친개', '늙은 여우'라는 별명을 가진 교사는 전국 어느 학교에나 있었습니다. 〈친구〉, 〈말죽거리 잔혹사〉, 〈여고괴담〉이 모두 수백만 명의 관객을 동원하며 히트한 것은 영화가 그려낸 학교 상황이 그 시절에 학교를 다녔던 사람들의 삶을 잘 그려냈기 때문입니다.

제 기억 속의 학교는 폭력적 억압 기구입니다. 폭력적 억압은 입시 경쟁과 맞물려 유지되었습니다. 학생은 입시 전쟁에서 승리해야 할 '전사'가 되었고, 학교는 전쟁터가 되었습니다. 모르니까 학교에 배우러 오는 건데도, 모른다는 이유로 맞아야 했습니다.

입시 전쟁터에서 '인권'은 한가한 소리였습니다. 그런 것은 대학에나 가서 누리라고 했습니다. 0교시, 8교시, 야간 보충, 야간 자율학습을 마치고 "집에 다녀오겠습니다"라며 교문을 나서야 했고, 이에 적응하지 못하면 맞아야 했습니다.

그런 학교의 모습을 청소년들의 '문화 대통령'으로 불리던 '서태지와 아이들'은 1994년 발표한 〈교실 이데아〉에서 이렇게 묘사했습니다.

> 매일 아침 일곱 시 삼십 분까지 우릴 조그만 교실로 몰아넣고
> 전국 구백만의 아이들의 머리 속에 모두 똑같은 것만 집어넣고 있어
> 막힌 꽉 막힌 사방이 막힌 널 그리곤 덥석 그 모두를 먹어 삼킨
> 이 시꺼먼 교실에서만 내 젊음을 보내기는 너무 아까워
> 좀 더 비싼 너로 만들어 주겠어 네 옆에 앉아 있는 그 애보

다 더

하나씩 머리를 밟고 올라서도록 해 좀 더 잘난 네가 될 수가

있어

박정희부터 노태우까지 30년 군부독재 체제에서 학교는 군대와 다를 바 없었습니다. 박정희 정권은 1969년 군사 지식을 배우는 '교련' 과목을 대학교와 고등학교에 도입합니다. 1975년에는 '학생회'를 폐지하고 '학도호국단'을 설립합니다. 학도호국단이란 학교를 군대 조직으로 편재하는 것입니다.

이 시대를 경험하지 않은 분들은 학교를 군대식으로 편재한다는 게 어떤 것인지 상상조차 못 할 것입니다. 제가 고등학생이었을 때 학급의 반장을 '소대장'이라고 불렀습니다. 세 개의 반을 묶어 중대로 편성하여 세 반마다 '중대장'이 있었고, 학년 대표는 '대대장', 총학생회장은 '연대장'이라고 불렀습니다.

"싸우면서 배우고, 배우면서 싸우자"라는 구호 아래 얼룩무늬 교련복을 입고 운동장에서 제식훈련과 총검술을 배웠고, 1년에 한 번씩 군사 검열을 했습니다. '연대장'과 참모들의 힘찬 구령으로 '분열'[4]이 시작되면 전교생이 조회대 앞을 행진하면서 교장 선생님을 향하여 '우로 봐!'를 하던 시절의 학생들이 '히틀러유겐트Hitlerjugend'[5]나 '일왕의 학도병'과 무엇이 달랐겠습니까. 그런 학교에 무슨 인권이 있었겠습니까. 그 교련 과목이 학교에서 사라진 시기는 군부독재가 끝나고도 한참 후인 1997년입니다.

5.16 군사쿠데타 이후 30년 군부독재 기간, 한국은 일제 식민 잔재

---

4. 정렬해 있던 부대가 지휘관을 향해 행진하는 것.
5. 히틀러 시대에 청소년들에게 나치즘을 교육하고자 1926년 설립한 청소년 조직.

가 그대로 남아있는 병영兵營국가였습니다. 당시 학교는 병영국가 체제의 질서를 내면화시키는 데 복무하는 기구였습니다.

학교는 친일파가 쓴 문학작품을 배우고, 친일·독재를 미화하는 역사관을 익히며, 유신체제의 정당성을 이해하고, 반공反共 사상과 새마을 정신으로 무장하는 곳이었습니다. 자본주의가 뭔지 배우기도 전에 사회주의는 나쁜 것, 북한은 뿔 달린 도깨비들이 사는 나라라고 배웠습니다. 가난은 사회 체제의 문제가 아니라 개인의 게으름 탓이며, 일류대학에 진학한 엘리트들만 부귀영화를 누리는 것이 당연한 질서임을 체득하는 곳이었습니다.

남학생은 군인처럼 스포츠형, 여학생은 단발머리를 하고, 신발과 양말도 정해진 색깔 외에는 안 되고, 남녀학생이 데이트하는 것은 '풍기문란'으로 처벌받는 곳이 학교였다면 지금 학생들은 믿지 못할 것입니다. 제 기억으로는 남녀 학생이 빵집에서 만나기만 해도 정학 처분을 받았던 시절이었습니다.

민주주의, 인권, 개성을 말할 수 없었던 군부독재 시절에 학교는 독재 체제를 떠받치는 기둥이었습니다. 0교시부터 야간 자율학습까지 학생들을 가둬두고 경쟁에서 승리하는 자에게 대학 입학이라는 선물을 안겨주는 곳, 이것이 군부독재 시절의 학교였습니다.

군대, 교도소와 다를 바 없는 학교, 성적 지상주의가 판치는 교육 체제에서 많은 학생이 세상을 등졌습니다. 1986년 1월, 전교 1등을 달리던 서울사대부여중 3학년 ○양이 "행복은 성적순이 아니잖아"라는 말을 남기고 세상을 떠났습니다. ○양의 유서를 보겠습니다.

> 난 1등 같은 것은 싫은데…. 앉아서 공부만 하는 그런 학생은 싫은데, 난 꿈이 따로 있는데, 난 친구가 필요한데…. 이 모든 것은 우리 엄마가 싫어하는 것이지.

행복은 성적순이 아니잖아? 난 그 성적 순위라는 올가미
에 들어가 그 속에서 허우적거리며 살아가는 삶에 경멸을
느낀다.

1989년에 배우 이미연 씨가 주인공을 맡았던 영화 〈행복은 성적순
이 아니잖아요〉는 ○양의 유서에서 나온 것입니다. ○양의 죽음은 당
시 교사들에게 큰 충격을 주었습니다. 그 결과 터져 나온 것이 5.10
교육민주화선언입니다.

1986년 '교육민주화선언'으로 시작된 교사들의 교육개혁 운동은
1989년 전교조 결성으로 이어집니다. 폭압적 학교 문화를 혁신하고
학생들의 개성을 존중하며 민족적 민주적 문화를 가르치는 교사, 이
것이 전교조가 꿈꾼 교사의 모습이었습니다. 그런 꿈을 담은 구호가
'참교육'입니다.

이는 전교조를 탄압했던 노태우 정권도 인정한 '팩트'입니다. 1989
년 5월 28일 전교조가 창립식을 하자 노태우 정권은 8월 5일까지 전
교조를 탈퇴하지 않으면 엄벌하겠다고 발표했습니다. 그러나 탈퇴하는
교사들이 많지 않자, 문교부(현재 교육부)에서 일선 교육청에 「전교조
교사 식별법」이라는 공문을 보냅니다. 이를 월간지 『신동아』가 취재하
여 7월호에서 보도했는데요, 어떤 교사를 전교조로 의심했는지 살펴
보겠습니다.

- 촌지를 받지 않는 교사
- 학급 문집이나 학급신문을 내는 교사
- 형편이 어려운 학생들과 상담을 많이 하는 교사
- 신문반, 민속반 등의 특활반을 이끄는 교사
- 지나치게 열심히 가르치려는 교사
- 반 학생들에게 자율성, 창의성을 높이려 하는 교사

- 탈춤, 민요, 노래, 연극을 가르치는 교사
- 생활한복을 입고 풍물패를 조직하는 교사
- 직원회의에서 원리 원칙을 따지며 발언하는 교사
- 아이들에게 인기 많은 교사
- 자기 자리 청소 잘하는 교사
- 학부모 상담을 자주 하는 교사
- 사고 친 학생 정학이나 퇴학 등 징계를 반대하는 교사
- 한겨레신문이나 경향신문을 보는 교사

노태우 정권이 학교에서 쫓아낸 1,527명의 전교조 교사가 모두 생활한복을 입고 한겨레신문, 경향신문을 보지는 않았겠죠. 그러나 지나치게 열심히 가르치고, 아이들에게 인기 많고, 학부모 상담을 자주 하는 교사를 문제 있는 교사로 의심했다고 하니, 코미디도 이런 코미디가 없습니다. 게다가 그런 교사인 줄 알면서 1,527명이나 학교 바깥으로 쫓아냈으니, 지금 젊은 교사들이 알면 웃음밖에 안 나올 것입니다.

4.

전교조, 왜 탄압을 각오하고
노동조합을 결성했나?

1987년 6월 민주항쟁이 시민의 승리로 끝난 후 7월부터 9월까지 '노동자 대투쟁'이 벌어집니다. 노동자 대투쟁에 영향받은 교사들은 1987년 9월 소규모 교사단체들을 통합하여 전국 단위 교사 조직인 '민주교육추진 전국교사협의회'(이하 전교협)를 결성합니다. 전교협은 반교육적 교육악법 폐지, 노동3권 보장, 교장선출임기제, 독재 권력의 하수인 대한교련 자진 해산, 양심선언 교사 탄압 중단, 해직교사 복직 등을 요구했습니다.

1987년 12월 대통령 선거에서 노태우가 당선되지만, 다음 해 4월 총선에서 집권당인 민정당보다 야 3당이 더 많은 의석수를 확보하게 됩니다. 야 3당이란 김대중의 평화민주당, 김영삼의 통일민주당, 김종필의 신민주공화당입니다.

야 3당은 교사들에게 '노동2권+제한적 단체행동권'을 약속했습니다. 이에 고무된 전교협은 1988년 11월 여의도에 1만 3천 명이 모여 교육법 개정을 요구했습니다. 4.19 혁명 이후 교육계에서 일어난 가장 큰 집회였습니다. 교사들은 교장 선출 임기제, 사립 교원의 신분 보장, 교무회의 의결기구화, 국정교과서 제도 폐지, 학생 자치활동 보장, 교원의 노동3권 보장 등을 요구했습니다. 그러나 노태우 정권은 전교협이 법적 지위가 없는 '임의단체'라는 이유로 아무 답변도 하지 않았습니다.

노태우 정권이 교육법 개정 요구를 무시하자 1989년 2월 전교협 대의원대회에서 입장을 전환합니다. '선 교육 악법 폐지, 후 교원노조 건설'에서 '선 교원노조 건설, 후 합법화 쟁취'로, 악법은 어겨서 깨뜨린다는 결의를 다집니다.

1989년 3월 야 3당이 주도하여 "6급 이하 공무원을 포함한 근로자는 노동조합을 조직하거나 가입할 수 있고 단체교섭을 할 수 있다. 단 현역군인, 경찰, 소방, 교정공무원은 제외한다"라는 노동조합법 개정안이 국회에서 통과합니다. 그러나 대통령 노태우는 법률안에 대해 거부권을 행사합니다. 이런 상황에서 5월 28일 전교조가 출범하게 됩니다.

전교조는 '교사의 기본적 권익 옹호', '민주교육 발전에 기여', '참교육 실현'을 내걸었습니다. 이에 대해 노태우 정권은 전교조를 '불법단체'로 규정하고 관련 교사들을 구속하고 파면·해임하는 것으로 응답했습니다.

언론은 "교사가 무슨 노동자냐?", "교직은 성직이다"라며 전교조를 공격했습니다. 스승은 그림자도 밟지 않는 존재라며 '군사부일체'라는

정부의 전교조 교사 전원 파면·해임 방침 동아일보 기사

조선시대 이데올로기까지 동원해서 전교조를 막으려 나섰습니다. 대한민국 권력자들이 언제 교사를 존중해 주었다고, 막상 노동조합을 만들겠다 하니 '스승님'이라서 안 된다고 우겼습니다.

구속과 해직, 좌경·용공, 의식화 교육이라는 공격을 받으면서 '불법 조직'이 된 전교조는 추구하는 목표를 위한 활동을 시작하기도 전에 합법성을 인정받기 위한 대정부 투쟁에 주력하게 되었습니다. 탄압이 10년간 지속되면서 전교조는 교사들에게 매우 두려운 조직으로 자리매김하게 되었습니다.

1988년에 결성된 '전교협'은 불법단체가 아닙니다. 법적 지위가 없는 임의단체입니다. 그러나 당시 교원노조는 법적으로 허용되지 않는 조직이었습니다. 그런데 1989년 교사들은 왜 한사코 '노동자'를 자처하고 노동조합 결성을 강행했을까요?

첫째는 87년 6월 항쟁 직후 터진 노동자 대투쟁의 영향입니다. 6월 항쟁이 6.29 항복 선언으로 소강 국면을 맞이하면서 억압적 통제가 이완되자 7월부터 9월까지 집중적으로 벌어졌기 때문에 '7·8·9 노동자 대투쟁'이라고 부르기도 합니다.

투쟁은 울산에서 시작되었습니다. 노동조합을 금지했던 현대 재벌의 주력 기업 중 하나인 '현대 엔진'에서 7월 5일 노동조합이 결성되자 노조 결성 열기가 울산의 현대 계열사 전체로 확산했습니다. 울산 태화강 광장에 수만 명의 노동자가 모였습니다.

당시 노동자들의 첫 번째 요구 사항은 무엇이었을까요? 임금인상이나 근로 기준법 준수가 아니라 두발 자유화, 복장 자유화, 워커 신고 '쪼인트'를 까지 말라는 것입니다. 현대는 군대식 노무 관리로 악명이 높았습니다. 노동자들은 군인처럼 머리를 짧게 잘라야 했고, 회사 밖에서도 현대 작업복을 입어야 했습니다. 또 노동자들을 '공돌이', '공순이'라는 비하해서 부르던 시대에 회사 밖에서라도 사복을 입고 싶었던 것이죠. '쪼인트joint'란 군홧발로 정강이를 걷어차는 것인데 구타가 일상이었던 시대에 군대 생활을 해본 사람이라면 모두 아는 용어입니다.

울산에서 시작된 투쟁은 부산, 창원, 거제를 거쳐 8월에는 전국적으로 번져나갔습니다. 군부독재 기간 내내 장시간 노동, 저임금, 열악한 작업환경, 폭력적 노동 통제 속에서 고통을 겪어온 노동자들이 전국적으로 일어났습니다.

10인 이상 사업체에 근무하는 333만 명의 노동자 중 37%인 122만 명이 노동쟁의에 참여했습니다. 총 3,749건의 노동쟁의가 발생했는데, 이는 1970년대 이후 발생한 노동쟁의 총건수보다 더 많았습니다. 노동쟁의의 97.7%는 파업이었습니다. 하루 평균 44건의 파업이 발생했습니다. 3,749건의 노동쟁의 가운데 2,613건이 임금인상 요구였으며, 노동조건 개선 566건, 부당노동행위 개선 65건, 해고 철회 51건, 체불임금 지급 45건 순이었습니다.

1987년 울산에서 시작된 노동자 대투쟁 ⓒ 민주화운동기념사업회

노동자들의 요구는 민주노조 설립으로 이어졌습니다. 노조가 없던 사업장은 노조를 만들고, 노조 집행부가 사용자를 편들던 사업장에서는 어용노조 퇴진 운동이 벌어졌습니다. 노동조합의 수는 2,658개에서 6,142개로 증가했고 조합원 수는 105만 명에서 170만 명으로 증가했습니다.

생산직 노동자들만 일어선 게 아니었습니다. 1987년 6월 항쟁 당시 시위에 참여했던 '넥타이 부대'들도 항쟁 이후 노동조합 건설에 나섭니다. 전두환 독재 시절 '땡전 뉴스'라고 조롱받던 MBC, KBS가 노조를 만들어 공정방송 운동을 벌였습니다. '백의의 천사'라 불리는 병원 간호사들도 노조를 만들었습니다. 기름밥 먹는 생산직 노동자건, 넥타이를 맨 사무직 노동자건, 월급 받고 살아가는 사람들은 모두 노동조합을 만드는 시대가 열렸습니다.

10년을 하루에 뛰어넘는 대중운동의 거대한 비약이 일어났습니다. 노동운동의 불모지 대한민국에서 노동자 대투쟁으로 민주노조가 건설되고 노동운동은 시민권을 쟁취했습니다. 그런 분위기에서 교사들이 노동조합 결성으로 나간 것은 자연스러운 것입니다.

둘째로는 당시 교사들의 사회경제적 처지와도 관련되어 있었습니다.

교사가 인기 직종이 된 것은 1997년 외환위기 이후입니다. 극심한 고용 불안으로 공무원, 교사의 인기도가 하늘 높이 치솟았습니다. 그러나 1980년대 교사들의 사회경제적 지위는 매우 낮았습니다.[6]

1980년대 교직은 대졸 남성에게 매력 없는 직종이었습니다. 1978년 기준으로 32개 직종 중 직업 선호도가 중등 교사는 21위, 초등 교사는 25위였습니다. 교직 사회에서 '교사는 남의 자식은 가르치면서 제자식은 제대로 못 가르친다'라는 자조적인 말이 돌았습니다. 교직 발령이 의무화된 국립대 사대 졸업생의 교직 선택 비율은 30%에 불과했고, 학교에 들어와서 선배들에게 가장 많이 듣는 말은 "젊을 때 빨리 떠나라. 있어 봤자 자기 발전에 도움이 안 된다"였습니다.

1급 정교사 연수비를 지급하지 않거나 출산휴가 강사비도 본인에게 부담시키는 등 교권은 형편없었습니다. 남교사들은 저녁값도 안 되는 2천 원을 받고 학교에서 숙직 근무를 했습니다. 숙직 근무 중 연탄가스 중독사고로 사망하거나 강·절도 사건으로 다치는 일도 있었습니다. '쥐꼬리'만 한 월급에 촌지가 공공연히 존재했고 학교 내에 비리도 심각했습니다.

근무 여건도 형편없었습니다. 법정 교원 확보율은 70% 수준이었고, 보충수업 자율학습에 시달리는 고등학교 교사들은 1일 평균 10.3시간, 주당 61.4시간을 근무했습니다.[7] 교장은 학교 안에서 제왕으로 군림하며 교사들의 교육 활동을 일상적으로 감시하고, 담임 배정, 주임 (현재의 부장) 임명, 근무평정, 예결산 집행 등 모든 권한을 독점했습니다.

낮은 임금에 봉건적·관료적 통제, 입시 교육의 병폐 속에서 자괴감이 심했습니다. 임용고시를 보고 들어온 요즘 교사들이 들으면 깜짝 놀라겠지만, 교대와 국립대 사범대 등록금은 다른 단과대학의 절반도 안 됐고, 졸업하면 공립학교로 발령을 내고 5년간 의무적으로 근무하도록 할 정도였습니다. 1969년부터 1992년까지 교육대학의 남학생들은 재학 중 군사학을 이수하고 방학 동안 입영 훈련을 받으면 군대를 면제해 줄 정도로 교사는 인기 없는 직업이었습니다.

'교직은 성직', '군사부일체'라는 이데올로기에 맞서 싸우며 노동조합 결성을 추진했던 이유는 교사들이 처해있던 사회경제적 처지가 일반 노동자와 다르지 않았기 때문입니다.

---

6. 전국교직원노동조합, 『참교육 한 길로』, 도서출판 참교육, 2014.
7. 전국교직원노동조합, 『참교육 한 길로』, 도서출판 참교육, 2014.

전교조 결성과 관련하여 전교조는 교사들의 조직인데 왜 명칭이 '교직원' 노동조합인지 궁금해하는 분들이 많습니다. 지금은 행정실 직원들은 '공무원노조'에, 공무직 직원들은 '학교비정규직노조'에 가입해 있지만, 전교조를 창립할 당시에는 학교에 근무하는 노동자들을 하나의 그릇에 담으려 했습니다. 그래서 교직원노조라는 명칭을 쓴 것이고, 많지는 않았지만 실제로 행정실 직원 중에 전교조에 가입을 희망하는 분들이 가입하기도 했습니다. 대학교수들이 전교조에 가입하기도 했습니다.

그러다 1999년 합법화되면서 교원노조법에서 교원노조 가입 자격을 유·초·중·고 교사로 제한하면서 전교조는 교사들만의 노조가 되었는데, 명칭은 교직원 노동조합을 유지해서 지금까지 오게 된 것입니다.

5.
사필귀정, 결국 합법화를 쟁취한 전교조

전교조를 결성할 때 정권의 탄압을 예상하지 않은 것은 아니었지만, 탄압은 예상을 뛰어넘었습니다. 1989년 문익환 목사님이 북한을 방문하여 김일성 주석과 회담을 한 이후 노태우 정권은 '공안정국'을 조성했습니다. 노태우 정권은 노동운동과 민중운동에 대해 체제 전복 세력, 친북 좌파 세력으로 규정하고 대대적 탄압을 했습니다. 그런 정세에서 전교조가 창립했습니다. 전교조에 대한 탄압은 아주 가혹했습니다.

4.19 교원노조도 그렇고, 전교조도 그렇고, 왜 한국 현대사에서 교원노조에 대한 탄압은 가혹했을까요?

자본주의 사회에서 노동조합은 혁명적 조직이 아니라 자본주의 사회 체제를 유지하기 위해 존재하는 개량적 조직입니다. 그래서 대한민국 헌법 제33조는 노동자들에게 단결권, 단체교섭권, 단체행동권을 보장하고 있습니다. 만약 노동자들에게 노동조합을 금지한다면 노동자들의 불만은 체제를 부정하고 혁명적 투쟁으로 나아갈 수 있기에 노동조합을 허용하는 게 자본주의 유지를 위해서 필요한 것입니다. 그런데 왜 교원노조는 가혹한 탄압을 받아야 했을까요?

경찰, 군대, 교도소가 사회 체제 유지를 위해 합법적으로 폭력을 행사하는 기구라면 학교는 사회 구성원들이 그 사회 체제를 인정하고 지배 질서를 내면화시키는 데 복무하는 이데올로기 기구입니다. 친일파가 집권하고 군부독재로 이어진 한국 사회에서 학교는 그런 역할에 매우 충실했습니다.

그런데 한국 사회를 유지하는 최후의 이념적 보루인 초·중·고 교사들이 반기를 들었습니다. 지배 세력은 전교조 창립을 체제의 근간을 흔드는 문제로 보고 가혹하게 탄압했습니다. 전교조 창립을 주도한 49명을 구속하고, 탈퇴각서를 쓰지 않은 1,527명을 파면·해임·면직 처리했습니다.

1980년 광주학살로 집권한 전두환은 저항하는 학생운동을 가차 없이 탄압했지만, 저항이 그치지 않자 1984년 '학원자율화조치'를 취했습니다. '학원자율화조치'란 대학 캠퍼스에 상주하던 전투 경찰을 철수하고, 시위 주도 등을 이유로 제적된 대학생들에 대해 복학 조치를 취한 것입니다. 1980~1983년에 학생 시위를 주동하다 제적된 대학생이 1,363명이었는데, 1989년 6~9월에 1,527명을 파면·해임·면직 처리했으니 전교조에 가해진 탄압은 정말 혹독한 것이었습니다.

전교조 결성을 주도했던 선배 교사들의 이야기를 들어보면 어느 정도 탄압은 예상했지만, 지도부에 대한 탄압 정도를 예상했지, 전교조 탈퇴각서를 쓰지 않는 교사를 예외 없이 파면 해임할 거라고 예상하지는 못했다고 합니다.

그러나 전교조는 탄압에 굴하지 않고 꿋꿋하게 싸워나갔습니다. 교사의 양심을 걸고 전교조를 결성했기에 그 어느 운동 집단도 경험하지 못한 대규모 피해를 전교조는 이겨냈습니다. 한국의 교원노조 운동이 전 세계에 자랑할 만한 투쟁의 역사입니다.

600여 조합원이 명동성당에서 12일간 전개한 단식농성 투쟁, 6월 항쟁 이후 최대의 민주 세력이 연합해 참가한 '전교조 공대위', 열흘

경찰의 봉쇄를 뚫고 연세대에서 전교조 결성 선포 ⓒ 교육희망

연세대에 들어가지 못한 교사들이 건국대에서 전교조 결성 보고 대회 개최
ⓒ 교육희망

만에 20만 명을 돌파한 전교조 탄압 저지 및 참교육 실현을 위한 범국민 서명운동, 몇 차례에 걸쳐 진행된 전교조 탄압 저지와 합법성 쟁취를 위한 국민대회. 나약한 지식인인 줄 알았던 교사들이 노태우 정권의 공안 탄압을 뚫고 민주화 투쟁의 선봉에 섰습니다. 1995년 한겨레신문은 광복 50주년을 맞아 현대사 50대 사건에 전교조 결성을 꼽기도 했습니다. 수많은 국민이 전교조의 태동을 경이롭게 지켜봤습니

다. 민주화운동 진영에서 교사들은 순식간에 중심 세력의 하나로 자리 잡았습니다.

교문 밖으로 쫓겨나는 선생님들을 지키겠다며 중고등학생들이 일어 났습니다. 굳게 닫힌 교문을 사이에 두고 선생님과 학생들이 함께 눈물을 흘렸고, 연인원 50만 명의 중고등학생이 전교조 교사 해직에 반대하는 투쟁에 참여했습니다. 이 과정에서 사회 현실을 각성한 학생들

한양대에 있던 교사들을 체포 이송하는 경찰 ⓒ교육희망

명동성당 단식농성장에서 개최된 범국민서명운동 발대식
가수 정태춘의 격려 공연 ⓒ교육희망

이 '광주지역고등학생협의회'와 같은 학생운동 조직을 결성하기도 했습니다.

전교조 결성은 학부모들의 적극적인 활동을 불러일으키는 계기가 되었습니다. 1989년 9월 '참교육을위한전국학부모회'가 결성되어 학부모들이 교육의 한 주체로 나서게 되었습니다. 또한 제조업 중심의 노동운동에 전문직·사무직 운동이 가세하게 되는 중요한 계기도 되었습니다. 전교조를 지키기 위해 노동자, 농민, 학생, 시민사회단체 등 전국 2천여 개 단체가 '전교조 공대위'를 꾸렸고, 이를 계기로 민주화운동 진영이 단결하게 되었습니다.

1991년 명지대 강경대 학생이 백골단의 쇠 파이프에 맞아 사망하면서 촉발된 5월 투쟁을 거치며 주요 참가 단체들은 하나의 조직으로 나아가게 됩니다. 노동자들의 조직 '전노협', 농민들의 조직 '전농', 대학생들의 조직 '전대협', 청년들의 조직 '전청대협', 빈민들의 조직 '전빈련', 교사들의 조직 '전교조', 이렇게 소위 '6전' 조직이 중심이 되어 '민

참교육을 위한 국민걷기대회 ⓒ 교육희망

민주주의 민족통일 전국연합 창립식

주주의민족통일전국연합'(이하 전국연합)을 결성했습니다.[8]

　지금은 시민운동단체들이 많이 있지만 당시에는 없었습니다. 학생들은 학생회, 노동자들은 노동조합, 농민들은 농민회, 이렇게 자주적 대중단체를 만들었고, 이런 단체들의 전국적 조직을 만든 후, 계급·계층별 조직들의 총연합조직을 만든 게 전국연합이었습니다.

　전국연합은 '한국 민중의 정치적 대표체'를 자임한 조직이었습니다. 1992년 대통령 선거 때 김영삼과 김대중 후보가 맞붙었는데, 김대중 후보는 전국연합과 정책 연합을 하면서 '범민주단일후보'라는 지위를 갖고 대선을 치렀습니다.

　1,527명의 교사가 해직된 전교조는 당시 전국연합에 가장 많은 상근자를 내면서 중심 역할을 했습니다. 이 당시 전국연합에서 중요한 역할을 담당했던 전교조 해직 교사들은 전교조가 합법화된 후에도 지역에서 민주단체 연합 조직들의 중심적 역할을 부여받았습니다.

---

8. 각 조직의 정식 명칭을 살펴보면, 전노협은 전국노동조합협의회, 전농은 전국농민회총연맹, 전대협은 전국대학생대표자협의회, 전청대협은 전국청년단체대표자협의회, 전빈련은 전국빈민연합이다.

전교조의 광역시도 단위 조직을 '지부', 시군구 단위 조직을 '지회'라고 하는데, 전교조 지회장을 맡으면 지역사회에서 민주노조협의회, 시민단체협의회, 무슨 강 살리기, 무슨 산 살리기, 무슨 무슨 대책위 등 지역에서 발생하는 다양한 사안에 공동대표, 상임대표 등을 맡아서 연대 활동 하느라 정신이 없었습니다. 전교조가 전국연합부터 20여 년간 지역사회에서 헌신한 연대 역량은 이후 '진보교육감 시대'를 여는 힘이 되었습니다.

김영삼 정부가 들어선 후 1994년 해직됐던 교사들의 복직 조치가 이뤄졌습니다. 그런데 김영삼 정권은 해직 교사들에게 전교조 탈퇴 각서를 강요하며 선별적으로 복직시켰습니다. 탈퇴각서를 쓰지 않아서 해직되었는데, 이제 와서 탈퇴각서를 쓰고 복직하는 게 말이 되냐며 거부하는 해직 교사들도 있었지만, 일단 학교에 돌아가서 다시 역량을 준비하자는 조직적 결정에 따라 조직 운영에 필요한 100여 명의 상근자를 제외하고 복직했습니다.

해직 교사 복직은 원상회복이 아니라 특별채용이었습니다. 국내외 여론에 밀려 전교조 해직 교사들을 복직시키면서도 해직 기간의 임금은 물론 호봉, 연금 경력도 인정하지 않았습니다. 이 문제는 30년이 지난 지금까지도 해결되지 않았습니다.

전교조가 합법화되기 위해서는 김대중 정부가 들어설 때까지 더 오랜 시간을 기다려야 했습니다. 1998년 1월, IMF 외환위기 국면에서 노사정위원회는 민주노총이 정리해고를 수용하고 전교조를 합법화하는 것으로 합의했습니다. 1999년 7월 법외노조였던 전교조가 합법화되면서 1994년 복직에서 제외되었던 해직 교사들이 모두 복직했습니다.

4.19 교원노조는 군사독재 정권에게 강제해산당했으나 전교조는 조직을 지켜내고 합법성을 쟁취했습니다. 전교조를 지지하고 성원하던 민주 진영의 존재 덕분이지만, 무엇보다 노동조합으로 합법화를 위해

전교조 합법화를 맞이한 기자회견 ⓒ교육희망

굴복하지 않고 싸운 전교조 자신의 노력이 가장 중요했습니다.

김대중 정부 출범 이후 '민주화운동보상심의위원회'가 만들어집니다. '민주화운동보상심의위원회'는 독재정권 시절에 발생한 각종 시국사건들의 성격을 심사하고 민주화운동에 해당하는지 판별하여 진상규명과 명예 회복을 담당하는 정부 기구입니다. '민주화운동보상심의위원회'는 2001년 6월 12일 전교조 결성을 권위주의 통치에 저항한민주화운동으로 인정했습니다. 이후 2002년 4월 27일 1,139명이 민주화운동 관련자로 인정되었습니다. 여기에는 전교조 결성으로 해직된교사와 군부독재 시절에 사립학교 민주화 투쟁에 참여했다 해직된 교사 200여 명이 포함되어 있습니다. 전교조 결성 관련 해직자가 1,527명인데, 많은 수가 민주화운동 관련자로 신청하지 않아서 그렇지 모두 신청했다면 1,700여 명이 민주화운동 관련자로 인정되었을 것입니다. '민주화운동보상심의위원회'는 2017년까지 '민주화운동 관련자'로9,800여 명을 인정했습니다. 전교조는 한국 사회에서 가장 많은 민주화 운동가를 보유한 조직이 되었습니다.

'민주화운동 관련자'로 인정되면 달라지는 게 있나요? 없습니다. 그

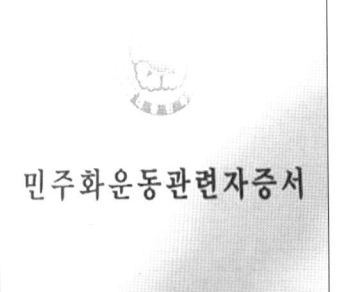

민주화운동관련자 증서 ⓒ교육희망

저 인정한다는 종이 한 장뿐이었습니다. 전교조 결성을 이유로 해직되었던 교사들에 대한 미지급 임금과 연금, 복직 후 호봉 인정 등 하나도 국가가 책임지지 않았습니다. 전교조 결성으로 해직되었던 교사들은 이제 거의 다 교단을 떠났습니다. 그러나 아직도 대한민국 정부는 해직 교사들의 원상회복을 시행하지 않았습니다.

6.
합법화 이후 열린 대중적 교원노조 시대

　합법화는 이루었지만, 절반의 합법화였습니다. 다른 노조들처럼 '노동조합및노동관계조정법'에 의해 노동3권이 보장되는 노동조합이 아니라 '교원노조법'이라는 특별법을 제정해 노동조합으로서 기능을 극도로 제한한 합법화였습니다.

　단결권, 단체교섭권, 단체행동권 중 단결권만 보장받았습니다. 단결권조차 박근혜 정권에서 '노조 아님' 통보를 받는 단결권이 되었습니다. 단체행동권은 아예 없고, 단체교섭권도 제한되었습니다.

　교섭 의제는 '임금, 근무 조건, 후생 복지 등 경제적·사회적 지위 향상'에 관한 것으로 국한되어 교육 관료들이 교육 정책에 대한 교섭을 거부할 수 있는 명분이 되었습니다. 단체교섭의 대상도 교육부 장관과 시도 교육감으로 제한되어 학교 현장에서 직접 접촉을 하는 교장과 교섭할 권리가 빠졌습니다.

　사립학교에서 교섭은 생뚱맞게 '사립학교 설립·경영자가 전국 또는 시도 단위로 연합하여 교섭에 응해야 한다'고 규정했습니다. 사립학교 교사도 정부에서 지원하는 재정결함보조금으로 월급 받고 살아가며, 공무원에 준하여 공립학교 교사와 거의 같은 의무를 지니지만, 가장 중요한 인사권은 사학 재단에 있습니다.

그런데 교섭을 '시도 단위 사립학교 설립 경영자 연합'으로 규정한 것은 현실과 맞지 않는 법률이었습니다. 그러나 기업별 노조에서 산별 노조로 나아가고 있는 민주 노동운동의 전반적 흐름 때문에 문제 제기를 강력히 하지 못했습니다.

그 결과 '시도 단위 사립학교 설립 경영자 연합'이 '시도 단위 사학재단연합회'라고 유권해석 받는 데 몇 년의 세월을 보내고, 사학재단연합회는 교섭에 응하지 않겠다고 버티면서, 사립학교 조합원들은 1999년 합법화 이후 2025년 현재까지 실질적 교섭 한 번 해보지 못했습니다. 기껏해야 공립학교가 체결한 단체협약을 교육감이 사립학교에 '지도'하고 '권장'하는 수준으로 26년을 버텼습니다.

노동조합으로서 구실을 제대로 할 수 없는 합법화였음에도 불구하고, 10년 만에 '불법'의 딱지를 떼고 합법적 지위를 갖게 되자 조합원이 급속히 증가했습니다. 1999년 7월 1일부로 전교조가 합법화된다고 발표하던 1998년 1월 6일, 전교조는 비공개 조합원 7천 명, 후원회원 3만 명 상태를 유지하고 있었습니다. 1998년은 어떻게 합법화를 맞이할 것인가를 놓고 다양한 토론이 진행되었고, 합법화가 임박한 1999년 상반기부터 전교조 조합원이 급속히 증가했습니다. 1999년 7월 1일 42,600명이 가입한 상태에서 합법화를 맞이했고, 그해 12월에는 55,700명, 2000년 말에는 75,800명으로 증가했습니다.

1989년 노태우 정권에게 가혹한 탄압을 받고 10년 동안 불법노조였기에 심정적으로는 동의하면서도 함께하지 못하여 부채 의식을 느끼고 있던 교사들이 대거 가입했습니다.

1999년 7월 1일 합법적 지위를 획득한 전교조는 9월 8일부터 교육부와 단체교섭을 시작했습니다. 단체교섭은 해를 넘겨 2000년 6월 10일 체결되었습니다.

단체교섭은 예상했던 대로 난항을 겪었습니다. 교육부는 전교조가 요구한 413개 교섭안 중 76개 조항만을 교섭 의제로 수용한다고 통보했습니다. 교섭 의제 채택률이 18.4%입니다. 5개 중 4개는 안 되고 1개만 단체교섭 의제로 할 수 있다는 것입니다. 교육부는 주당 수업시수, 학급당 학생 수, 법정 정원 확보와 같이 교사의 근무 조건과 관련한 사항을 교육 정책 사항이라며 교섭 의제에서 제외했습니다. 심지어 모성보호에 관한 사항, 교원의 연구 환경 조성, 조합 활동 편의 제공까지 거부했습니다. 교섭 태도도 고압적일뿐더러 갖가지 이유를 들어 시간을 질질 끌면서 관료적 자세로 일관했습니다.

전교조는 교육부의 성실 교섭을 촉구하며 위원장이 삭발하고, 18일간 단식농성을 하며, 전국 분회장 결의대회를 개최하고, 교육부 장관을 노동부에 부당노동행위로 고발했습니다. 결국 교섭 테이블에 나온 교육부는 2000년 6월 10일 40개 조항의 단체협약안에 도장을 찍었습니다. 그마저도 학교 현장에서 교사들이 피부로 느낄 만한 내용은 거의 없었습니다.

그런데 어렵게 체결된 첫 번째 단체협약이 기획예산처의 반대로 국회에 제출할 예산 편성에서 제외되었습니다. 오랜 기다림 끝에 합법 교원노조가 되어 첫 번째 단체협약을 맺었는데도 휴지 조각이 된 것에 대한 분노로 전교조는 조합원 연가 투쟁을 조직했습니다. 단체행동권이 없으니 개인적으로 연가를 내고 서울에 모여 집회를 한 것입니다. 7천여 조합원이 서울역 집회에 참석했고, 정부종합청사에 진입했습니다. 이 투쟁으로 합법노조가 된 지 1년 만에 첫 구속자가 나왔습니다.

2000년 하반기 조합원들의 분노에 힘입어 2001년 상반기에 시도지부 단위로 단체협약이 체결되었습니다. 단체협약은 교사들에게 교원노조의 필요성을 절감하게 했습니다. 당시 단체협약의 핵심 내용은 출근부 폐지, 일숙직 폐지, 주번제 폐지였습니다.

젊은 선생님들에게는 '라떼'같은 이야기인데요, 당시에는 아침에 출근하면 교감 책상 앞에 출근부가 있어서 교감과 눈을 마주치고 출근부에 서명하고 하루가 시작되었습니다. 지금은 주5일제 근무지만 당시에는 토요일 오전까지 학교가 운영되었습니다. 토요일 오후와 일요일 낮에는 교사들이 순번을 정해 일직을, 저녁에는 숙직 근무를 하는 학교들이 있었습니다. 규모가 큰 학교는 그나마 가끔 순번이 돌아오지만, 작은 규모의 학교는 이게 보통 일이 아니었습니다.

또한 매주 주번 교사가 있어서 각 학급의 주번 학생들을 지도하여 교실 청소를 지도하고 그 주의 '주훈'을 발표했습니다. '주훈'이란 게 '선생님께 인사를 잘하자'와 같이 별거 없었습니다. 청소는 학급에서 담임이 지도하면 되는데 굳이 주번 교사가 매일 모든 교실을 돌며 각 반의 청소 상태를 점검하게 했습니다.

오랫동안 해왔기 때문에 계속하고 있는, 별 의미도 없는 관행들을 전교조가 단체협약을 통해 폐지하자 교사들은 학교의 억압적 질서가 무너지는 쾌감을 맛보았고, 말로만 듣던 교원노조의 의미를 느끼게 되었습니다.

2001년 상반기에 1만 명 이상 조합원이 확대되었고, 당시까지 조합원이 1명도 없던 학교에서 조합원이 새로 연결되고 심지어 과반수 교사가 한꺼번에 가입하는 일도 많았습니다. 특히 같은 교대 선후배들로 구성되어 교사 간 서열 문화가 완강한 초등학교에서 조합원 확대는 폭발적이었습니다.

공립학교 조합원들이 출근부, 일숙직, 주번제 폐지를 통해 합법 전교조의 필요성을 느꼈다면 사립학교 조합원들은 사립학교 민주화 투쟁과 사립학교법 개정 투쟁을 통해 전교조의 필요성을 체험했습니다.

서울에 상문고등학교라고 유명한 부패재단이 있습니다. 너무 유명해서 영화의 소재가 되기도 했습니다. 〈두사부일체〉의 배경인 '상춘고'

와 〈말죽거리 잔혹사〉의 배경인 '정문고'는 '상문고'와 비슷하게 만든 이름이고, 영화에 나오는 장면들은 실제로 상문고에서 있었던 일입니다. 1994년 양심적 교사들이 상문고 재단의 비리를 폭로하면서 이사장이 구속되고 관선이사가 파견된 학교입니다.

그런데 2000년 상문고의 부패재단이 복귀하면서 이를 저지하기 위한 투쟁이 사회적 문제가 되었습니다. 상문고 교사, 학생, 학부모, 동문회까지 똘똘 뭉쳐 부패재단 복귀를 막기 위해 싸웠고 결국 승리했습니다. 상문고 부패재단 복귀 저지 투쟁은 상문고 하나에 그치지 않고 사립학교들에 만연한 부패를 척결하자는 사회적 운동으로 확산됐습니다. 사학 재단 비리로 고초를 겪어왔던 학교들, 사립학교 개혁에 동의하는 많은 시민단체가 모여 '사립학교법 개정과 부패 사학 척결을 위한 국민운동본부'(이하 사학국본)가 조직되고, 2001년 5~6월 전국의 사립학교 조합원들이 힘을 집중하면서 사립학교법 개정 투쟁이 일어났습니다.

당시 야당이던 한나라당은 사학법 개정을 완강히 반대했습니다. 전교조 위원장은 여의도 한나라당 당사 앞에서 단식농성을 하고, 사학국본 소속 단체들이 천막 농성장에서 연일 집회를 열었습니다. 투쟁의 절정은 전국의 한나라당 지구당사 앞에서 사립학교 조합원들이 한 달간 1인 시위를 벌인 것입니다. 당시 지구당이 전국적으로 230개 정도 됐습니다. 그 당사 앞으로 전교조 조합원들이 날마다 퇴근해 1인 시위를 벌였습니다. 전국 조직으로서 전교조의 힘을 실감한 계기가 되었습니다.

1980년 후반 불타올랐다 꺼졌던 사립학교 민주화운동이 10년 만에 다시 불붙기 시작했습니다. 사립학교에서 부패재단의 전횡에 괴로워하던 교사들이 전교조의 투쟁을 보고 용기를 내어 학원 민주화 투쟁을 결심하게 됩니다. 투쟁에 도움을 줄 수 있는 전교조에 연락을 해오고,

재단 소속 교사들이 전교조에 무더기로 가입하여 외롭지 않게 투쟁을 준비했습니다. 특히 고등학교의 70%가 사립인 서울에서 학원 민주화 투쟁이 활발하게 전개되었습니다.

사실 사립학교 문제는 중고등학교보다 대학이 문제입니다. 전국 중학교의 20%, 고등학교의 40%, 전문대학의 95%, 4년제 대학의 80%가 사립입니다. 사립 재단의 비리 규모도 대학이 심각합니다. 중고등학교는 수억 원 정도지만, 대학은 터졌다 하면 수백억 원 규모입니다.

문제는 사립학교의 비리를 제기하고 해결할 주체입니다. 대학은 교수들이 중심이 되어야 하는데, 교수노조가 없는 대학도 많고, 있어도 인원이 많지 않아 투쟁이 잘 일어나지 않습니다. 그런 점에서 전교조의 사립학교 조합원들은 한국 사립학교의 민주화를 위해 가장 헌신적으로 장기간 싸워온 집단입니다. 자기 학교의 비리 척결을 위해 스스로 싸웠고, 서로 아픈 마음으로 연대했고, 사립학교법 개정이라는 공동의 목표를 세우고 싸웠습니다. 이 열기는 2005년 열린우리당과 민주노동당이 힘을 합쳐 사립학교법을 개정하는 것으로 결실을 맺었습니다.

전교조가 어려웠던 시절 함께하지 못했다는 부채 의식, 합법 교원노조에 대한 기대감, 2001년 시도 지부별 단체협약의 위력, 사립학교 민주화운동의 흐름 속에 2003년까지 전교조 조합원은 계속 증가해 93,800명이 되었습니다.

전교조가 합법화되기 전에 한국교총 회원이 27만 명이었다고 합니다. 2003년이 되면 전교조가 9만, 한국교총이 18만이 되어, 이렇게 가면 조만간 전교조가 한국교총을 넘어서 대표 교원단체가 될 수 있을 거라는 낙관적 전망이 형성되었습니다.

그런데 2003년을 정점으로 전교조 조합원이 줄어들기 시작합니다. 일시적 현상이 아니라 지속적으로 감소했습니다. 한 번도 조합원이 증가세로 돌아선 적이 없습니다. 왜 그렇게 되었을까요?

첫째는 전교조에 대한 수구 보수 세력의 공격이 그 시기부터 다시 시작됐습니다. 둘째는 전교조의 활동 방식에 동의하지 않는 조합원들이 생겨나기 시작했습니다. 두 번째는 3부에서 다루기로 하고, 먼저 전교조에 대한 수구 보수 세력의 공격부터 알아보겠습니다.

7.

합법화 이후에도 지속된 전교조 탄압

합법화 이후 전교조를 이해하는 데서 수구 보수 세력의 공격이라는 요소를 살펴보지 않을 수 없습니다. 전교조에 대한 탄압은 1999년 합법화 이전뿐 아니라 합법화 이후에도 집요하게 지속되었기 때문입니다. 저는 전교조가 1999년 이후 법률적으로는 합법성을 쟁취했지만, 사회 심리적으로는 반합법半合法 상태에 가까웠다고 평가합니다.

사회 심리적으로는 반합법半合法 상태라는 게 무슨 뜻일까요? 교사의 성비性比는 여성이 압도적입니다. 전교조 조합원도 여교사가 다수죠. 저는 가끔 여선생님들에게 "시댁에 가서 자신이 전교조 조합원이라고 밝힙니까?"라고 묻습니다. "당연하죠"라는 대답보다는 "시댁 식구들이 걱정할까 봐 말 안 해요"라는 답변이 훨씬 많습니다. 전교조가 무슨 독립운동 조직도 아니고, 민주화 투쟁 조직도 아닌데, 전교조 조합원임을 밝히기 어려운 심리적 상태, 저는 이를 반합법半合法 상태라고 표현합니다.

1990년대 한국 사회의 변화를 추구하던 세력 중에 가장 많은 탄압을 받은 것은 학생운동과 통일운동이었습니다. 분단의 금기를 뛰어넘어 한국 사회의 지배 질서에 정면으로 도전했기 때문입니다. 1990년대 학생운동을 대표하는 한총련은 이적단체로 규정되어 구속자와 수

배자가 넘쳐났고, 통일운동에 앞장섰던 인사들은 칠순이 넘어서도 감옥 문을 제 집 드나들 듯했습니다.

2000년대 들어서 탄압의 양상이 변화합니다. 1997년 외환위기는 한국 사회를 그 이전과 완전히 다른 사회로 구조 조정한 사건입니다. 수많은 노동자가 정리해고를 당하고, 정규직이 비정규직으로 전환되고, 비정규직 노동자에게는 저임금이 강요되었습니다. 이에 가장 강력히 저항한 세력은 민주노총이었습니다.

김대중 정부는 1998년 현대자동차 정리해고 반대 투쟁, 2000년 서울지하철노조 파업, 2002년 발전노조 파업 등을 물리력으로 강경 진압했습니다. 동시에 보수 언론은 '대기업 정규직 이기주의', '노동귀족', '철밥 그릇' 등 신조어를 만들며 민주노조에 대한 이데올로기 공격을 시작했습니다.

전교조에 대해서는 여기에 더해 친북·좌경·용공 교육이라는 색깔론 공격의 대상이었습니다. 전교조를 창립할 때부터 시작되었던 이데올로기 공격은 합법화 이후에도 중단되지 않았습니다.

김대중 정부 때는 그래도 좀 덜했습니다. 1997년 외환위기와 국가 부도 사태를 초래한 죄로 수구 보수 세력이 숨죽여 지냈던 시기였기 때문입니다. 김대중 대통령이 보수의 '원조' 김종필과 연합해서 만든 정권이었기에 이념적으로 공격하기도 쉽지 않았습니다. 분단 이후 최초로 남북 정상이 만나 6.15 공동선언을 하면서 냉전 체제에 파열구가 나기도 했습니다. 김대중 정부가 IMF의 요구에 충실하게 신자유주의 노동정책을 밀어붙였기 때문에 수구 보수 세력의 불만이 크지도 않았습니다. 김대중 정권 5년은 전교조가 수구 보수 세력의 공격을 잠시 피했던 시기였습니다.

그러나 노무현 정권 출범 이후에는 수구 보수 세력의 태도가 달라졌습니다. 수구 보수 세력은 김대중 노무현 정권 기간을 '잃어버린 10

년'이라고 표현했습니다. 김대중 대통령 당선 때 38만 표, 노무현 대통령 당선 때 50만 표 차이로 아쉽게 정권을 빼앗긴 수구 보수 세력은 극도의 절망감에 빠져 이성을 상실했습니다. 노무현을 아예 대통령으로 인정하지 않았습니다. 노무현 대통령이 집권 초 '검사와의 대화'를 마련하자 신출내기 검사들이 대통령에게 마구 대드는 세상이었습니다. 2004년에는 말도 안 되는 이유로 노무현 대통령을 탄핵하기도 했죠.

2003년 2월 25일 노무현 대통령이 취임식을 하고 일주일이 지난 3.1절, 아스팔트 극우 세력들이 서울시청에 나와서 "김정일 정권 타도! 전교조 타도!"를 외쳤습니다. 갑자기 전교조가 북한의 최고 지도자 김정일 국방위원장과 동급이 되었습니다.

당시 저는 왜 수구 보수 세력이 그 정도로 전교조를 미워하는지 이해하지 못했습니다. 그러다 2004년 4월 20일 중앙일보 논설 주간이었던 문창극의 칼럼을 읽고 이해했습니다. 문창극은 2014년 박근혜 정권에서 국무총리로 임명되었다가 "일제 강점은 하느님의 뜻"이라는 등의 친일 발언들이 문제가 되어 2주 만에 사퇴했던 바로 그 사람입니다. 당시 문창극 씨의 칼럼을 읽어보겠습니다.

　　패배한 쪽은 이제 무대에서 물러나 무엇이 패배의 원인이 었는가를 돌아보아야 한다. 그리고 국민이 다시 부를 때를 준비해야 하는 것이다. 나는 이 나라 보수주의가 패배한 것은 꿈이 없었기 때문이라고 말하고 싶다. 진보세력은 꿈이 있었다. 그것이 평등이든, 민족 자주든 그것을 실현하기 위해 역경을 견디며 살아왔다. 전교조로부터 교육을 받은 어린 학생들, 그들이 대학에서는 운동권이 되고, 그 운동권들이 이제는 이 나라 정치세력의 주역이 된 것이다.

반면 보수는 꿈 대신 가진 것을 지키기에 급급했다. 저쪽 사람들은 위험하니 우리가 계속해야 한다는 논리밖에는 없었다. 그래서 고인 물이 되고 냄새가 나기 시작했다. 지향하는 꿈이 무엇인지는 관심이 없었다.

문창극 씨의 칼럼을 읽어보면 수구 보수 세력은 연속된 대선 패배를 앙갚음할 대상이 필요했던 것 같습니다. 그들은 노무현 당선의 원인은 온라인 공간을 장악한 청년층의 정치 참여에 있고, 그 근저에 전교조의 '정치 세례'가 있다고 분석했던 모양입니다. 그래서 앙갚음처럼 죽어라 전교조를 패기 시작합니다.

전교조에 대한 수구 보수 세력의 증오심은 상상 이상이었습니다. 별것 아닌 일도 전교조와 관련된 일이라면 보수 언론지의 1면 머리기사로 등극했습니다. 전교조 교사들의 교육 활동에 대한 좌경·용공·반미·친북 색깔 칠하기, 전교조 소속으로 확인된 교사 사건 침소봉대하기, 사립학교법 개정을 전교조의 학교 장악 음모로 매도하기 등 광란적으로 공격했습니다. '한 놈만 팬다'라던 조폭의 행태를 그대로 보여줬습니다. 1990년대 정권의 집중적 탄압을 받던 학생운동, 통일운동의 자리에 전교조가 들어앉은 것입니다.

2003년 노무현 정권이 출범한 이후 시작해서 현재까지 강산이 두 번 바뀌는 동안 전교조는 '주홍 글씨'였습니다. 노무현 정부에서 전교조 두들겨 패기의 몸을 푼 수구 보수 세력은 이명박 정부에서 본격적으로 전교조 죽이기에 나섰습니다.

2009년 3월 25일 서울 프레스센터에서 '친북좌익 척결'을 내세운 국민행동본부 '애국기동단' 발대식에 참석한 월간조선 전 편집국장 조갑제는 한국 사회에서 척결해야 할 3대 '반국가 세력'으로 민주노동당, MBC, 전교조를 꼽았습니다. 정말 그의 주장대로 민주노동당 후신인

사립학교법 개정을 반대하는 한나라당 의원들

2008년 '전교조 왜 이적단체인가' 토론회

통합진보당은 2014년 헌법재판소 판결로 해산되었고, MBC는 이명박 정부 시절 'PD수첩'의 퇴출을 비롯하여 비판적 기자와 PD들을 모두 업무와 관련 없는 곳으로 유배 보내고, 전교조는 박근혜 정권에서 법외노조가 되었습니다.

2008년 서울시 교육감 선거에서 공정택 후보는 "우리 아이들을 전교조에 맡길 수 없다"는 현수막을 내걸고 강남 3구에서 몰표를 받아

서울시교육감 선거 **전교조 대 反전교조 양상**

2008년 서울시 교육감 선거 관련 신문 기사

당선되었습니다. 이후 지금까지 시도 교육감 선거에서 관심사는 '친전교조' 교육감이 몇 명 당선되었냐입니다. 교육감으로서 적합한 경력이나 정책이 없어도 전교조를 반대한다는 정치적 입장을 내세우면 보수진영의 교육감 후보가 되기도 합니다. 가장 최근에 실시된 2022년 전국 시도 교육감 선거까지도 그랬습니다.

2010년에는 조전혁을 비롯한 한나라당 국회의원들 십여 명이 '떼거지'로 자신들의 홈페이지에 전교조 조합원 명단을 공개하는 사건도

전교조 조합원 명단을 공개한 조전혁 의원 홈페이지

있었습니다. 학교별로 전교조 조합원 명단을 공개하여 학부모들이 자기 아이 담임이 전교조인지 아닌지 확인하고 분란을 일으키라는 의도입니다. 이에 대해 법원은 두 차례에 걸쳐 공개하지 말라는 결정을 내리고, 하루 3천만 원씩 간접 강제 이행금까지 결정했으나, 한나라당 국회의원들은 사법부에 맞짱을 뜨며 명단 공개를 고수했습니다. 전교조가 무슨 지하 조직도 아닌데 명단 공개라는 해괴한 정치공격을 집권 여당이 감행했습니다.

더욱 코미디 같은 이야기를 해보겠습니다. 2010년 1월 한국노동연구원은 〈교원 노사관계 평가와 발전 전망〉이라는 주제의 토론회를 열었는데, 인천대 경제학과 이인재 교수의 발표를 언론이 대서특필했습니다.

이인재 교수의 발표 주제는 '전교조와 학업성취도 간 상관관계 분석'인데, 2004년 '한국교육고용패널KEEP' 조사에 의하면 학교의 전교조 가입 교사 비율이 10% 증가하면 학생의 수능 언어영역 표준점수는 0.5~0.6점, 백분위 점수는 1.1~1.3점 하락하고, 외국어영역 표준점수는 1.1~1.3점, 백분위는 1.5~2.0점 떨어진다는 것입니다. 이런 걸 대학교수가 연구하고 언론은 "전교조 교사 많으면 수능 성적 떨어져"라고 제목을 달아 보도하는 게 정상적 사고력을 가진 사람들이 할 짓인가요?

이명박 정권 5년 동안 전교조는 MBC 노조, 쌍용자동차 노조와 더불어 가장 극심한 탄압을 받았습니다. 일제고사 감독을 거부했다는 이유로 전교조 조합원들이 학교 밖으로 쫓겨났습니다. 전교조 통일위원회 활동을 했던 조합원들은 줄줄이 공안 경찰에 구속되거나 기소되어 재판을 받았습니다. 민주노총의 지지 방침에 따라 건설된 민주노동당을 매월 1만 원씩 후원했다는 이유로 조합원들 수백 명이 기소되고 벌금형을 선고받았습니다.

2008년 광우병 촛불시위 직후 치러진 서울시 교육감 선거에서 전교조가 조직적으로 주경복 후보를 지지했다는 이유로 서울지부장을 비롯한 간부들이 구속되고 수십 명의 조합원들이 형사처벌과 징계를 받았습니다. 이명박 정권의 4대강에 반대하는 시국선언에 참여했다고 지도부가 대거 해임되고 기소되었습니다. 시국선언 교사 징계를 거부하는 김상곤 경기도 교육감은 임기 내내 이명박 정권에 시달렸습니다.

탄압의 완결판은 2013년 박근혜 정권의 '노조 아님' 통보입니다. 박근혜와 전교조의 악연은 오래되었습니다. 박근혜는 1980년 29세 때 아버지 박정희가 강탈하여 물려준 영남대학교 이사장이 되었다가 영남대 입시 부정과 측근 비리에 대한 책임을 지고 1988년 이사장에서 물러난 사람입니다.

그래서 2005년 12월 국회에서 사립학교법이 통과되자, 당시 한나라당 대표로서 사립학교법 반대를 내걸고 두 달 동안 국회 밖에서 투쟁하면서 결국 사립학교법을 무력화시키는 재개정을 주도했습니다. 당시 박근혜는 사립학교법 개정을 전교조의 학교 장악 음모라고 가짜 뉴스를 퍼뜨리면서, "한 마리 해충이 온 산을 붉게 물들일 수 있다"며 전교조를 해충에 비유한 사람입니다. 그런 박근혜가 2012년 대통령에 당선되었습니다.

2013년 10월 24일 고용노동부는 전교조 사무실로 팩스 한 장을 보냈습니다. 내용은 '전교조는 노조 아님'입니다. 이유는 전교조가 해고자 9명을 조합원으로 인정하는 규약을 갖고 있다는 것입니다.

'노조 아님' 통보 이후 교육부는 전국 시도교육청에 후속 조치를 내려보냅니다. 노조 전임자에 대한 전임 휴직 취소와 복귀, 전교조 사무실 임대료 지원금 회수, 단체협약 효력 상실 및 진행 중인 단체교섭 중단, 월급에서 조합비 원천 공제 금지, 교육위원회 등 각종 위원회에서

발신 : 이정석 / 공무원노사관계과 (2013-10-24 09:33:05)

공공정보의 개방·공유로 만들어 가는 투명한 정부

고 용 노 동 부

수신 전국교직원노동조합 대표자 귀하

(경유)

제목 노동조합으로 보지 아니함 통보

1. 관 련

    가. 공무원노사관계과-249(2010.3.31.)

    나. 공무원노사관계과-1816(2012.9.17.)

    다. 공무원노사관계과-1556(2013.9.23.)

2. 우리부는 2013.9.23. 「교원의 노동조합 설립 및 운영 등에 관한 법률」 (이하 '교원노조법'이라 함) 제14조 및 같은 법 시행령 제9조, 「노동조합 및 노동 관계조정법」 제2조제4호'목 및 제12조제3항, 같은 법 시행령 제9조제2항의 규정에 따라 귀 노동조합의 규약 부칙 제5조를 교원노조법 제2조에 맞게 시정하고, 노동 조합의 조합원이 될 수 없는 해직자가 조합원으로 가입·활동하지 않도록 조치할 것을 시정요구 하였습니다.

3. 그러나, 귀 노동조합은 시정기한인 2013.10.23.까지 시정요구를 이행 하지 않았으므로 위 관계법령에 따라 「교원노조법」에 의한 노동조합으로 보지 아니함을 통보합니다. 끝.

고 용 노 동 부

고용노동부의 '노조 아님' 통보 ⓒ교육희망

전교조 대표 위원 배제 등입니다.

이때부터 2020년 12월 3일 대법원에서 전교조에 대한 '노조 아님' 통보가 위법이라는 판결이 확정될 때까지 전교조는 무려 7년 동안 제 2의 합법화 투쟁을 해야 했습니다.

노동기본권이 밑바닥인 한국 사회에서 민주노조가 탄압받는 것은 이상한 일이 아니지만, 합법적으로 활동하던 노동조합의 설립 자체를 취소한 것은 전무후무한 일입니다. 더구나 그 사유가 전교조 활동을 하다가 해고된 동지를 조합원으로 인정하는 규약 때문이라고 합니다.

전교조가 해고된 교사를 아무나 조합원으로 인정하는 게 아닙니다. 전교조의 대의원대회나 집행 기구 등 공식적 단위에서 결정한 사업을 하다 부당하게 해고된 경우, 현직 교사는 아니지만 조합원으로 인정 하여 생활비도 지원하고 조직에서 지속적으로 활동할 수 있도록 하는 것입니다.

박근혜 정권은 교원노조법에서 교원노조 가입 자격을 유·초·중·고 교사로 한정하고 있으니 현직 교사가 아닌 사람을 조합원으로 인정하는 것은 노동조합의 자주성을 침해할 수 있으므로 '노조 아님'을 통보했다고 합니다. 이게 말이 됩니까? 조합원으로서 노조에서 결정한 사업을 수행하다 해고되어 노조에서 구제한 것인데 왜 노조의 자주성을 침해한다는 것입니까? 더구나 조합원 자격을 부여한 9명의 해고자 때문에 노동조합 전체의 합법적 지위를 박탈한다는 게 얼마나 어이없는 짓입니까?

해고자를 조합원으로 인정하는 규약은 전교조만 갖고 있는 것이 아닙니다. 민주노조들의 규약은 대부분 그렇습니다. 이에 대해 고용노동부는 산별노조는 해고자를 조합원으로 인정할 수 있지만, 기업별 노조는 해고자를 조합원으로 인정할 수 없다는 논리를 들이댔습니다. 그걸 왜 정부가 규정합니까? 누구를 노동조합의 조합원으로 할 것인가는 노동조합이 스스로 정할 문제입니다.

기업 단위 노조라 해도 마찬가지입니다. 현대중공업, 현대미포조선, 삼성일반노조, 기아차노조, LG화학노조, 서울대병원, 부산지하철, 발전노조, 대한항공조종사노조 등 이루 헤아릴 수 없이 많은 노조가 해고자를 조합원으로 인정하는 규약을 갖고 있습니다. 전교조가 해고자를 조합원으로 인정하기 때문에 법외노조로 만들었다는 것은 말도 안 되는 궤변입니다. 전교조의 규약 때문이 아니라 '전교조이기 때문에' 이를 트집 잡아 합법화된 지 15년 된 노조를 '노조 아님'이라고 통보한 것입니다.

전교조가 '노조 아님' 통보를 받은 것은 갑자기 벌어진 사건이 아닙니다. 2010년 이명박 정권 시절, 고용노동부가 해고자를 조합원으로 인정하는 규약(부칙 제5조)을 개정하라고 시정 명령을 내리면서 정부와 전교조의 갈등이 시작되었습니다. 전교조는 대의원대회를 열어 시정 명령을 거부했습니다. 2012년에 두 번째 시정 명령이 있었으나 전교조는 계속 거부했습니다. 2013년 9월 23일 박근혜 정권은 한 달 안에 규약을 개정하지 않으면 법외노조 통보를 하겠다고 최후의 통첩을 했습니다.

이에 전교조는 조직의 운명을 조합원 총투표에 부쳤습니다. 10월 16~18일 박근혜 정권의 규약 개정 요구를 수용할 것인가, 거부할 것인가를 놓고 총투표를 진행했습니다. 그 결과 조합원 6만 명 중 81%가 참여하여 28.1%가 규약 개정 찬성, 68.6%가 거부했습니다.

총투표 결과는 누구도 예상치 못한 것이었습니다. 규약 개정을 거부해야 한다고 생각하는 조합원들도 실제로 법외노조가 되었을 때 감내해야 할 불이익을 어떻게 극복할지 걱정하지 않을 수 없었고, 규약 개정을 수용해야 한다고 생각하는 조합원들도 어쩔 수 없이 수용하는 것이지 옳은 선택이라고 생각하지 않았습니다. 어느 쪽으로 결과가 나와도 51:49 정도의 근소한 차이가 되리라 생각했습니다. 그런데 총투표 결과는 거부가 압도적이었습니다. 법외노조를 감내하더라도 9명의 조합원을 버리지 말자고 결론 내렸습니다.

조합원 총투표 이후 7년간 전교조는 제2의 합법화 투쟁에 '올인'해야 했습니다. 아래는 그 과정입니다.

- 2013. 10. 24. 법외노조 통보
- 2013. 11. 13. 행정소송 1심 가처분 인용으로 20일 만에 법적 지위 회복
- 2014. 6. 19. 행정소송 1심 본안 소송에서 패소로 법적 지위 상실
- 2014. 9. 19. 행정소송 2심 가처분 다시 인용으로 93일 만에 지

대법원 판결로 합법성을 회복한 전교조 ⓒ교육희망

위 회복

- 2016. 1. 21. 행정소송 2심 패소하여 법적 지위 상실
- 2020. 9. 4. 대법원에서 승소하여 4년 7개월 만에 법적 지위 회복

가처분 소송에서 잠시 이겨 합법성을 회복했다가, 본안 소송에서 패소하여 다시 법외노조가 되기를 반복한 끝에 2020년에 대법원 확정 판결로 합법성을 완전히 회복했습니다.

8.
전교조, 시련 속에서도 원칙을 지켰다

탄압 속에 성장하지 않은 민주노조가 어디 있겠습니까만, 전교조처럼 장기간 탄압을 받은 민주노조는 없었다고 해도 과언이 아닙니다. 왜 수구 보수 세력은 전교조에 대해서 그토록 오랜 기간 집요하게, 심지어 '노조 아님' 통보까지 했을까요?

첫째는 수구 보수 세력이 느끼는 불안감과 위기의식 때문입니다.

이명박은 경제를 살리라고 뽑아줬더니 경제는 못 살리고 영구집권을 꿈꾸며 온갖 못된 짓을 했습니다. 2016~2017 촛불 항쟁을 거치면서 이명박·박근혜 정부의 국정 농단이 드러나 둘 다 감옥에 갔는데, 국정 농단 행태가 실로 충격적이었습니다.

YTN, MBC, KBS 등 언론 장악, 문화·예술인 '블랙리스트'는 그나마 양반 축에 속했습니다. 국가를 지켜야 할 국정원과 국군사이버사령부에 '댓글 부대'를 만들어 부정선거를 획책하고, 사법부를 통제하고 재판을 거래했습니다.

권력 요직에 자기들 사람 심고, 재벌에게 엄청난 특혜 주고, 노동자는 탄압하고, 몰래 이권 챙기는 정도는 예상할 수 있었지만, 국정원과 군대를 부정선거에 동원하고 삼권분립을 완전히 뭉개버릴 정도로 대한민국 수구 보수 세력이 대담한 집단인 줄은 몰랐습니다. 이명박·박근혜 정부는 보수 세력이 아니라 '민주주의의 적'이었습니다.

박근혜는 국가기관을 총동원하여 부정선거를 치르고도 겨우 3% 차이로 당선되었습니다. 이런 상황이라면 차기 정권이 민주당으로 넘어가는 건 시간 문제가 되었습니다. 수구 보수 세력은 6월 항쟁 이후 확립된 절차적 민주주의조차 집어던지고 공포통치로 전환했습니다.

이명박 정권에서 4년 넘게 국정원장을 지냈던 원세훈은 퇴임 후 30개가 넘는 죄목으로 기소되어 총 13년의 징역형을 선고받았습니다. 원세훈의 죄목은 60억이 넘는 국정원 예산을 빼돌려 민간인 댓글 부대 등 불법 정치 활동에 지급한 혐의, 한국노총과 민주노총을 견제하기 위한 '어용노총' 설립에 국정원 예산을 사용한 혐의, '국가발전미래협의회'라는 외곽 단체를 만들어 진보세력을 '종북'으로 몰아가는 정치 공작을 벌인 혐의 등입니다. 재판 과정에서 밝혀진 바에 따르면 전교조 설립 취소에 국정원이 깊숙이 개입한 것 같습니다. 아래는 2011년 2월 18일 국정원 부서장 회의에서 원세훈의 발언입니다.

전교조, 내부 종북 좌파들부터 정리해야 되기 때문에 관계되는 부서는 확실하게 대처 좀 해야 되겠다. 민노당 가입 교사에 대한 징계 같은 것도 확실하게 할 수 있도록 협조를 하고요. … 그런 것은 (국정원) 지부장들이 좌파 교육감 같으면 부교육감을 상대해서. 그 사람들은 국정원에서 이러더란 말을 잘 안 해요. 실무자를 만나니까 국정원에서 어쨌다 소리가 나오지. 그런 것도 좀 확실히 해가지고 전교조 자체가 불법적 노조로 해서 우리가 정리를 좀 해야 될 것 같고…

2013년 전교조 '노조 아님' 통보, 2014년 통합진보당 해산은 수구 보수 세력이 벌인 진보세력 탄압의 상징적 사건입니다.

둘째는 전교조가 한국 사회의 지배 세력에게 눈엣가시와도 같은 교육 부문에 둥지를 틀고 있기 때문입니다. 수구 보수 세력의 전위부대 뉴라이트가 야심만만하게 내놓은 작품이 2013년 교학사 한국사 교과서입니다. 이를 채택률 0%로 만들어 타격을 입히는 중심에 전교조가 서 있습니다. 친일파의 재산 은닉 수단으로 출발하여 온갖 불법과 비리로 교육 장사를 해온 사립학교 재단에 타격을 입힌 세력이 전교조입니다. 한국 사회의 모순을 폭로하고 권력의 추악한 실태를 고발해온 MBC 'PD수첩'만큼은 어떻게라도 없애고자 했던 세력들이 전교조도 없애고 싶어 했던 것 같습니다.

셋째는 전교조가 탄압 속에서도 굴하지 않고 건강성을 유지했기 때문입니다. 민주노조 중 집중적 탄압을 받은 후 변질되거나 우여곡절을 겪은 노동조합들이 꽤 있습니다. 1990년대 한국 민주노조 운동의 상징 현대중공업은 2004년 민주노총에서 제명되었다가 12년 만에 민주노총에 복귀했습니다.

1995년 민주노총 창립 당시부터 서울의 노동운동을 주도했던 서울지하철노조는 2000년 파업에 패배한 이후 초대 위원장 배일도 씨가 다시 위원장을 맡아 3연임 하며 노조를 이끌었는데, 4선에 실패하자 배일도 씨는 노동자를 탄압하는 정당인 한나라당 국회의원이 되었습니다. 이후 서울지하철노조는 2011년 조합원 총투표로 민주노총을 탈퇴하여 제3노총(가칭 국민노총) 설립 운동을 주도했습니다. 지금은 민주노총 소속인 제1노조(전체 조합원의 60%)와 한국노총 소속의 제2노조, 일명 'MZ노조'라 불리는 제3노조로 분열되어 있습니다.

2000년대 공기업 노조의 상징이었던 한국통신KT노조는 한국통신이 민영화되는 과정에서 파업을 비롯한 강도 높은 투쟁에 나서기도 했으나 투쟁에 패배하면서 2009년 조합원 총투표를 통해 민주노총을 탈퇴하고 한국노총에 가입했습니다.

노동조합이 투쟁에 실패하고 탄압이 강화되면 탄압을 피해서 가자는 '실리주의' 노선이 등장하기 마련이며 한동안 우여곡절을 겪게 됩니다. 전교조는 투쟁 방식의 강온 차이는 있었어도 실리파가 등장하지 않았고, 수구 보수 세력에 굴하지 않는 건강함과 투쟁성을 유지했습니다. 전교조의 건강성은 앞서 말한 2013년 해고자 조합원 인정 관련 규약 개정 총투표에서 잘 드러났습니다.

수구 보수 세력의 집중적 공격, 이명박 박근혜 정권의 압살 정책 속에서도 전교조는 2009년에 김상곤 교수를 경기도 교육감에 당선시켜 이명박 교육 정책에 맞섰고, 2010년 6명의 진보 교육감, 2014년 13명의 진보 교육감으로 교육 터전을 확장하며, 교육자치 영역에서 진보가 보수에 맞서 승리하는 국면을 만들어냈습니다. 이명박·박근혜 정권 9년 동안 자기 분야에서 진보를 대세로 만들어낸 운동이 있다면 교육계가 유일하며, 그 중심에 전교조가 있었다는 것은 과장이 아닙니다.

이제 전교조의 역사를 정리해 보겠습니다. 1989년 출범한 전교조는 10년 동안 '불법노조'였고, 합법화된 이후에도 7년 동안 '법외노조'를 경험했습니다. 제가 '불법노조'와 '법외노조'로 달리 표현했는데요, 1989~1999년에는 전교조가 국가공무원법과 노동조합법을 위반한 불법 조직이고, 2013~2000년에는 불법은 아니지만 노동조합으로서 보장받아야 할 권리를 부정당했다는 뜻입니다.

전교조의 역사를 시기적으로 정리해 보면,

- 1989~1999년: 불법노조
- 1999~2013년: 법률적으로는 합법, 사회 심리적으로는 반합법^半
  半法 노조

- 2013~2020년: 법외노조
- 2020년 이후: 온전한 합법노조

9.
전교조 법외노조 시기에 등장한 교사노조연맹

1999년 전교조가 합법화되자 슬쩍 숟가락을 얹은 조직이 있었습니다. 한국노총입니다. 전교조가 민주노총 소속이기 때문에 한국노총으로서도 뭔가 대책이 필요했을 것입니다. 1999년에 한국노총 산하로 만든 교원노조가 '한국교원노동조합'(이하 한교조)입니다. 한교조는 '푸른 교육'을 내세우고, '중도 합리주의'를 표방했습니다.

세상에 여러 가지 교육 이념이 있지만 푸른 색깔의 교육이 있다는 이야기는 처음 들어봤습니다. 아마 보수 세력들이 전교조의 '참교육'을 '붉은 교육'으로 규정하고 내세운 게 '푸른 교육'이 아닌가 싶은데, 이건 그저 저의 추측일 뿐입니다.

한교조를 통해 조직을 확대하겠다는 한국노총의 의도는 실패했습니다. 교사들이 다 알지, 모르겠습니까? 학교 현장에서 실패한 한교조는 전교조가 교육부, 교육청과 교섭할 때만 존재감이 드러났습니다. 교원노조법의 교섭 창구 단일화 조항 때문입니다. 당시에는 모든 교원노조가 공동 서명해야 공동교섭단을 꾸릴 수 있었는데, 소수노조가 이를 거부하면 대책이 없습니다. 한교조는 조합원 수를 밝히지 않으면서 터무니없이 많은 교섭위원 할당을 요구하며 교섭을 방해했습니다. 한교조는 2004년 한국노총 의무금 납부 실적 저조로 한국노총에서 제명되었습니다. 지금도 한교조가 있다고 하는데, 뭘 하는지는 모르겠습니다.

한교조와 달리 처음부터 전교조를 방해할 목적으로 만들어진 교원노조도 있습니다. 2006년 뉴라이트 인사들이 지도위원에 대거 포진한 '자유교원조합'이 창립됐습니다. 2008년에는 '뉴라이트 교사 연합'이 '대한민국교원조합'으로 전환해 노조 설립 신고를 했습니다. 두 조직의 목적은 같습니다. '전교조 반대' 목소리를 내는 것입니다. 이 조직들도 역시 학교 현장에 발붙이지 못했습니다.

2017년 창립한 교사노조연맹은 다릅니다. 2023년 초 국가교육위원회 위원 추천을 두고 전교조와 교사노조연맹이 실랑이할 때만 해도 조합원 수가 비슷했는데, 2023년 서이초 사건 이후 교사노조연맹이 급속히 성장해 10만 조합원을 확보하고 대표 교원노조가 되었습니다. 이 교사노조연맹은 어떻게 창립했고, 어떻게 성장했는지 그 과정을 알아보겠습니다.

아래는 교사노조연맹 홈페이지에 게재된 창립 약사입니다.

- 2014. 7. 전교조 재편으로 교육노동운동 재도약의 노둣돌을 놓으려는 교사들(노둣돌) 모임 결성
- 2014. 12. 전교조 제17대 위원장 선거에 전교조 재편 주장 후보 출마
- 2015. 1. 교육노동운동 재편 추진 모임 결성
- 2015.~2016. 4. 토론회 등 교원노조 재편 방향 모색
- 2016.5.12. 재편모임 정책토론회 서울부터 교사노조 구성 합의
- 2016.5.23. 재편모임 서울교사노조추진위 구성
- 2016.12.8. 서울교사노동조합 창립
- 2017.8.17. 교사노조연맹 추진위 구성

- 2017.11.18. 전국중등교사노조 창립
- 2017.12.16. 교사노조연맹 창립

교사노조연맹은 자신들의 뿌리가 전교조 내 존재했던 '노둣돌'이라고 공식적으로 밝히고 있습니다. '노둣돌'은 전교조가 법외노조가 된 이후 전교조 내부에서 새로운 길을 모색한 활동가 그룹입니다. 당시 '노둣돌'의 고민은 무엇이고, 무엇을 해결책으로 보았는지 교사노조연맹이 창립 5주년을 맞아 2022년 발간한 『새로운 길』에 있는 내용을 인용하겠습니다.

> 현재 전교조 중앙집권적 단일노조 체제는 분권화하고 다양화되는 시대 흐름에 맞지 않는 낡은 87년 체제입니다. 현장과 거리가 먼 중앙집중적 정치 투쟁을 구조화하는 조직 틀입니다. 급별 지역별 대중들의 자발적 활동과 투쟁을 어렵게 하고, 소수의 활동가들에 의해 사업과 투쟁이 좌우되기 쉬운 체제입니다. 전교조가 이 낡은 체제와 틀을 스스로 깨지 못한 것은 전교조가 국민과 교사 대중으로부터 멀어져 왜소하게 만든 주요 원인입니다.

'노둣돌'은 전교조의 문제점을 현장과 거리가 먼 중앙집중적 정치 투쟁에 있다고 인식하고, 문제를 해결하려 해도 중앙집권적 단일노조라서 어렵다고 진단했습니다. 그래서 해결책으로 전교조 조직을 재편하자고 주장했습니다.

> 전교조를 시도(시도급별·설립자별) 노조로 재편하는 것은 지방자치 시대, 진보 교육감 시대 풀뿌리 교육을 살리는 길

이기도 합니다. 정권이 놓은 덫에 걸려 수세적 입장에 놓인 법외노조 공방 국면에서 전교조가 덫을 던져버리고 공세적 입장에 서는 길이기도 합니다.

'노둣돌' 진영은 2014년 12월 전교조 재편을 내걸고 전교조 위원장 선거에 출마했으나 23%를 득표하는 데 그쳤습니다. 전교조의 위기 상황, 위기의 원인에 대한 진단에 공감하는 부분도 있지만, 전교조를 재편하면 위기를 극복할 수 있다는 것에는 공감받지는 못한 것이죠. 이에 '노둣돌' 교사들은 전교조를 탈퇴하고 새로운 교원노조를 만들게 됩니다.

저는 '노둣돌' 교사들을 가까이서 지켜봤습니다. '노둣돌' 교사들의 고민은 전교조 법외노조 문제에서 출발했습니다. 가뜩이나 전교조가 어려운 형편인데 법외노조가 되면 정권이 바뀌더라도 새누리당 때문에 교원노조법을 개정하여 합법성을 되찾기는 어려울 거로 전망했습니다. 미래에 대한 부정적 전망으로 찾은 대안이 전교조를 재편하여 시도 단위 노조의 연맹체, 산별노조로 만드는 것입니다. 해고자

교육노동운동재편모임의 홍보 안내문

를 조합원으로 인정하지 말라는 박근혜 정권의 부당한 압박에 정면 대응할 것이냐, 우회로를 찾을 것이냐를 놓고 우회로를 택했다고 봅니다. '노둣돌' 교사들의 호소에 전교조 조합원들은 동의하지 않았습니다.

교사노조연맹의 출현은 전교조의 분열, 또는 분화였을까요? 그렇게 볼 수는 없습니다. '노둣돌' 소속 교사들은 전교조 창립 당시부터 중심 간부로 활동한 분들입니다. 시련의 시기를 함께 헤쳐오면서 전교조 내에 영향력도 상당한 분들이었습니다. 또한 '노둣돌'의 문제의식에 공감하는 조합원들도 적지 않았습니다. 그러나 전교조가 법외노조의 가시밭길을 걷고 있던 시기에 '교육노동운동'의 지속성을 위해 전교조를 나가서 새로운 교원노조를 하겠다고 하는 데 동의하는 조합원은 거의 없었습니다. 교사노조가 홈페이지를 통해 밝힌 바를 보면 247명 정도만 전교조를 탈퇴했던 것 같습니다.

'노둣돌'에서 시작한 교사노조연맹은 노동조합 경험이 없는 젊은 교사들을 중심으로 완전히 새로운 교원노조를 만들었습니다. 교사노조연맹 홈페이지의 '연맹 소개'에는 그 과정을 아래와 같이 기술했습니다.

> 교사노동조합연맹은 시도 단위의 교사노조와 전국 단위의 급별, 교과별 교사노조 창립을 추진하고 적극 지원하여, 현재 25개 교사노조가 가맹한 전국적 조직으로 성장했습니다. 이 과정에서 다양한 커뮤니티 속에서 소통하던 젊은 교사들이 교사노조의 필요성에 공감하여 노동조합 창립의 주체가 되고, 조합원으로 대거 가입하기 시작하면서 교사노조연맹은 새롭고 젊은 교사들의 노동조합으로 도약했습니다. 20~30대 조합원이 60%를 넘고 40대 조합원까지 하면 90%

가 넘습니다. 그리고 창립 시 257명이던 조합원이 2024년 12만 명에 이르러 현재 명실공히 제1 교원노조가 되었습니다.

교사노조연맹은 단일한 중앙집행부를 중심으로 운영되는 여타 교원노조들과는 차별화된 체계를 바탕으로 독자적이며 자율적 교사노조들의 분권형 연합체라는 강점을 가지고 있습니다. 조합원들의 의사가 민주적으로 반영되는 현장 중심, 교육 활동 중심의 새로운 교사노동조합 운동을 지향하며, 학교 교육 개혁과 교권 확립으로 교사와 학생, 학부모가 다 함께 행복한 학교를 만들기 위한 다양한 활동을 추진하고 있습니다.

교사노조연맹은 2024년 현재 25개 가맹교사노조에 조합원 12만 명을 넘어서며 한국교총, 전교조와 더불어 3대 교원단체로 발전했고, 20~40대 젊은 교사들이 자발적으로 가입하여 전체 조합원의 90% 이상을 차지하는, 가장 젊고 성장성이 있는 교원단체로 성장했습니다.

2017년 교사노조연맹 창립식 ⓒ서울교사노조

교사노조연맹은 2017년 247명에서 시작하여 불과 7년 만에 12만 명의 조합원을 지닌 명실상부한 제1 교원노조가 되었다고 지난 과정을 자랑스럽게 평가하고 있습니다. 조합원이 12만 명이라고 밝히고 있는데, 중복 가입자 수를 고려하면 대략 10만 명 정도라고 합니다. 20~40대 젊은 교사가 전체 조합원의 90% 이상이라고 하니, 40~50대가 주력인 전교조는 지는 해, 교사노조연맹은 뜨는 해처럼 보이기도 합니다.

저는 전교조의 미래를 희망적으로 보지 않지만, 교사노조연맹의 미래 또한 지금까지 걸어온 것처럼 순탄하지는 않으리라 생각합니다. 왜 그렇게 생각하는지는 제3부 〈전교조와 교사노조연맹에 대한 노동조합적 성찰〉에서 이어가겠습니다.

3부

전교조와 교사노조연맹에 대한
노동조합적 성찰

2부에서는 교원노조의 역사를 살펴보았습니다. 3부에서는 전교조와 교사노조연맹에 대해 '노동조합적' 성찰을 해보고자 합니다. 둘 다 노동조합인데, 굳이 '노동조합적' 성찰이라고 표현했는지 의아할 수도 있겠습니다.

전교조는 두 가지 성격을 지닌 노동조합입니다. 형식은 노동조합인데, 주된 활동은 교육민주화운동입니다. 전교조를 창립한 선배 교사들은 "참교육을 실현하기 위해 노동조합을 건설했다"라는 말을 자주 하곤 했습니다. 참교육은 운동의 본질적 내용이고, 형식은 노동조합이라는 것이죠.

전교조의 주된 활동은 학교 교육에서 친일·독재의 잔재, 부정부패, 전근대적·억압적 질서를 타파하는 것이었습니다. 교육민주화운동 영역에서 전교조는 많은 역할을 했습니다. 그래서 제2부 〈한국 교원노조의 역사〉에서 말씀드렸듯이, 전교조는 '민주화운동보상심의위원회'가 결정한 '민주화운동관련자' 최다 보유 조직입니다.

노동조합으로서 전교조는 단체행동권이 없고 단체교섭권도 제한된, 사실상 노동조합으로서 제 기능을 발휘할 수 없는 권한을 갖고 안간힘을 써왔습니다. 36년 역사 중 17년 동안 합법화를 위해 싸웠고, 단체협약도 2번밖에 체결하지 못했습니다. 그런데도 전교조는 지난 한 세대 동안 한국 교육계에서 강력한 힘을 발휘했습니다. 그 힘은 합법화를 쟁취하는 과정에서 형성된 사회적 영향력입니다.

그러나 노동조합으로서 역할을 할 수 없는 한계를 근본적으로 극복할 수는 없었습니다. 조합원 수가 10만을 넘지 못하고 계속 감소해 왔으며, 조직 내부의 활동력도 꾸준히 약해졌습니다. 그래서 교육민주화 운동 조직으로서 전교조의 역사적 공헌과 함께 노동조합으로서 한계를 동시에 성찰해 보고자 합니다.

교사노조연맹은 전교조가 법외노조 시기였던 2017년에 창립하여 8년 만에 10만 명의 조합원을 보유한 제1 교원노조가 되었습니다.

전태일 열사로부터 시작된 한국 노동운동은 세 가지 원칙을 확립했습니다. 자주성, 민주성, 대중성입니다. 군부독재 시절의 노동조합 운동은 사용자로부터 '자주성', 조합원이 조직 운영의 주체가 되는 '민주성', 노동자의 다수를 포괄하는 '대중성'을 실현하기 위한 운동이었습니다.

1987년 노동자 대투쟁 이후 민주노조 운동은 위 세 가지 원칙 위에 투쟁성, 연대성, 사회 개혁성을 더하고자 노력했습니다. 교사노조의 역사가 짧아서 평가하기엔 이르지만, 위와 같은 원칙으로 성찰해 보고자 합니다.

1.

교육민주화운동 조직으로서
전교조의 역사적 공헌

1. 전교조의 공헌

1989년 전교조가 출범할 당시 내걸었던 가장 중요한 구호는 '참교육'과 '교육민주화'입니다. 참교육은 교사와 학생 간의 관계에서 설정한 구호이고, 교육민주화는 교사와 관료조직의 관계에서 설정한 구호입니다.

앞서 문교부의 '전교조 교사 식별법'을 말씀드렸는데, 전교조는 학교 내에 만연했던 폭력적 문화, 억압적 학교 운영을 반대하여 싸웠습니다. 체벌, 용의·복장 단속, 0교시 수업, 강제적 보충수업, '타율적' 야간자율학습, 학생 자치활동 규제 등은 전교조 교사들이 가장 예민하게 제기했던 문제입니다.

이런 문제들은 2010년 이후 진보 교육감이 당선된 지역을 중심으로 해결되기 시작했습니다. 학생인권조례 제정을 둘러싸고 학교 현실에 대한 사회적 공론의 장이 마련되기 시작했고, 학교 현장에서 전근대적 억압들이 서서히 사라졌습니다. 학교의 억압적 문화가 '완전히' 사라진 건 아니지만, 1989년 전교조가 창립할 당시 제기했던 오래된 문제들은 거의 해결되었다고 봅니다.

학교에서 체벌이 사라진 지는 오래되었고, 교사가 학생에게 인격적

모독을 하는 일도 없습니다. 수업 시간에 학생에게 존댓말을 쓰고, 심지어 학생과 개인적 대화를 나눌 때도 존댓말을 씁니다.

제가 근무하는 학교는 아침 지각을 규제하기 위한 벌점제도, 수업 중 핸드폰 금지를 제외하면 사실상 규제가 거의 없습니다. 교복이 있긴 하지만 안 입고 다녀도 되고, 머리카락 염색을 하든, 색조 화장을 하든, 피어싱을 하든 규제하지 않습니다. 방과후 보충수업은 사실상 없어졌고, 자율학습은 희망자에 한해 실시합니다. 학생회 활동, 동아리 활동, 축제는 물론이고 학생 징계조차 학생자치법정을 열어서 하는 경우도 있습니다.

전교조가 제기했던 학교 교육의 문제들이 해결되었다고 해서 학생들이 행복해졌다는 게 아닙니다. 과거나 지금이나 학교는 입시 경쟁에서 승자와 패자를 분류하는 기능을 수행합니다. 학교는 더 이상 새벽부터 밤늦게까지 공부하는 공간이 아니며, 그 공간은 학원으로 이동했습니다. 학생들이 행복해지려면 입시 경쟁과 사교육의 고통에서 해방되어야 하고, 사교육의 고통을 해결하려면 사회가 바뀌어야 합니다. 그것은 다른 차원의 문제이기 때문에 여기서는 이 정도만 언급하겠습니다.

전교조가 등장하면서 교직 사회의 전근대성도 많이 변했습니다. 대한민국 정부 수립 이후 학교를 지배했던 교육법 제75조 '교사는 교장의 명을 받아 학생을 교육한다'는 1998년에 폐지되고 "교사는 법령이 정하는 바에 따라 학생을 교육한다"로 바뀌었습니다. 전교조가 등장했기에 가능한 일이었습니다.

전교조가 관료주의의 근간을 흔들지는 못했지만, 출근부, 일숙직, 주번제, 학습지도안 검열 등 일상적 통제를 폐지했습니다. 초등과 중등의 수당 차이를 없애고, 타 시도로 전출 시 이전비를 신설하고, 복잡한 수당을 기본급화하는 등 교사의 임금 체계 개선도 이루어냈습니다.

전교조는 교사들의 과도한 수업 부담을 줄이기 위해 노력했습니다. 전교조는 2002년 교육부와 단체협약을 통해 표준수업시수를 법제화 하기로 했습니다. 표준수업시수 법제화란 고등교육법 시행령에서 대학 교원의 수업 시간을 주당 9시간으로 규정하듯이 초중고 교사들의 주 당 수업 시간도 법제화하자는 것입니다.

2002년 당시 교사들의 주당 수업 시수는 고등학교 18시간, 중학교 21시간, 초등학교 26시간이었습니다. 이를 고등학교 16시간, 중학교 18시간, 초등학교 20시간으로 하자고 주장했습니다. 표준수업시수는 교육부가 단체협약을 이행하지 않아 지금까지 법제화되지 않았지만, 전교조가 요구했던 수업 시수는 현장에서 시행되고 있습니다.

지금 젊은 선생님들은 한 세대 전 학교의 일상을 들려드리면 이해 가 안 될 것입니다. 당시에는 아침마다 교직원 조회를 하고 하루를 시 작했습니다. 교장·교감이 교무실 중앙에 앉아 출석 체크를 하고 교무 주임(당시에는 '부장'이 아니라 '주임'이라 불렀습니다), 연구주임, 학생주 임 순으로 돌아가면서 그날의 주요 사항을 발표한 후에야 1교시 수업 이 시작되었습니다. 말이 좋아 교직원 회의지, 들을 내용이 없으니 다 들 고개 숙이고 낙서나 하는 시간이었습니다.

고등학교의 경우 주임 교사들은 주당 12시간 정도 수업했고, 일반 교사들은 18시간 정도 했습니다. 주임들이 수업을 적게 했으니 학교 일을 많이 했을까요? 그렇지 않았습니다. 일은 대부분 젊은 '기획' 교 사가 했습니다. 주임들은 교장의 오른팔 왼팔이 되어 교장의 전횡을 보좌하는 역할을 했습니다.

지금 제가 근무하는 학교는 교직원 회의가 거의 없습니다. 일주일 에 한 번씩 하게 되어 있는 부장 회의도 매주 하지 않고 안건이 있는 날만 합니다. 부장 회의에서 결론이 나지 않는 문제, 전체 교사의 의 견을 물어야 하는 사안이 있는 경우에만 '토론이 있는 교직원 회의'를 합니다. 부장 교사라고 해서 수업을 적게 하는 것도 아닙니다. 해당 교과에서 똑같이 1/n로 나눠서 합니다. 그래서 서로 부장을 안 하려 합니다. 12월이 되면 다음 해 부장을 구하느라 교장·교감이 고생 좀 합니다.

교직 사회의 질서가 이렇게 바뀐 데에는 전교조 교사들의 역할이 컸습니다. 앞서 전교조가 공식 행사를 마칠 때마다 부르는 '참교육의 함성으로'라는 노래를 소개했습니다. 지금 젊은 교사들은 '굴종의 삶' 이니 '침묵의 교단'이니 하면 이해하기 어려울 텐데요, 그 시대를 살았 던 청년 교사들의 학교생활은 그랬습니다.

전교조 교사들은 교장의 전횡과 독선을 막기 위해 오랜 기간 싸웠 습니다. 교직원 회의에서 어떤 안건이 올라온다는 게 알려지면 전교조 조합원들이 사전에 모여 회의 발언 순서를 정하고 발언 내용을 준비 해서 전체 교사들에게 호소하여 옳지 않은 것들을 바꿔 왔습니다.

조합원이 많지 않은 학교에서도 전교조 교사들의 '전투력'은 뛰어났 습니다. '전투력'이 높은 전교조 교사들을 '벌떡 교사'라고 했습니다. 교장·교감이 교사들의 의견에 반한 결정을 하려 할 때 벌떡 일어나서 발언한다고 해서 붙은 별명입니다. 전교조 교사들의 문제 제기가 장기 간 지속되면 교장·교감도 포기하는 것들이 생겨나고, 학교는 조금씩 조금씩 바뀌어 왔습니다.

그렇다고 모든 학교가 이렇게 돌아가는 건 아닙니다. 아직도 교장이 횡포를 부리는 학교들이 적지 않고, 특히 사립학교의 상황은 과거와 크게 다르지 않습니다. 이는 앞으로 해결해야 할 과제입니다.

전교조 교사들은 참교육의 내용을 채워나가는 활동도 활발하게 전 개했습니다. 전교조 안에는 국어, 수학, 영어, 과학, 지리, 사회, 도덕, 기술, 미술, 한문 등 다양한 교과 모임이 있습니다. 그중 '전국국어교사 모임', '전국역사교사모임'은 전교조 초창기부터 현재까지 수천 명의 회원을 보유한 영향력 있는 조직입니다. 사단법인 '전국국어교사모임'은 지금도 회원이 4천 명이 넘고, 분기별로 4천 부 이상 회지를 발간하는데, 집행부의 절반 이상은 전교조 조합원으로 알려져 있습니다.

교과별 모임이 아니어도 '환경과 생명을 지키는 전국교사모임', 놀이 연구 모임 '가위바위보'를 비롯하여 노동, 인권, 평화, 성평등, 학생 생활, 학생 인권 등 다양한 영역의 연구 모임이 있습니다.

교과 모임과 영역별 모임을 중심으로 2002년부터 매년 1월 참교육 실천대회를 개최했습니다. 지금은 참여 인원이 많이 줄었지만, 초창기에는 2~3천 명의 교사들이 2박3일 간 연구 실천 보고 대회를 했습니다. 대학교를 빌려 기숙사와 학생 식당에서 숙식하며 진지하게 토론해 나가는 참교육 실천대회는 많은 감동을 주었습니다.

진보 교육감 시대가 열리면서 혁신학교를 추진하고 주도한 것도 전교조 조합원들입니다. 원래 혁신학교는 농촌 지역에서 폐교 위기에 몰린 소규모 학교를 살려보자는 취지로 전교조 조합원들이 모여 만든 실험적 학교였습니다. 경기도 남한산초등학교, 조현초등학교에서 했던 실험이 진보 교육감 시대를 맞아 도시로 확산한 것이 혁신학교입니다.

전교조는 정부의 신자유주의 교원정책을 막아내는 데서도 적지 않은 역할을 했습니다. 대표적인 게 '성과 상여금'(이하 성과급)입니다. 성과급이 공무원들에게 도입된 것은 외환위기 직후인 1998년입니다.

정부는 공직사회의 경쟁력을 높이기 위해서는 계급과 연공서열 위주의 인사관리 체계를 성과 중심으로 전환해야 한다며 국장급 이상 공무원에게는 연봉제를, 과장급 이하 공무원에 대해서는 성과급 제도를 도입하고, 2001년에 교사들에게 최초로 성과급을 지급했습니다.

당시 교사들은 성과급 도입을 단순한 임금 체계 변화로 인식하지 않았습니다. 1997년 외환위기 이후 우리 사회에 불어닥친 거대한 구조 조정과 노동 통제 강화 정책으로 봤습니다. 1997년 외환위기 이후 대규모 정리해고, 비정규직 확산으로 노동자들은 공포에 휩싸였습니다.

1998년 김대중 정부는 예산 절감과 교원 임용 적체 해소를 이유로 교사 정년을 65세에서 62세로 단축했습니다. 국민 여론을 등에 업은 폭력적 구조 조정이었습니다. 월급은 적었어도 그나마 정년까지 안정된 생활을 보장받던 교사들도 구조 조정의 대상이 될 수 있다는 생각이 확산됐습니다.

교사는 국가공무원이라 괜찮았지만, 외환위기 이후 지방직 공무원들은 구조 조정당했습니다. 지방직 공무원은 1997년 357,202명에서 2001년 300,600명으로 19.4%가 감축되었습니다. 그런데 국가공무원인 교사를 지방직 공무원으로 전환하겠다는 발언이 시도 때도 없이 나왔습니다. 이런 분위기에서 2001년 성과급이 도입됐습니다.

당시에는 A, B, C로 나눠서 지급했는데, 성과급도 많지 않았고 금액 차이도 크지 않았습니다. 제 기억으로는 성과급 액수가 30만 원 남짓이었고, 등급 간 금액 차이도 10%라서 몇만 원에 불과했습니다. 그러나 금액이 문제가 아니었습니다. 교사를 어떤 기준으로 등급을 구분할 수 있다는 거냐, 내가 왜 C급 교사냐는 분노가 터져 나왔습니다. 성과급이 지급된 후 어떤 선생님은 '나는 C급 교사입니다'라는 리본을 붙이고 수업에 들어가서 화제가 되기도 했습니다.

성과급에 대한 분노는 반납 투쟁으로 모였습니다. 8만여 명의 교사들이 성과급을 반납했고, 분노를 모아 1만 명 규모의 연가 투쟁을 조직했습니다. 당시 전교조는 교사들이 반납한 298억 원을 모아 교육부에 반환하고자 했습니다. 교육부는 성과급을 되돌려받을 법적 근거가 없다며 받지 않았지만, 단체교섭에서 전교조의 요구를 받아들여 성과급을 수당으로 전환하거나 폐지하는 것으로 물러섰습니다.

성과급 반납 투쟁은 교직 사회에 신자유주의가 도입되는 것을 대중적으로 막아낸, 그리고 전교조가 정부에 거의 완승에 가까운 승리를 쟁취한, 합법화 이후 가장 잘 싸운 대중투쟁이었습니다.

2001년 전교조의 성과급 반납 투쟁에 놀란 교육부는 다른 공무원과 달리 교사들의 성과급 차등 액수를 늘이지 못하고 멈칫했다가 2006년 이후 성과급 차등 폭을 확대하기 시작했습니다. 전교조는 2006년에 다시 성과급 982억 원을 모아 반납 투쟁을 벌였으나 교육부의 무시 전략을 돌파할 수 없었습니다. 이후 반납 투쟁 방식의 성과급 투쟁은 힘을 얻기가 어려웠고, 학교 단위로 균등 분배하는 방식으로 전환했지만, 이를 통한 성과급 폐지를 달성하지 못했습니다.

교육부가 전교조를 포함한 교원단체들의 폐지 요구를 계속 무시하고 있긴 하지만, 성과급이 도입될 때 누적된 등급을 근거로 교사에 대한 구조 조정을 시도할지도 모른다는 우려는 막아냈습니다.

2. 전교조의 공헌을 이루어낸 동력

전교조는 학교 현장의 변화를 위해 노력을 많이 해왔는데요, 변화를 만들어내는 방식은 어땠을까요? 노동조합은 단체협약을 통해 자신의 근무 환경을 바꿉니다. 그러나 전교조는 전국 단위에서 교육부와 맺은 단체협약이 2000년, 2002년 딱 두 번입니다. 그러면 어떻게 학교와 교육을 바꿔 왔을까요?

중앙일보는 2005년부터 2013년까지 매년 또는 격년으로 '한국 사회 파워 조직' 순위를 발표한 적이 있습니다. 과학적 근거가 있는 건 아니고 중앙일보가 사회적 영향력이 있다고 평가한 주요 정부 기관, 기업, 시민사회단체 등을 선정한 후 여론조사를 통해 순위를 결정하는데, 매번 결과는 거의 비슷합니다. 다음 표는 2013년 순위입니다.

	영향력				신뢰도			
순위	기관	순위	기관	순위	기관	순위	기관
1	삼성	13	새누리당	1	현대자동차	13	전경련
2	현대자동차	14	국정원	2	삼성	14	검찰
3	검찰	15	전경련	3	헌법재판소	15	전교조
4	헌법재판소	16	전교조	4	SK	16	국정원
5	SK	17	민주당	5	LG	17	참여연대
6	경찰	17	한국노총	6	대법원	17	경실련
7	국세청	19	경실련	7	금감원	19	한국노총
8	청와대	20	민주노총	8	경찰	20	민주당
9	LG	21	참여연대	9	감사원	21	민주노총
10	금감원	22	뉴라이트	10	청와대	22	뉴라이트
11	대법원	23	통합진보당	11	국세청	23	통합진보당
12	감사원	24	정의당	12	새누리당	24	정의당

전교조의 영향력 순위가 민주당, 한국노총, 경실련, 민주노총, 참여연대, 뉴라이트, 통합진보당, 정의당보다 높습니다. 신뢰도 역시 비슷합니다. 흥미로운 점은 전교조가 민주노총 소속 조직인데 민주노총보다 순위가 높고, 전교조보다 회원 수가 많은 한국교총은 순위에 들어있지도 않습니다.

전교조가 이룩한 많은 것들은 노동조합으로서 단체교섭을 통해 단체협약으로 명문화되어 이룬 것이 아닙니다. 전교조가 장기간 교육 민주화, 사회 민주화 투쟁을 통해 형성한 사회적 힘에 근거합니다.

전교조는 출범과 함께 정권의 극렬한 탄압을 받았고, 10년 동안 합법화 투쟁에 매진했습니다. 합법화는 정치적 문제이기에 노태우·김영삼 정권과 싸워야 했고, 합법화 투쟁에서 승리하려면 민주주의를 지향하는 사회운동 세력과 연대하여 지지와 신뢰를 획득해야 했습니다.

전교조 간부들은 연대 사업 하느라 자기 조직 사업을 소홀히 하게 된다는 이야기를 들을 만큼 시민사회단체들과 연대운동에서 무거운 책임을 다해 왔습니다. 시군구 단위로 꾸려진 무상급식 추진 운동 본부, 사립학교법 개정을 이뤄낸 사학국본 등은 대표적 조직입니다. 특히 운동조직이 미미한 중소도시, 농촌 지역에서 전교조는 많은 책임을 져 왔습니다. 풀뿌리 민주주의 발전에서 전교조의 역할이 컸습니다.

앞서 말씀드렸듯이 2000년대 민주노동당이 등장하기 전까지 1990년대에 한국 민중의 정치적 대표체를 자임했던 전국연합에서 전교조 간부들은 중요한 역할을 했습니다. 전교조는 1995년 민주노총이 창립될 때부터 함께했습니다. 1999년 합법화 이전에 이미 한국 사회 민주주의 운동의 중요한 역량으로 자리매김했음을 알 수 있습니다.

전교조의 사회적 영향력은 2010년 이후 시도 교육감 선거에서 잘 드러났습니다. 17개 시도 교육감 당선자 중 2010년에 2명, 2014년에 8명, 2018년에 10명, 2022년에 5명이 전교조 조합원으로서 시도 지부장을 역임했던 분들이 당선되었습니다.[1] 장휘국(광주), 최교진(세종), 민병희(강원), 박종훈(경남) 교육감은 3선을 했습니다.

전교조의 사회적 영향력은 전교조를 미워하는 조선일보조차 인정하지 않을 수 없었습니다. 2014년 전국 지방선거 다음 날인 6월 5일, 조선일보 1면 제목은 "여與도 야野도 아닌 전교조 압승"이었습니다. 당시 지방선거에서 가장 관심사인 광역단체장 당선자는 새누리당 8석, 새정치민주연합 9석으로 비슷했습니다. 그런데 시도 교육감 선거에서 진보 교육감이 13명으로 압도적이었으며, 13명 중 8명은 전교조 출신

---

1. 지방선거에서 교육감으로 당선된 전교조 출신은 아래와 같다.
   2010년: 민병희(강원), 장휘국(광주)
   2014년: 이청연(인천), 김지철(충남), 최교진(세종), 장휘국(광주), 이석문(제주), 김병우(충북), 박종훈(경남), 민병희(강원)
   2018년: 도성훈(인천), 김지철(충남), 최교진(세종), 장휘국(광주), 장석웅(전남), 이석문(제주), 김병우(충북), 민변희(강원), 노옥희(울산), 박종훈(경남)
   2022년: 도성훈(인천), 김지철(충남), 최교진(세종), 노옥희(울산), 박종훈(경남)

2014년 6월 5일 조선일보 1면 기사

이었습니다.

2010년부터 4차례에 걸쳐 실시된 전국 교육감 선거 당선자 총 68명 중 36.7%가 전교조 출신 교육감입니다. 노동자인 교사의 입장에서 보면 교육감은 단체교섭의 상대방인 '사용자'인데, 대한민국에서 이렇게 많은 '사용자'를 배출한 노동조합은 전교조밖에 없습니다.

한국 사회에서 전교조만큼 장기간 사회적 영향력을 유지한 조직은 찾아보기 어렵습니다. 1980년대 반독재민주화운동의 주도 세력이었으며 1990년대 중반까지 영향력이 상당했던 학생운동도 1997년 외환위기를 겪고 2000년대 들어서면서 영향력이 급격히 약해졌습니다. 한때 민주노조 운동을 선도했던 노조도 집행부가 바뀌면서 민주노총을 탈퇴하거나 실리파 집행부가 들어서 근근이 명맥을 유지하는 경우도 많았습니다. 2000년 총선에서 낙선운동으로 정치개혁의 돌풍을 일으켰던 시민운동 역시 그 영향력이 10년을 넘지 못했습니다. 그런데 전교조는 1989년 창립 때부터 한 세대에 걸쳐 막강한 영향력을 유지했습니다. 그 동력은 무엇일까요?

학생운동의 약점은 빠른 세대교체입니다. 노동운동의 약점은 간부 대오가 두텁지 않은 것입니다. 시민운동의 약점은 삶의 현장에 기초하지 못한 활동가 조직이라는 점입니다. 전교조는 이 모든 약점에서 벗어나 있습니다.

1989년 전교조 창립의 주역은 20~30대 청년 교사들이었습니다. 이들이 30년간 한국의 교육개혁 운동을 주도했습니다. 5년의 해직을 이겨낸 청년 교사 1,500여 명, '불법노조' 시기 10년을 함께 버텨낸 비공개 조합원 7천 명, 후원회원 3만 명이 합법화 이후에는 조직의 간부진을 구성했습니다. 전국 1만 개 가까운 학교 현장에 조합원이 존재했습니다. 구속, 해직, 10년의 합법화 투쟁 과정에서 형성된 뜨거운 동지애가 있습니다.

2013년 전교조가 법외노조로 내몰릴 당시 개최된 전국 교사대회에 "위대한 전교조, 자랑스러운 조합원"이라는 현수막이 걸렸습니다. 자기 조직을 위대하다고 하고, 조합원인 게 자랑스럽다고 표현할 수 있을 정도로 자기 조직에 대한 애정과 자부심이 있는 노동조합은 별로 없습니다.

전교조의 강력한 사회적 힘은 1,500여 해직 교사를 중심으로 1만의 간부들이 형성한 힘입니다. 전교조의 사회적 영향력은 합법화 이전에 형성되었습니다. 하지만 세월 앞에 장사 없다고, 전교조의 사회적 영향력은 전교조 창립 세대가 퇴직하면서 약해질 수밖에 없습니다.

전교조 해직 교사나 후원회원 말고도 전교조 활동가를 공급했던 저수지가 학생운동이었습니다. 1980~1990년대에 학생운동을 경험한 세대들은 교사가 되자마자 자연스럽게 전교조에 가입하여 활동가로 성장했습니다. 그러나 2000년대 이후 학생운동이 퇴조하면서 활동가 공급이 되지 않았습니다. 그러니 전교조 활동을 통해 자체로 간부가 성장해야 하는데, 전교조의 활동력이 약해지면서 잘 해결되지 않았습니다. 이 문제는 다른 노동조합들처럼 자체 활동을 통해 스스로 해결해야 할 과제로 남았습니다.

2.
노동조합으로서 전교조에 대한 성찰

1. 조합원 감소 현상

현재 전교조 조합원은 4만 명 정도입니다. 2003년 93,860명으로 정점을 찍은 이래 20년 넘게 계속 조합원이 감소했습니다. 노동조합에서 조합원 감소는 심각한 문제입니다. 노동조합의 힘은 '쪽수'에서 나오기 때문입니다. 노동조합으로서 전교조를 성찰할 때 가장 먼저 살펴봐야 할 것은 왜 조합원이 줄었냐 하는 것입니다.

전교조는 조직을 객관적으로 성찰하기 위해 2005년과 2014년에 경상대학교 사회과학연구원 정진상 교수팀과 함께 조합원과 비조합원들의 의식 조사를 진행했고, 2009년에는 한국노동사회연구소와 함께 같은 일을 했습니다.

정진상 교수팀은 2005년, 2009년, 2014년, 세 차례에 걸친 의식 조사를 총정리하여 2015년에 『교사의 사회의식 변화(2005~2014)』를 출간했습니다. 지금부터 인용하는 자료는 세 차례의 의식 조사 결과입니다.

전교조 조합원이 감소한 것은 교사들이 노동조합의 필요성을 느끼지 못하기 때문이었을까요? 아래는 그 조사 결과입니다.

	조합원			조합원		
	2005	2009	2015	2005	2009	2014
교사도 노동자로서 당연히 노동조합이 필요하다	78.6%	77.9%	92.1%	52.2%	50.8%	62.4%
교사는 전문직이므로 전문직 단체로 활동해야 한다	16.3%	16.7%	4.3%	35.7%	36.5	22.3%
잘 모르겠다	5.2%	5.4%	3.6%	12.1%	12.7%	15.3%

조사 결과를 보면 조합원은 물론이고 비조합원 교사들도 '교사는 노동자'이며, '노동조합이 필요하다'라는 생각이 일관되게 다수를 차지합니다. 전교조 조합원은 계속 감소해 왔으나 비조합원 교사들이 노동조합의 필요성을 인정하는 비율은 2005년보다 2014년에 10%나 증가했습니다. 전교조 조합원이 감소한 이유는 교사들이 노동조합을 원하지 않았기 때문이 아니라 전교조가 교사 대중의 생각을 흡수하는 노동조합이 되지 못했기 때문입니다.

그러면 전교조 조합원에게 문제가 있었을까요? 비조합원들이 보는 전교조 교사에 대한 평가는 아래와 같습니다. 전교조 조합원에 대한 평가가 매우 긍정적입니다.

	전혀 그렇지 않다	별로 그렇지 않다	대체로 그렇다	매우 그렇다
교육개혁 열망이 높다	1.0%	9.7%	67%	22.3%
협력과 소통을 잘한다	2.5%	21.7%	62.4%	13.5%
학생에 대한 애정이 깊고 생활교육을 잘한다	1.2%	10.4%	66.1%	22.4%
수업 전문성이 있다	1.0%	15.5%	69.1%	14.4%

그러면 왜 조합원이 감소했을까요? 합법화 이후 조합원 수를 정권별로 살펴보겠습니다. 조합원 수는 매년 12월 기준입니다.

전교조 조합원 감소는 노무현 정부에서 시작되었습니다. 2003년

정권	시기	조합원 수 변동	증감
김대중 정부	1998~2002년	7,642명 → 91,768명	+84,126명
노무현 정부	2003~2007년	93,860명 → 82,613명	-11,247명
이명박 정부	2007~2012년	82,613명 → 60,249명	-22,364명
박근혜 정부	2012~2017년	60,249명 → 51,498명	-8,751명
박근혜 정부	2017~2022년	51,498명 → 42,674명	-8,824명

93,860명으로 정점을 찍은 후인 2004년부터 계속 감소했습니다. 수구 보수 세력의 전교조 공격은 시작되었지만, 정권 차원에서 강경하게 탄압한 건 아닙니다.

조합원 수 감소가 커진 것은 이명박 정권 시기입니다. 조합원이 27% 감소했습니다. 특히 조합원 감소가 컸던 2008~2010년에는 매년 5천 명, 6천 명씩 감소했습니다. 이명박 정부가 출범하고 수구 보수 세력의 전교조 공격이 정권 차원에서 전면화되었기 때문으로 볼 수 있습니다.

박근혜 정권에서도 조합원은 지속적으로 줄었으나 이명박 정권 시기에 비해서는 감소 폭이 작아졌습니다. 2010년 교육감 선거에서 진보 교육감 시대가 열리면서 조합원들이 전교조의 미래에 대해 긍정적으로 전망하게 된 것이 이유가 아닐까 하고 추측해 봅니다. 2013년 전교조가 다시 법외노조가 되고, 다음 해인 2014년에는 조합원 감소가 컸지만, 2015년에는 오히려 조합원 수가 증가했습니다. 정권의 탄압에 대한 분노가 확산되면서, 전교조를 탈퇴했던 교사들이 재가입하는 사례도 많았고, 힘을 보태겠다고 가입하는 젊은 교사들도 꽤 많았습니다. 지난 20여 년 동안 전교조 조합원 감소의 이유는 아래와 같이 세 가지로 나눠볼 수 있습니다.

첫째는 수구 보수 세력의 전교조 죽이기입니다.

둘째는 2002년 이후 단체교섭이 사실상 사라지면서 전교조에 남아

있어도 얻을 수 있는 이득이 없기 때문입니다. 이는 제4부에서 말씀드리기로 공무원노조, 방송사 노조와 비교해 보면 이해할 수 있을 것입니다.

셋째는 전교조와 자신이 맞지 않는다고 생각하는 조합원들이 늘어났습니다. 합법화 이후 전교조에 힘을 실어주기 위해 가입했지만 '이 정도 했으면 됐다'라는 생각으로 탈퇴하는 조합원들이 많았습니다.

첫째 이유는 이미 많이 설명했고, 둘째 이유는 제4부에서 말씀드리기로 하고, 여기서는 셋째 이유를 살펴보겠습니다.

2. 전교조의 상징인 연가 투쟁

노무현 정권 마지막 해인 2007년 1월 교육인적자원부는 1999년 합법화 이후 12번의 연가 투쟁에 4회 이상 참여한 전교조 조합원 435명을 징계하겠다고 발표했습니다. 전교조 합법화 이후 최대 규모의 징계였습니다. 교육인적자원부가 발표한 연가 투쟁 횟수에는 조퇴 투쟁도 포함됐습니다. 전교조는 어떤 이슈로 연가 투쟁, 조퇴 투쟁을 했을까요? 전교조가 연가 투쟁을 할 때는 여러 요구를 내걸지만, 시기별로 핵심 이슈만 나열해 보겠습니다.

- 2000년(2회): 교육재정 확충, 사립학교법 개정, 수석교사제 중단, 연금법 개악 저지, 사립학교법 쟁취, 단체협약 100% 이행 촉구
- 2001년(3회): 7차 교육과정 수정 고시, 자립형 사립고 저지, 성과 상여금 반대, 중등 자격 교원의 초등 임용 반대
- 2003년(3회): 세계무역기구WTO 교육 개방 거부 및 이라크 파병방침 철회, 교육행정정보시스템NEIS 반대, 교원 지방직화 반대
- 2004년: 비정규직 법안 중단 요구 민주노총 총파업 참여(조퇴 투쟁)

- 2005년: 교원 평가 저지(조퇴 투쟁)
- 2006년(2회): 차등성과급·교원 평가제·연금법 개악 저지와 한 미 FTA 저지

2000년대 들어 연가 투쟁은 전교조를 상징하는 투쟁이 되었습니다. 전교조와 관련하여 다른 것은 몰라도 연가 투쟁을 하면 모든 언론이 꼭 다뤄줍니다. "학생의 수업권을 볼모로 …"하며 격렬히 비난합니다. 이에 대해 전교조는 수업을 바꿔서 해놓고 나가기 때문에 학생들의 수업 결손은 없다고 반박합니다.

맞습니다. 실제로 연가 투쟁에 참여하는 조합원들은 스스로 수업을 바꿔서 하거나, 동료 교사들이 보강에 들어가서 수업 결손이 없도록 도와줍니다. 수업에 결손이 없는데 왜 평일에 연가 투쟁을 할까요? 주말에 집회하는 것과 무슨 차이가 있을까요? 결국 연가 투쟁이라는 것은 나이스에서 연가를 신청했을 때 교장이 불허하고, 교장이 불허해도 근무지를 이탈하여 갈등이 발생하는 투쟁입니다. 합법화 다음 해인 2000년 처음 시작되어 2018년까지 이어져 온 전교조의 상징적 투쟁인 연가 투쟁을 성찰해 보겠습니다.

투쟁을 평가하는 기준은 두 가지입니다. 첫째는 목표를 달성했는가, 둘째는 투쟁의 과정에서 조직(또는 조합원)이 성장했는가입니다.

목표를 이루고 조직도 성장하는 투쟁이 최선입니다. 목표는 이루지 못했더라도 조직이 성장했다면 차선입니다. 이번에는 실패했더라도 다음을 기약할 수 있으니까요. 목표는 이루었더라도 조직이 약해졌다면 차악입니다. 다음을 기약하기 어렵기 때문입니다. 목표도 이루지 못하고 조직도 약해졌다면 최악입니다. 연가 투쟁은 이 중 어디에 해당할까요?

연가 투쟁이란 단체행동권이 박탈된 채 합법화된 전교조가 구사한

전술입니다. 파업권이 없는 상태에서 파업에 준하는 최고 수위의 투쟁으로 시작되었습니다. 연가가 교사의 '권리'이기 때문에 연가 투쟁을 하는 것이 아니라, 파업에 준하여 학교를 멈추고자 사용하는 전술입니다. 파업처럼 길게 할 수는 없지만, 적어도 하루만큼은 멈추게 하여 교사들의 요구를 관철하는 것입니다. 그래서 다른 노조에서 파업을 조합원 총투표로 결정하듯이 전교조도 연가 투쟁만은 조합원 총투표를 거칩니다.

전교조 조합원이 최대치였던 2003년, 전체 교사 대비 전교조 조합원 비율이 23%였습니다. 전교조가 연가 투쟁으로 학교를 마비시키는 것은 불가능합니다. 하지만 연가 투쟁에 대다수 조합원이 참여하여 단결력을 강화하고 성장할 수 있다면 투쟁 전술로 채택할 수도 있습니다. 그러면 연가 투쟁에 대한 조합원들의 생각은 어떨까요? 아래는 전교조가 제시해 온 다양한 투쟁 전술에 대한 조합원들의 생각입니다.

	예	아니오	잘 모름
학부모에게 편지 쓰기	67.0%	31.8%	1.1%
시국선언	56.1%	42.4%	1.6%
학교에서 리본 달기	56.1%	41.7%	2.2%
학교 앞 1인 시위	17.2%	81.7%	1.1%
연가 투쟁	14.4%	84.1%	1.5%
업무 거부	11.9%	86.3%	1.8%

연가 투쟁은 조합원의 85%가 참여하기 어렵다고 생각하는 투쟁 전술입니다. 따라서 연가 투쟁 전술은 함부로 꺼내서는 안 되며, 사안이 정말 심각하여 학교 수업에서 일부 파행이 일어나더라도 교사들의 의지를 보여줄 필요가 있을 때라야 선택할 수 있습니다.

만약 연가 투쟁의 참가 범위를 처음부터 제한했다면 문제 될 게 없습니다. 예를 들어 '대의원 연가 투쟁'이면 대의원들이 결정하면 됩니다. 그런데 전 조합원 연가 투쟁이라고 못 박지 않고 전 조합원 찬반 투표 문구를 '연가 투쟁을 포함한 총력 투쟁'으로 합니다. 연가 투쟁을 하자는 것인지, 총력 투쟁을 하는데 연가 투쟁을 포함할 수도 있다는 것인지, 만약 가결되면 연가 투쟁을 하고 안 하고는 어디서 결정하는지 알 수 없는 투표용지입니다.

이렇게 문구를 정해서 조합원 총투표에 부치면 조합원들은 '나는 연가 투쟁은 안 나가겠지만 총력 투쟁까지 반대할 수 없지'라는 생각으로 찬성표를 던집니다. 그래서 70~80%의 찬성률로 통과가 되면, 문구 속에 연가 투쟁이 포함되어 있으므로 중앙집행부는 연가 투쟁이 압도적으로 통과되었다고 선언합니다.

지도부는 삭발하고 단식하고 농성을 하면서 총투표에서 결정되었으니 분회 총회를 열어서 연가 투쟁 '참여'를 힘 있게 결의해달라고 요구합니다. 대다수 조합원은 어차피 안 나갈 거니까 신경 쓰지 않는 것이고, 일부 활동가들만 연가 투쟁에 참여하게 됩니다.

노동조합은 투쟁과 교섭을 병행합니다. 사용자와 노조가 옥신각신하다가 요구 조건을 안 들어주면 파업하겠다고 선언하고, 쟁의 행위 찬반 투표를 하고, 노동쟁의 조정 절차를 거칩니다. 처음부터 곧바로 파업에 들어가기 힘들면 '준법 투쟁'도 합니다. 연장근로 거부, 집단 휴가 신청, 정시 퇴근, 안전운전을 명분으로 한 서행 운전, 휴식 시간 엄수 등 준법 투쟁을 하면서 사용자 측과 계속 교섭을 합니다. 그래도 사용자가 교섭에 합의하지 않으면 파업에 들어갑니다. 사용자는 노조 집행부를 업무 방해로 고발하기도 하고, 노조는 사용자를 부당노동행위로 고발하는 등 법적 대응도 오고 갑니다. 이런 과정에서 교섭이 성사되면 파업을 중단하고 단체협약을 맺고, 상호 고발한 것들을 취하하면서 교섭을 마무리합니다.

그런데 전교조의 연가 투쟁은 이런 과정이 없습니다. 전 조합원 찬반 투표를 통해 결정된 사항을 정부에 전달하고, 정부에게 언제까지 입장을 내라고 요구하고, 정부 입장이 조합원들에게 전달되고, 학교 현장에서 연가를 조직하고, 이 과정에서 정부 입장 변화 과정이 조합원들에게 공유되고, 입장에 변화가 없다면 최종적으로 연가 투쟁을 감행하는 과정이 아닙니다. 파업에 준하는 투쟁으로 규정했지만, 다른 노조들의 파업 방식과도 다릅니다.

2000년 연가 투쟁을 처음 시작했을 때는 조직 내부에서 이견이 없었습니다. 10년을 기다린 끝에 합법화를 이루고 맺은 첫 단체협약이 휴지 조각이 되었기에 연가 투쟁으로 분노를 표출할 수밖에 없었습니다. 2001년 두 번째 연가 투쟁도 이견이 없었습니다. 성과급 지급 문제로 조합원들의 분노가 들끓었기 때문입니다. 2003년 세 번째 연가 투쟁까지는 연가 투쟁 동력이 있었습니다. 교육부가 국가인권위원회 권고를 무시하고 나이스NEIS를 강행하려 했기 때문입니다. 그러나 연가 투쟁이 해를 거듭하면서 동력이 떨어졌습니다.

연가 투쟁은 실제 투쟁에 나갈 사람들이 어느 정도 정해져 있습니다. 자신의 견해보다 전교조의 지침을 우선하고, 연가 투쟁으로 징계를 받더라도 감수하겠다는 마음이 있는 조합원, 이런 조합원들이 대략 3천 명 정도는 됩니다. 이들을 동력으로 연가 투쟁이 전교조의 연례행사로 정착되어 갔고, 대다수 조합원은 연가 투쟁을 자신의 문제로 받아들이지 않게 되었습니다.

연가 투쟁은 득보다 실이 많은 투쟁입니다. 연가를 감행해서 정부의 정책을 변화시키지 못했고, 조직이 강화되지도 않으며, 전교조에 대한 보수 언론의 공격을 보란 듯이 이겨낸 적도 없습니다. 그런데 왜 연가 투쟁을 지속했을까요?

'뭐라도 해야 하지 않나…'는 활동가들의 마음 때문입니다. 상황이

'엄중'하고 조합원들은 움직이지 않는데 활동가들까지 가만히 있을 수 없지 않겠냐는 생각이죠. 현실을 바꾸기 위해 투쟁하는 것이 아니라, 활동가로서 불이익을 감수하고 무엇이라도 해야 하지 않느냐는 생각이 연가 투쟁을 반복하게 되는 이유입니다.

활동가들은 연가 투쟁을 통해서 활동가로서 자기 정체성을 확인했을지 몰라도 관행으로 굳어진 연가 투쟁 속에서 조합원들은 계속 구경꾼이 되어갔습니다. 연가 투쟁을 조직하면 조직이 강화되는 것이 아니라 조직과 조합원의 거리가 계속 멀어졌습니다.

전교조는 교사 개인의 양심에 기초한 투쟁을 많이 해왔습니다. 1989년 전교조 출범 당시 노태우 정권은 조합원들을 탈퇴시키기 위해 동원할 수 있는 모든 협박과 회유를 동원했습니다. 이에 맞서 전교조는 조합원 명단 공개 투쟁을 했습니다. 그 결과 명단에 이름을 올리고 탈퇴각서를 거부한 교사들이 대량 해직되었습니다. 공개되는 명단에 자기 이름을 올릴 것인가, 탈퇴각서를 쓸 것인가, 이런 개인적 결단이 전교조 출범 당시부터 형성되었습니다. 대량 해직 이후 전교조 합법화를 위한 투쟁 전술도 마찬가지였습니다. 계속해서 조합원 명단을 공개하여 정권에 부담을 주어야 한다는 전술을 놓고 찬반양론이 대립했습니다.

명단 공개 투쟁 방식은 합법화 이후 연가 투쟁으로 이어졌습니다. 징계를 각오하고 연가를 쓰고 나옴으로써, 정부가 강행하면 개인적 결단으로 거부함으로써 활동가의 역할을 다한다는 선각자적 투쟁 방식이 조직문화로 굳어졌습니다. 이것은 전교조가 갖고 있는 독특한 조직문화입니다.

선각자적 투쟁은 민주화운동 방식입니다. 군부독재와 사생결단을 해야 했던 1980년대에는 그 누구도 투쟁을 강제할 수 없었습니다. 오직 자기 양심에 기초하여, 자기희생을 각오하고 싸웠습니다. 선각자적 투쟁은 조직적으로 결의하고 조직적으로 실천하는 노동조합의 활동 방식과 다릅니다.

전교조의 강력한 힘은 교사 개인의 양심에 기초한 실천 투쟁으로 형성되었고, 동시에 조합과 조합원의 거리가 멀어지는 사업방식이 되었습니다.

전교조가 연가 투쟁을 지속하면서 조직 내부의 활력은 서서히 약해졌습니다. 2001년부터 2006년까지 거의 매년 연가 투쟁을 했지만, 성과는 거의 없고, 2007년에는 연가 투쟁에 4회 이상 참여한 조합원 200여 명이 견책, 감봉 등의 징계를 받았습니다.

연가 투쟁에 참여하지 못하는 조합원들은 침묵했습니다. 침묵했다기보다는 '침묵'이라는 실천을 했다는 게 더 정확한 표현일 것입니다. 조합원들은 자신을 '무늬만 조합원', '돈만 내는 조합원'이라고 자조적으로 표현하기 시작했습니다. 2002년 이후 단체협약을 통해 교사로서의 삶이 개선되지 않는 상황에서 전교조와 자신이 어울리지 않는다고 생각하는 조합원들은 조금씩 탈퇴하기 시작했습니다. 특히 학교를 옮기는 3월에 탈퇴자 수가 많았습니다.

3. 분회의 침체와 노동조합적 성격의 상실

1989년 1,527명이 해직되고 비공개 조합원 1만 명이 남은 상태에서 전교조는 합법화 투쟁에 '올인' 할 수밖에 없었습니다. 정세를 분석하고, 투쟁 전술을 선택하고, 전 조합원이 일사불란하게 움직여 합법화와 해직 교사 복직을 요구하는 투쟁 문화가 지속되었습니다. 이는 피치 못할 상황이었습니다.

하지만 합법화 이후에는 상황이 달라집니다. 전국 1만 개 학교에 조합원이 산재한 상태에서 중앙집중식 사업만으로는 조직을 양적·질적으로 발전시킬 수 없습니다. 그런데 이런 점이 합법화 이후 간과되고 비합법 시절에 형성된 중앙집중식 조직 운영 문화가 지속되었습니다.

전교조는 다른 노동조합과 활동 조건이 다릅니다. 노동운동의 메카라 불리는 울산의 대공장 출근길 오토바이 행렬은 장관입니다. 2만 명에 이르는 현대중공업 노동자들이 오토바이를 타고 정문을 통과하고, 점심시간에 노조 간부들이 식당 앞에 늘어서서 단체교섭 상황을 알리고, 식당 곳곳에 단체교섭 홍보물이 붙습니다.

학교는 다릅니다. 2024년 기준으로 전국에 학교가 12,135개입니다. 그중 전교생이 100명도 안 되는 학교가 초등학교는 2,027개(32.6%), 중학교는 709개(21.7%), 고등학교는 151개(6.3%)입니다. 총 2,887개(23.8%)가 학생 수 100명 미만의 소규모 학교입니다. 소규모 학교는 교사도 10명 내외입니다. 그 학교 하나하나가 전교조의 현장이고, 분회장 한 명, 한 명이 전교조를 상징합니다.

전교조는 전국적 이슈를 만들고 대정부투쟁을 하는 것도 중요하지만, 무엇보다 학교 현장의 변화를 주도하는 조직이어야 합니다. 대체로 교사들의 관심은 학교 담장을 벗어나지 않으며, 전교조가 학교 안에서 구체적으로 살아있지 않다면 전교조를 느낄 수 없습니다. 이는 전교조 조합원들의 의식 조사에서도 잘 드러납니다.

2009년 조합원 의식 조사에서 '전교조가 주력해야 할 사업'에 대한 견해를 물은 결과, 68%가 조직 확대와 분회 활동 활성화를 꼽았습니다.[2]

조직 확대와 분회 활동 활성화	68.2%
조직 강화와 투쟁력 확보	18.1%
잘 모르겠다	13.9%

2. 전교조의 조직 단위를 부르는 명칭은 전국 단위 사업을 하는 곳을 '본부', 시도 단위 조직을 '지부', 지역교육지원청 단위 조직을 '지회', 학교 단위 조직을 '분회'라고 한다.

그런데 분회가 활성화되려면 조합원이 일정 수 이상 되어야 합니다. 조합원이 1~2명이어서는 모여서 할 일이 없습니다. 아래 표는 2009년 "분회원 다수가 참여하는 분회 모임이 얼마나 열렸습니까?"라는 질문에 대한 답변입니다.

아래의 표를 보면 분회 모임 빈도와 조합원 수는 비례합니다. 합법화 초기 분회 모임의 빈도는 월 1회가 기본이었습니다. 조합원이 적으면 조합원 확대를 목표로, 조합원이 많으면 학교 운영에 더 적극적으로 개입하기 위해 분회 모임을 했습니다. 조합원이 전체 교사의 과반에 이르게 되면 전체가 자주 모일 수 없으니 분회 내에 집행부를 만들어 집행부가 자주 모였습니다.

조합원 수	월 2회 이상	월 1회 정도	학기당 2회	학기당 1회	거의 없었음
5명 미만	4.5%	10.8%	14.2%	24.4%	45.4%
6~10명	4.5%	18.0%	28.5%	28.5%	20.5%
11~20명	6.8%	29.7%	36.1%	16.8%	9.2%
21~30명	7.9%	31.7%	47.8%	11.5%	1.1%
30명 이상	28.1%	18.2%	48.9%	4.8%	0%

어느 모임이건 시간이 흐르면서 초기의 열정이 사그라드는 것은 어쩔 수 없습니다. 위 표에서 보면 조합원이 10인 미만인 분회는 절반 가까이 학기당 1회이거나 거의 없다고 답했습니다. 학기당 1회 정도면 친목회 수준입니다.

2009년 당시 '1인 분회'가 5천 개 정도였습니다. 조직률이 높은 호남과 대도시 중·고등학교를 제외한 대부분 지역의 분회는 10인 미만이었습니다. 2009년 당시 조합원 수가 7만 명 정도였고, 지금은 4만명 정도입니다. 분회의 침체는 훨씬 심각합니다. 2024년 전교조 서울지부 상황을 보면 조합원이 있는 학교 중 1인 분회가 34%, 3인 이하 분회가 71%라고 합니다. 사실상 분회 활동을 할 수 없는 상태가 거의 대부분이라는 것이죠.

학교 현장에서 조합원들이 모여 자기 학교의 변화를 도모할 수 없으니 할 수 있는 거라곤 전국 단위로 진행되는 서명운동에 동참하는 것 외엔 별로 없습니다. 서명도 전국적으로 인원수를 채워서 뭔가 이룰 수 있는 적극적 서명이 아니라, 서명 이외에 할 수 있는 게 없으니 하게 되는 관성적 서명운동이 많습니다.

상태가 이 정도면 전교조 운동은 노동조합 운동이 아니라 시민운동에 가깝습니다. 노동조합 운동은 직장 단위로 조직되어 노동조건을 개선해 나가는 운동입니다. 노동운동은 강자인 사용자에 대항하는 약자들의 운동인 만큼 단결이 생명입니다. 단결하여 교섭하고 행동하면서 요구를 실현해 나갑니다.

시민운동은 어떤 사회적 과제를 해결하는 데 관심을 가진 시민들의 자발적 운동입니다. 시민운동은 단결권, 단체교섭권, 단체행동권이 필요하지 않습니다. 해결하고자 하는 과제에 대해 전문가들이 정책을 만들고, 상근활동가들이 조직을 운영하며, 대다수 회원은 생활인으로서 회비를 납부하고 조직을 후원합니다. 시민운동은 전문성을 무기로 성명서 발표, 기자회견, 1인 시위, 서명운동, 퍼포먼스 같은 방식으로 자기 목적을 해결합니다.

노동조합 운동은 사용자와 대등한 위치에서 교섭하고 요구가 실현되지 않으면 단체행동으로 관철하는 운동이기 때문에 '쪽수'와 단결력이 생명입니다. 물론 노동조합도 성명서를 내고, 1인 시위도 하고, 서명운동도 하지만 핵심은 단체행동입니다.

전교조는 단체행동권이 없지만, 단체행동을 통해 정부를 굴복시킨 경험이 있습니다. 앞서 언급한 2001년 성과급 반납 투쟁이 그런 경험입니다. 그 이후 전교조가 조합원 또는 교사들의 공동 행동을 조직하여 정부와 교섭한 사례를 찾아보기 어렵습니다.

단결된 행동이 노동조합 운동의 생명이기에 조합원 하나하나는 모두 주인공입니다. 노동조합에도 위원장, 지부장 등의 간부가 있지만 노동조합의 힘은 간부에게서 나오는 것이 아니라 평범한 조합원 한명 한 명의 단결된 힘에서 나옵니다. 전교조 위원장이 교육부 장관을 만나서, 전교조 시도 지부장이 교육감을 만나서 대등하게 말하고 행동할 수 있는 이유는 그 뒤에 조합원들의 단결된 힘이 있기 때문입니다. 조합원들의 단결된 힘이 없다면 전교조 위원장도 그저 어느 학교의 한 교사일 뿐입니다.

노동조합의 힘이 단결력에 있다면 시민운동의 힘은 전문성, 정세 판단 능력, 참신한 퍼포먼스 기획력, 언론 사업 능력 등에 있습니다. 환경운동연합 활동가들이 4대강 문제를 알리기 위해, 그린피스 활동가들이 원전의 위험성을 알리기 위해 벌이는 퍼포먼스들은 기발합니다. 시민운동의 주인공은 전문가와 상근활동가이며, 시민단체 회원 대다수는 후원자 역할을 합니다.

이와 같은 구분을 기준으로 볼 때 전교조의 활동 방식은 노동조합 방식이 아니라 시민운동 방식에 가깝습니다.

교직 사회에는 전교조 외에도 다양한 교원단체가 있습니다. 2023년 서이초 교사의 죽음 이후 교원 6단체 명의로 입장을 발표한 바 있죠. 6단체는 한국교총, 전교조, 교사노조연맹, 실천교육교사모임, 좋은교사운동, 새로운학교네트워크입니다. 이중 전교조와 교사노조연맹은 헌법과 법률로 보장된 노동조합이고, 다른 조직들은 '임의단체'입니다.

2015년 설립된 '실천교육교사모임'은 교사들의 교육 실천을 공유하는 전문적 네트워크입니다. 2011년 설립된 '새로운학교네트워크'는 학교 민주주의와 전문적 학습 공동체를 통해 삶을 위한 교육, 미래를 여는 교육을 지향하는 교원단체입니다. 1998년 설립된 '좋은교사운동'은 기독교 신앙에 기초하여 예수님의 사랑을 학교에서 실천하자는 교사들의 모임입니다. 이들 교원단체의 정책은 전교조와 비슷한 성격이지만, 구체적 정책에서는 다른 부분도 많습니다.

한국교총은 교사뿐 아니라 교장, 교감, 장학사, 대학교수가 가입한 직능 단체입니다. 가끔 평교사가 회장이 되면 뉴스가 되는데, 평교사들이 가입해 있지만 주도권은 교장·교감에게 있습니다.

법적 지위를 보면 전교조와 다른 교원단체는 성격이 다름에도 불구하고, 전교조가 노동조합으로서 역할을 하지 못하고 교육 운동 단체와 비슷한 활동에 머무르고 있기 때문에 전교조는 많은 교육 운동 단체들 중의 하나로 보입니다.

단결을 생명으로 하는 노동조합 운동, 단결을 위해 조합원 한 명 한 명이 주체적으로 결정하고 함께 책임지는 노동조합 운동, 이것이 노동조합 운동이 시민운동과 다른 측면입니다. 이런 조직 운영 원리가 구현되지 않고 전교조를 교육 운동 단체, 시민운동 단체처럼 운영하면 조합원은 후원자가 되고, 구경꾼이 됩니다.

3.

공무원노조, 방송사 노조에 비춰본
교원노조 성찰

1. 공무원노조와 방송사 노조를 살펴보려는 이유

앞서 2003년을 정점으로 전교조 조합원이 감소한 이유를 살펴보았는데, 이는 합법노조 시기의 조합원 감소이고, 2013년 법외노조가 된 이후에는 조직이 어려워지면서 조합원이 더 많이 줄어들게 됩니다. 2013년 6만 명 정도였던 조합원 수는 합법성을 회복한 2020년에는 45,000명 정도가 되었습니다.

멀쩡하게 활동하던 노조가 법외노조가 된 경우가 없기에 전교조의 조합원 감소 문제를 당연하게 생각할 수도 있습니다. 그러나 전교조처럼 법외노조로 내몰린 공무원노조는 법외노조 시기에도 조합원이 감소하지 않았습니다. 법외노조가 된 것은 아니지만 전교조 못지않게 극심한 탄압을 받았던 방송사 노조도 조합원이 감소하지 않았습니다.

교원노조를 객관적으로 성찰하기 위해 비슷한 처지와 조건에서 활동한 공무원노조와 방송사 노조를 살펴보겠습니다. 이유는 세 가지입니다.

첫 번째 이유는 정부의 극심한 탄압 속에서 노동조합 활동을 해왔기 때문입니다.

공무원노조는 성향이 다른 세 개의 노조가 있는데, 그중 가장 큰 조직은 '전국공무원노조'(이하 전공노)입니다. 전공노는 전교조처럼 오랜 기간 법적 지위를 박탈당하고 활동해 왔습니다. 2002년 창립한 전공노는 전교조처럼 '불법노조'로 출발했고 시련을 많이 겪었습니다. 2004년 공무원 총파업으로 136명이 해직되었고, 2016년까지 징계받은 조합원이 3천 명 가까이 됩니다.

2006년 공무원노조법이 제정된 후 잠시 합법노조 시기를 경험했지만, 2009년에 전교조처럼 해고된 공무원을 조합원으로 인정했다는 이유로 2018년까지 법외노조가 되었습니다. 전공노는 법외노조 시기에도 14만 명 정도의 조합원을 유지했으며, 전공노 이외의 공무원노조들까지 포함하면 일반직 공무원의 노조 가입률은 70%에 가깝습니다.

이명박·박근혜 정권 시기 방송사 노조를 무력화시키기 위한 정권의 탄압은 전교조 못지않았습니다. 2012년 언론을 장악하겠다는 이명박 정권과 그 앞잡이 노릇을 하던 KBS 김인규 사장, MBC 김재철 사장의 퇴진을 요구하며 KBS는 95일간, MBC는 170일간 파업을 지속했습니다. 170일이면 거의 반년입니다. 노동조합이 이렇게 장기간 파업하는 게 쉽지 않습니다. 파업은 승리하지 못했고, 노조 간부들은 치욕과 수모의 시간을 보냈습니다.

MBC의 간판 시사 프로그램 'PD수첩'을 이끌던 최승호 PD와 2012년 방송사 노조의 파업을 이끌었던 박성제 노조위원장은 해고되었습니다. 노조 활동을 열심히 한 PD들을 스케이트장으로 발령 내서 눈을 치우게 하고, 아나운서들은 프로그램에서 강제로 하차당하고 방송사 주조정실에서 일했습니다. 학교로 치면 교사를 행정실 소속으로 전환해서 인쇄물 찍는 일을 시키는 것과 같은 만행을 저질렀습니다. 정직 이상의 징계를 받은 기자, PD, 아나운서들은 MBC 아카데미에서 '브런치 만들기' 교육을 받아야 했고, 가나안 농군학교에 입소하여 효사상, 식탁 교육, 농장 실습 등을 받아야 했습니다. KBS는 노조 간부들을 지방으로 발령을 냈습니다. 부당한 징계를 당한 이들은 "모멸감과 싸우는 시간이었다"라고 말합니다.

그렇게 무지막지하게 탄압했어도 조합원이 감소하지 않았습니다. 정권의 지배력이 워낙 강하고 노동조합이 현실적으로 힘이 없어서 '공정방송'이 망가지긴 했지만, 노동조합의 지속가능성 그 자체는 흔들리지 않았습니다. 때를 기다리면서 모멸감을 이겨냈습니다.

두 번째 이유는 학교 못지않게 선망받는 직장들의 노동조합이기 때문입니다.

최근 인기가 많이 떨어졌지만 2024년 9급 공무원 시험 평균 경쟁률은 24.3:1이었습니다. 방송사 기자, PD, 아나운서 입사가 얼마나 어려운지는 다들 알 겁니다. PD의 경우 1,000:1의 경쟁률도 흔합니다. 방송사 직원들의 임금은 교사보다 훨씬 많습니다. 2021년 기준으로 KBS의 15년 차 기자와 PD들의 연봉은 1억 원 정도입니다. 교사는 37년을 근무해야 1억 원 정도 받죠.

세 번째 이유는 저임금, 열악한 근로조건, 구조 조정 등이 주요 이슈인 노동조합들이 아니기 때문입니다. 방송사 노조가 파업에 돌입하는 주된 이유는 '공정방송' 실현입니다. 공무원노조 역시 출범 때부터 '공직사회 개혁'을 걸고 활동해 왔습니다. 그런 점에서 교육개혁, 교육민주화를 주된 이슈로 활동해 온 전교조와 비슷한 점이 많습니다.

2. 왜 일반직 공무원은 70%가 노조에 가입하는가?

현재 우리나라 공무원은 116만 명입니다. 이 중 노동조합을 만들고 가입할 수 있는 공무원은 교육공무원 36만 명, 일반직 공무원 50만 명입니다. 5급 이상 공무원, 군인, 교정직, 경찰직의 활동은 현재 법률로선 불가능합니다.

고용노동부의 '전국노동조합 조직 현황'에 따르면 2022년을 기준으로 공무원노동조합 개수는 151개이고, 33만 명이 노동조합에 가입하여 조직률은 70%입니다. 조식률이 70%라고 했지만, 이게 징확한 수치는 아닙니다. 통상 6급 정도(계장 또는 팀장)까지를 가입 대상으로 보지만, 공무원노조법에서 예산이나 총괄 지휘 업무를 다루는 사람은 가입할 수 없다고 규정하고 있는데, 이게 지역과 부처마다 다르기 때문입니다.

공무원노조의 조직률이 70%라고 하지만, 지역에 따라 다르고, 지자체 따라 다릅니다. 광주는 80~95%가 가입해 있고, 인천이나 울산은 30~50% 정도입니다. 2004년 공무원 총파업 때 징계로 피해를 많이 입은 곳은 후유증이 지금까지 이어지는 경우가 많다고 합니다. 울산은 가입률이 낮은 지역지만, 동구청은 99%가 가입해 있습니다. 진보정당 소속의 구청장이 많이 당선되었기 때문입니다. 1998년부터 김창현, 이영순(당시는 무소속, 2000년 이후는 민주노동당 소속), 이갑용(2002년), 김종훈(2011년, 2022년) 등이 당선되어 새누리당, 민주당과 번갈아 구청장을 해왔습니다.

151개의 공무원 노동조합은 상급 단체가 민주노총인 전공노, 상급 단체가 없는 '공무원노동조합총연맹'(이하 공노총), 상급 단체가 한국노총인 '공무원노동조합연맹'(이하 공노련)에 속해 있습니다. 각 노조가 주장하는 조합원 수가 실제와 일치하는지 확인하기 어렵지만, 전공노는 15만 명, 공노총은 7~8만 명, 공노련은 5~6만 명 정도로 파악됩니다. 나머지는 자치단체 단위로 결성되어 상급 단위가 없는 노동조합입니다.

공무원의 70%가 노동조합에 가입한 이유가 굉장히 궁금할 텐데요, 공무원들의 노조 결성 과정은 전교조와 달랐습니다. 1998년 2월 김대중 정부는 전교조를 1999년 7월 1일부터 합법화하기로 약속하면서 동시에 '공무원직장협의회의 설립·운영에 관한 법률'(이하 직장협의회

법)을 제정합니다. 교사만 노동조합 결성을 허용하기 미안했던 것이겠지요. 이에 따라 1999년 1월 '공무원직장협의회'가 만들어집니다.

합법적으로 만들어진 조직이라서 대부분의 공무원이 직장협의회에 가입했습니다. 각 직장 내에서 '잘 나가는' 사람이 대표를 맡았다고 합니다. 법적 강제력이 없는 직장협의회지만, 공무원 대부분이 가입했기 때문에 기관장들이 공무원들의 요구를 무시할 수 없었습니다. 6~7급 기능직 공무원들을 중심으로 노후시설 개선, 편의 시설 확충, 복지 제도 개선, 인사 시스템 개선 등 노동조건을 개선하라는 요구가 터져 나왔습니다.

공무원직장협의회는 2000년 2월 '전국공무원직장협의회 발전연구회'로 전환하여 직장협의회의 발전 방향을 논의하게 됩니다. 전교조가 합법화되면서 많은 성과를 보이고 있던 시절이었기에 직장협의회에 만족할 수 없었겠죠. 2001년에는 '전국공무원직장협의회 총연합회'를 건설하고, 2002년 전국공무원노동조합으로 건설을 결의하게 됩니다. 그런 과정을 거치면서 직장협의회에서 노조로 전환했기 때문에 대부분 노조에 가입했습니다.

공무원노조의 높은 조직률은 교원노조의 미래에 시사하는 바가 큽

공무원노조 출범식을 경찰이 침탈하고 있다 ⓒ전국공무원노조

니다. 교사들은 4.19 교원노조가 극심한 탄압을 받고 해산된 것, 전교조가 1,527명이 해직되고 탄압받는 것을 보면서 교원노조에 대한 두려움이 직장 문화로 저변에 형성되어 있습니다.

그래서 앞서 『교사의 사회의식 변화』(2005~2014)에서 보셨듯이 '교사는 노동자이고 노동조합이 필요하다'고 생각하는 교사가 과반수지만 교원노조 가입을 주저했던 것입니다. 교사노조연맹은 전교조가 법외노조의 길을 걷고 있던 2017년에 합법노조로 창립했기 때문에 두려워할 이유가 없지만, 전교조와 교사노조연맹을 다 합쳐도 조직률이 30%인 이유가 무엇인지 생각해 봐야 합니다.

교원노조에 대한 교사들의 거리감을 극복하고, 공무원들처럼 다수 교사가 교원노조에 가입하도록 하려면 교원노조가 어떤 사업을 펼쳐야 하는지 새로운 구상과 전략이 필요합니다. 이에 대해서는 5부에서 말씀드리겠습니다.

공무원노조에 관해 연구해야 할 두 번째 지점은 법외노조를 9년 동안 감내한 전공노는 전교조와 달리 조합원 수가 감소하지 않았다는 것입니다. 무엇이 달랐을까요?

정부 중앙부처에서 일하는 국가공무원들과 달리 지방직 공무원은 자치단체장의 영향을 크게 받습니다. 행정안전부 지침이 모두 먹혀드는 것이 아니죠. 국가공무원인 교사가 교육부 지침에 구속되면서도 시도 교육감의 영향을 크게 받는 것과 마찬가지인데요, 일반직 공무원의 경우엔 그 영향력이 더 크다고 할 수 있습니다. 공무원노조는 법외노조였지만 노동조합으로서 교섭력을 유지했습니다.

법외노조라서 공식적 단체협약을 체결하지 못했지만, 사용자(자치단체장)가 공무원노조를 유령으로 취급하지 못했습니다. 예를 들어 전공노 산하 구청 지부들은 '직장협의회법'에 따라 분기별로 1회씩 구청장과 협의회를 했습니다. 물론 법적 구속력은 없습니다. 그러나 구청장이 표 떨어질 각오를 하지 않는 한 성실하게 응합니다. 이때 구청별 근무 상황을 비교해서 가장 앞선 것을 제시하면서 서로서로 자치단체들의 근무조건을 향상해 나갔습니다. 전공노가 법외노조였던 시기에도 일선 자치단체에서는 사실상 교섭이 있었고, 이것이 전공노 조합원을 유지한 동력이었습니다.

공무원노조도 교원노조처럼 교섭 구조가 다단계입니다. 국가직 공무원은 당연히 중앙정부와 교섭합니다. 중앙정부와 교섭은 인사혁신처장과 공무원노조 위원장이 합니다. 여기에는 교육부와 행정안전부도 함께합니다.

최근 교섭 상황을 보면 전공노가 합법성을 회복한 후 2020년에 시작해서 2024년에 체결되었습니다. 공무원노조도 단체행동권이 없다 보니 단체협약을 맺기가 어렵습니다. 게다가 단체협약은 문구에 '노력한다', '검토한다' 등 강제성이 없는 것들도 많습니다. 전교조가 경험했던 것들과 똑같죠. 중앙정부와 교섭도 어렵지만, 광역시장, 도지사와 하는 광역단체 교섭도 어렵다고 합니다. 그러나 기초단체 교섭은 아주 구체적 사안에 대해 교섭하며 성과가 많다고 합니다.

예를 들어 당직 수당은 5천 원에서 시작하여 6만 원까지 올랐습니다. 공무원 복지 포인트도 계속 올려서 서울 같은 경우는 150만 원까지 올랐습니다. 휴가도 자녀 입대 시 입영 휴가, 돌봄 휴가, 경조사 시 특별 휴가 등을 확대했습니다. 행사 동원 금지, 숙직 수당 인상, 숙직 후 특별 휴가, 선거 업무 종사자들에 대한 휴가 제도도 만들었습니다. 후생 복지뿐 아니라 근평이나 인사 문제 등도 불합리한 문제를 제기하고 해결했습니다. 기관장들이 이런 것을 인심 쓰듯 들어주면서 노조가 생활 속에 정착되었습니다. 공무원노조의 조합비는 본봉의 1.2%로 월 3만 원 정도 되는데, 공무원노조가 후생 복지 측면에서 1년 조합비만큼의 이득은 줍니다. 그러니 누가 조합비를 아깝다고 하겠습니까?

합법노조냐 법외노조냐, 물론 중요합니다. 그러나 더 중요한 건 피부로 느끼는 도움이 있냐는 것입니다. 노조가 있어야 내 삶이 유지되고 나아질 수 있다는 것을 직장생활에서 느낄 수 있어야 합니다. 전공노 전체는 법외노조 상태였지만, 자신이 근무하는 시청, 구청, 군청에서는 단체장과 비공식적이지만 교섭이 이루어졌기에 지속가능성을 걱정하지 않았습니다.

만약 전교조도 법외노조 시기에 분회(학교 단위 조직)가 교장과 교섭력을 갖고 있었다면 어땠을까요? 저는 전공노를 보면서 우리 교사도 자기 학교의 문제를 교장과 만나서 비공식적이라도 해결할 수 있는 통로가 있다면 전교조도 조직을 유지하지 않았을까, 이런 고민을 하곤 했는데요, 뒤에서 다시 이야기하겠습니다.

3. 방송사 노조는 공정방송을 어떻게 사수하는가?

2017년 5월 문재인 정부가 출범하자 MBC 노조는 투표율 95.9%, 찬성률 93.2%로 파업을 73일간 진행하여 고영주 이사장, 김장겸 사장을 쫓아내고 해직 기자 최승호 씨를 사장으로 세웠습니다. 이명박 정부 시절 MBC의 핵심 조합원들을 비제작부서로 전보시키고 가혹하게 징계하며 공정방송을 망가뜨렸지만, MBC 노조는 의연히 살아 있었습니다. KBS 노조도 141일 간의 파업을 통해 고대영 사장, 이인호 이사장을 쫓아내고 공정방송의 발걸음을 내디뎠습니다.

MBC, KBS의 투쟁은 법외노조를 벗어나기 위한 전교조의 투쟁과 대비됩니다. 문재인 정부는 출범하자마자 박근혜 적폐 청산 차원에서 전교조 법외노조 상태 문제를 해결했어야 합니다. 하지만 문재인 정부는 수구 보수 세력의 눈치를 보며 자기 책임을 회피했습니다. 그렇다면 전교조는 조합원의 힘을 총발동하여 법적 지위 회복을 위해 투쟁했어야 합니다.

바로 이 지점에서 전교조와 방송사 노조의 차이가 있습니다. MBC 와 KBS는 파업 투쟁을 통해 자기 문제를 해결했습니다. 반면 전교조는 청와대로 올라가는 길에 농성장을 차리고 지도부의 단식, 삭발, 삼천 배, 오체투지를 이어가야 했습니다. 자기 조직의 합법화를 내건 연가 투쟁인데도 2천 명 정도 참여에 그쳤습니다. 결국 문재인 정부 출범 후 3년 동안 법외노조 문제를 해결하지 못하다가 2020년 대법원의 판결을 통해 법적 지위를 회복했습니다.

방송사 노조와 전교조는 나이가 비슷합니다. 전교조가 군부독재 시기 학교의 비참한 현실을 극복하기 위해 출범했듯이, 방송사 노조도 군부독재 시기 권력의 시녀로 살았던 처참한 현실을 극복하기 위해 출범했습니다.

1980년 광주민주화운동 당시 광주 시민을 폭도로 보도한 MBC 광주 방송국은 분노한 시민들에 의해 불탔습니다. MBC와 KBS는 전두환 정권 시절 '땡전 뉴스'로 비난받던 권력의 시녀였습니다. 1987년 6월 항쟁 이후 방송사 언론인들은 노동조합을 결성하여 공정방송 쟁취 투쟁을 시작했습니다. 1987년 12월 MBC 노동조합이, 1988년 5월 KBS 노동조합이 설립됐습니다.

당시 방송사 기자와 PD들은 공정방송을 하면 되지 굳이 노동조합을 만들어야 하는지 고민했다고 합니다. '기자협회', 'PD연합회' 같은 직능 단체가 있음에도 불구하고 노동조합을 만든 핵심 이유는 파업 때문입니다.

대한민국 법률에 의하면 '노동조합' 명칭을 사용하지 않을 경우 헌법 제33조에 명시된 노동기본권을 보장받지 못합니다. 만약 기자협회나 PD연합회가 파업을 주도하게 되면 업무방해죄로 처벌받습니다. 오직 노동조합만이 파업할 권리가 있습니다. 그래서 기자협회, PD연합회는 그대로 두고, 노동조합을 만들었습니다.

방송사 공채 시험에 합격한 기자, PD, 아나운서, 엔지니어들은 입사와 동시에 대부분 노조에 가입합니다. 그 이유는 파업 때문이라고 합니다. 노조 덕분에 임금이 오른다거나 사내 복지가 향상된다는 이유가 아니라 파업 때문이라니, 파업이란 걸 해보지도 못했고 상상도 안하고 살아온 우리 교사들로서는 이해하기 어렵습니다.

방송사 노조가 파업을 자주 하는 건 아니지만 몇 년에 한 번씩은 합니다. 보건의료노조가 파업할 때도 중환자실이나 응급실에 필수 인력을 유지하는 것처럼 방송사 노조가 파업한다고 방송이 중단되는 것은 아닙니다. 프로그램이 단축되거나, 지나간 방송을 반복 방영하면서 파업을 진행합니다. 그래서 파업 시기에 노조원이 아니면 동료들이 하던 일을 혼자서 다 해야 합니다. 그러니 굳이 동료들 하는 일을 다 맡아 하고 '왕따' 되면서 노조에 가입하지 않을 이유가 있겠습니까?

파업을 시작하면 선후배가 어우러져 율동패, 노래패를 만들고 함께 투쟁하면서 집단적 토론과 실천 문화가 강화됩니다. 노조가 파업에 들어가면 아나운서들이 '공정방송'이라는 리본을 달고 방송을 진행합니다. 비교적 얼굴이 많이 알려진 아나운서들은 파업 동참에 민감할 수밖에 없는데, 얼굴이 알려지기 전인 신입사원 때부터 노조를 함께 해 왔기 때문에 신뢰가 굳게 형성되어 있어서 파업에 동참하는 것을 꺼리지 않는다고 합니다.

방송사 노조의 가장 중요한 목적은 공정방송입니다. 임금인상이나 근로조건 개선을 외면하는 건 아니지만, 그런 이유로 파업을 한 적은 거의 없습니다. 회사 경영이 어려울 때는 임금을 동결하기도 합니다. 방송사 노조는 회사 경영진이 기자와 PD들의 독립성을 침해하고 공정방송을 훼손할 경우, 도무지 말로 해서는 안 될 경우에 파업을 통해 공정방송을 사수합니다. 이에 대해 사법부는 "공정방송은 근로조건이다"라고 판시했습니다. 앞서 2012년 방송사 파업을 말씀드렸는데, 당시 파업으로 해고 등 징계를 받은 노조원들에 대해 대법원은 모두 무죄 판결했습니다. 공정방송을 위한 파업이었고, 공정방송은 근로조건이기 때문에 죄가 없다는 것입니다.

단체행동권이 있다고 파업이 쉽게 되는 것도 아닙니다. 파업은 압도적 다수가 참여해야 승리할 수 있기 때문에 자주 할 수도 없습니다. 시청자들의 비난을 감수하더라도 이루고자 하는 목표가 명확해야 파업을 결의할 수 있습니다.

2017년 MBC 파업 당시 MBC의 간판 예능 프로그램인 '무한도전' 김태호 PD는 자신의 트위터에 "9월9일 오늘 무한도전 방송은 〈역사×힙합〉 스페셜로 대체됩니다. 시청자 여러분께 정말 죄송합니다. 무한도전이 멈춘 이유, MBC가 총파업에 나선 이유, 영화 〈공범자들〉[3]을 보시면 잘 알 수 있습니다. 더 좋은 방송으로 찾아뵙겠습니다. 감사합니다"라고 올렸습니다.

파업 당시 '무한도전'이 7주간 결방되면서 MBC가 입은 광고 손해가 20억 원에 이른다고 합니다. 파업이란 회사 측에 타격을 가하면서 노동자의 이익을 수호하는, 실패하면 징계와 고소·고발을 감내해야 하는 엄중한 투쟁이며, 노동자에게 가장 힘 있는 무기입니다.

방송사 노조는 파업을 통해 공정방송을 실현할 방도를 단체협약으로 명문화합니다. MBC 노조 집행부에는 '민주방송실천위원회'가 있어서 사측이 공정한 방송을 심각하게 위배했을 경우 경영진과 공방을 벌이고 간부에 대해 보직 변경이나 징계도 요구할 수 있습니다.

KBS는 TV 본부장, 보도본부장, 편성본부장, 시청자본부장, 기술본부장이 KBS를 이끌어가는 실질적 관리자들인데, '본부장'에 임명된

---

3. 영화 〈공범자들〉은 2008년 정연주 KBS 사장 퇴진부터 시작된 이명박·박근혜 정권의 공영방송 장악 역사, 기자와 PD들이 현장에서 쫓겨나고 '기레기'라는 소리를 듣게 된 이유에 대한 다큐멘터리 영화다.

후 1년이 경과하면 신임 여부를 묻는 투표를 실시하도록 단체협약에 명시되어 있습니다. 전 직원의 2/3가 불신임하면 해임을 건의할 수 있습니다. 사장이 임명한 본부장에 대한 불신임 투표는 사실상 사장에 대한 불신임 투표 성격이 있습니다. 본부장에 대한 신임 투표를 통해 사장에 대한 상당한 견제가 이루어지고, 본부장들도 함부로 움직이지 못한다고 합니다.

이명박·박근혜 정권에서 방송사 노조 간부들이 징계받고, 업무와 관련 없는 부서로 전보되고, 지방으로 발령받는 시기에 노조는 치욕을 견디며 때를 기다렸습니다. 그리고 때가 왔을 때 파업으로 자신들의 의지를 시위하고, 정치권을 압박해서 문제를 해결했습니다. 민주노총 집회에서 자주 부르는 '단결투쟁가'라는 노래가 있습니다. 가사 중 "너희는 조금씩 갉아먹지만 우리는 한꺼번에 되찾으리라"가 있습니다. 방송사 노조는 이명박·박근혜 잃어버린 9년을 한꺼번에 되찾았습니다. 어떻게? 파업을 통해서!

4. 공무원노조, 방송사 노조에서 무엇을 배울 것인가?

1997년 IMF 외환위기 이후 2000년대 노동운동은 모두 몸살을 앓았습니다. 자본의 총공세에 떠밀려 대규모 구조 조정을 겪었고, 보수 언론의 이념 공세로 민주노총의 주력인 대기업 정규직 노동운동이 어려움에 빠졌습니다.

전교조는 대기업 정규직 노동운동과 달리 구조 조정, 임금 삭감, 근로조건 악화 등을 경험한 바 없습니다. 신자유주의 교육 정책이 없었던 것은 아니나 교사들의 근로조건에 큰 영향을 미치지 않았습니다. 다른 직장들처럼 대규모 구조 조정이 있었던 것도 아니고, 대규모 탄압 이후 나타나는 패배주의가 등장한 적도 없었습니다. 그러면 왜 전교조는 조합원이 계속 감소하며 침체되었을까요?

어떤 전교조 활동가들은 신규 교사들이 치열한 임용고사를 뚫고 들어와서 개인의식에 문제가 있다고 생각합니다. 전교조를 외면한다는 거죠. 그러면 더 치열한 공채 시험을 뚫고 입사한 기자, PD, 아나운서는 왜 노동조합에 가입했을까요? 전교조는 법외노조 시기에도 꾸준히 조합원이 감소했는데, 공무원노조는 그렇지 않았던 이유는 무엇일까요?

전교조가 계속 침체된 이유는 노동조합으로서 구실을 못 했기 때문입니다. 공무원노조는 법외노조임에도 불구하고 시장, 구청장, 군수 등 자치 단체장들과 비공개 교섭을 하면서 작은 것이라도 문제를 해결해 나갔다는 점이 전교조와 다릅니다.

방송사 노조의 파업은 기자, PD, 아나운서 등 전문직 노동자들이 노동조합을 자신의 것으로 받아들이고 단결하여 투쟁하는 학습의 장입니다. 교섭을 통해 자신의 의사를 반영하고 단결하고 집단적 투쟁을 하는 경험을 통해 방송사의 전문직 노동자들이 노동자로서 자기 정체성을 형성해 나갔습니다.

우리 교사들과 똑같은 평범한 공무원들이 하는 노동조합, 방송사의 기자, PD, 아나운서 들이 하는 노동조합을 보면서 앞으로 교원노조의 길을 새롭게 풀어 나가야 합니다.

4.

교사노조연맹에 대한 성찰

교사노조연맹이 10만 명을 넘어설 수 있었던 이유는 앞서 『교사의 사회의식』에서 살펴봤듯이 '교사는 노동자이므로 노동조합이 필요하다'고 생각하면서도 전교조에 가입하지 않았던 60%의 교사를 흡수했기 때문입니다.

2023년 교사노조연맹이 발간한 『선생님이 왜 노조 해요?』는 교사노조연맹에서 간부로 활동하는 선생님들 16명의 이야기입니다. 저는 이 책을 읽으면서 전교조 합법화 초기와 같은 활력을 느꼈습니다. 노조는 나와 상관없는 조직이라고 생각하며 살던 선생님이 교사노조연맹을 만나 간부를 결심하게 되는 과정, 문제가 발생한 학교 교장에게 전화를 걸어 항의할 때의 떨렸던 심정, 워킹맘으로서 고단한 활동과 보람 등 2000년 초반 전교조에서 만났던 많은 선생님들의 이야기가 교사노조연맹에도 있었습니다.

먼저 교사노조연맹의 성장 과정을 정리해 보겠습니다. 다음 표는 교사노조연맹이 배포하는 가입 홍보물의 내용을 정리한 것입니다.

교사노조연맹은 16개의 시도 단위 교사노조, 8개의 전국 단위 교사노조, 1개의 시도 교과노조(전남 상담교사노조), 총 25개 교사노조의 연합체입니다. 17개 시도가 아니라 16개인 이유는 광주교사노조가 한

연도	조합원 수	설립 노조 또는 주요 사건
2016	287	서울교사노조 창립
2017	363	중등교사노조, 교사노조연맹, 전국사서노조, 경남교사노조
2018	3,000	경기교사노조, 전국상담교사노조
2019	8,500	울산교사노조, 충북교사노조
2020	37,000	영양교사노조, 제주교사노조, 전남교사노조, 경북교사노조, 부산교사노조, 세종교사노조, 대구교사노조, 강원교사노조, 인천교사노조, 전북교사노조, 충남교사노조, 특수교사노조, 초등교사노조, 유치원교사노조
2021	45,000	평생교사노조
2022	53,800	
2023	75,000	서이초 교사 사건
2024	123,000	

국노총 가입에 반대하며 탈퇴했기 때문입니다.

교사노조연맹은 20대 28.9%, 30대 38.4%, 40대 29.0%, 50대 이상 3.7%로 구성되어 있습니다. 전교조에 가입했다가 탈퇴하고 교사노조연맹으로 온 조합원은 거의 없고, 대부분 처음 교원노조를 경험하는 교사들로 구성되었다고 합니다.

먼저 교사노조연맹의 조합원 수를 명확히 하겠습니다. 교원노조는 '타임오프'[4] 제도 때문에 고용노동부에 정확하게 조합원 수를 보고해야 하는데, 2024년 교사노조연맹이 고용노동부에 보고한 조합원 수는 123,000명입니다. 그런데 여기에 중복이 있습니다. 시도 단위 노조 사이에는 중복 가입이 있을 수 없죠. 서울교사노조 조합원이면서 부산교사노조 조합원인 것은 불가능합니다. 지역 단위 교사노조에 가입

---

4. 노동조합 활동에 필요한 시간을 근무 시간으로 인정하여 보수 손실 없이 노조 활동을 할 수 있도록 보장하는 제도.

한 숫자가 8만 명 정도입니다.

그러나 전국 단위 노소와 시역 단위 노조에는 이중 가입이 된 경우가 많습니다. 예를 들어 서울교사노조에 가입하면서 동시에 중등교사노조에도 가입한 경우, 조합비를 양 노조로 모두 1만 원씩 내게 됩니다. 현재 초등교사노조가 35,000명 정도, 중등교사노조가 3,500명 정도인데. 이들 중 절반 정도는 이중 가입자로 추정됩니다. 그래서 중복 가입자를 제외하면 대략 10만 명 정도로 봅니다.

교사노조연맹은 분권형 노조 연합체, 즉 '연맹체'입니다. 전교조는 전국 단일 조직입니다. 전교조는 교섭권이 위원장에게 있습니다. 교육감과 교섭은 위원장의 위임을 받아서 시도 지부장이 진행합니다.

그러나 교사노조연맹은 교섭권이 지역 단위 노조위원장에게 있습니다. 재정도 완전 자립형입니다. 조합비를 걷어 85%는 자기 노조가 집행하고, 15%를 교사노조연맹에 납부하면 한국노총에 5% 납부하고 10%는 교사노조연맹이 집행합니다.

저는 교사노조연맹이 성장한 데에는 조직 형식 문제가 있다고 생각합니다. 전국 단일 조직인 전교조에 안에는 초등위원회, 사립위원회, 유치원위원회, 실업위원회, 보건위원회 같은 조직이 있습니다. 초등위

교사노조연맹과 교육부의 본교섭 ⓒ 서울교사노조

교사노조연맹의 성과를 알리는 홍보물 ⓒ 서울교사노조

원회는 초등교사들의 문제를 고민하는 단위이고, 사립위원회는 사립학교 교사들의 문제를 고민합니다.

그런데 교사노조연맹은 초등교사노조, 중등교사노조, 유치원교사노조, 특수교사노조, 사서교사노조와 같은 조직을 만들고 연맹체로 묶었습니다. 이는 친근감 있는 조직 방식입니다. 예를 들어 최근 가장 문제가 되는 '고교학점제' 같은 경우 고등학교 교사에게는 문제지만, 초등이나 유치원 교사에게는 먼 이야기입니다. 반대로 '돌봄 교실'은 초등교사에게는 심각한 문제지만, 중등 교사에게는 먼 이야기입니다. 전교조에 가입해서 '사서교사 위원회'에 참여하는 것과 처음부터 '사서교사노조'에 참여하는 것은 느낌이 다릅니다. 그런 점에서 교사노조연맹의 조직 방식이 자발적 가입을 이끌어내는 데에서 더 친근한 방식이라고 볼 수 있습니다.

아쉬운 점은 교사노조연맹에 사립교사노조가 없는 것입니다. 초등학교는 99%가 공립이지만, 중학교는 20%, 고등학교는 40%, 대학교는 85%가 사립입니다. 여기서 대학교까지 다룰 것은 아니라서 초중고 교육만 보면 고등학교 교육의 40%, 서울은 70%에 이르는 사립학교를 개혁하지 않고선 교육개혁이 성공하기 어렵습니다.

사립학교 교사는 공립학교 교사와 똑같은 의무를 지니면서도 권리는 척박합니다. 교원노조가 가장 필요한 사람들은 7만 명에 이르는 사립학교 교사들입니다. 전교조도 결성 조기부터 사립학교 교사들의 활동력이 가장 왕성했었는데, 잘못된 교원노조법으로 단 한 번도 단체협약을 체결하지 못한 결과 지금은 명맥만 유지하는 상태입니다. 현재의 교원노조법 상황에서 사립학교 교사가 교사노조연맹에 가입한다 해도 달라질 것은 없겠으나, 그래도 사립교사노조가 없다는 것은 문제입니다.

교사노조연맹이 성장한 데에는 긍정적 측면과 부정적 측면이 동시에 있습니다. 먼저 긍정적 측면을 보겠습니다. 교사노조연맹은 '친절한 노조'를 표방하고 있습니다. '친절함'이란 교사들의 일상생활에 주목하는 것으로 표현됩니다.

2021년 10월 교사노조연맹은 교원 2,113명에 대한 설문 조사를 통해 교사의 80.5%가 학교에서 개인 돈으로 생수를 사서 먹는 문제를 제기해서 일부 학교들은 개선에 성공했습니다. 매년 같은 내용을 반복해서 작성하는 청렴서약서를 폐지하자고 주장해서 개선했습니다. 학교 예산에 청소용역비가 적어 학생들이 청소해야 하는 문제를 제기해 청소용역비를 확대했습니다. 코로나19가 창궐하던 시기에 '패들렛'이라는 프로그램을 보급하여 교사들의 원격 수업에 도움을 주었습니다.

이런 생활상의 문제를 제기하고 풀어 나가려는 자세는 교사들에게 가깝게 느껴질 수 있을 것입니다. 교사노조연맹은 교사들이 사용하는 업무포탈을 통해 모든 교사들에게 홍보물을 보내는데, 읽어보면 교사의 일상에 주목하는 내용들이 많습니다. 이런 점들이 교사들에게 '친절하게' 느껴졌고, 2023년 이후 조합원이 급속히 증가하는 데 영향을 주었을 것입니다.

교사노조연맹이 성장한 과정에서 부정적 측면도 살펴보겠습니다.

전교조는 민주노총 소속입니다. 그래서 민주노총에 함께 소속된 학교 비정규직노조가 파업을 하면 지지하는 성명을 냅니다. 학교비정규직 노조의 주축은 급식실의 조리종사원들이지만, 교무실에서 함께 근무하는 공무직 노동자들도 있습니다. 함께 근무하다 보면 교사와 공무직 노동자 사이에 일의 범위를 놓고 갈등도 있습니다. 그래서 전교조가 학교비정규직노조의 파업에 동조하는 것에 대해 곱게 보지 않는 교사들도 꽤 있습니다.

2017년 교사노조연맹이 탄생할 때 기간제 교사의 정규직화를 놓고 논쟁이 있었습니다. 장기간 기간제로 근무한 선생님들의 공무원 임용 절차를 따로 정하자는 '전국기간제교사연합'의 제안에 대해 전교조는 찬반으로 갈려서 논쟁했습니다. 이를 지켜보는 교사들은 전교조가 교사들 편을 들지 않고, 비정규직 철폐를 내세운 민주노총 눈치를 본다고 불만을 가졌습니다.

교사노조연맹은 이런 시각을 가진 교사들의 심정을 흡수했습니다. 전교조는 '전국교직원노동조합', 즉 교사뿐 아니라 직원의 이익을 옹호하는 조직인 반면, 교사노조연맹은 교사를 위한 노동조합이라는 것을 부각시켰습니다. 또한 교사노조연맹은 전교조가 법외노조로 내몰렸던 시기에 자신들은 합법노조임을 강조했습니다.

교사노조연맹이 전교조가 흡수하지 못했던 교사들을 흡수하여 10만을 돌파한 것은 큰 성과이며, 그 성과는 응당 평가받아야 한다고 생각합니다. 그러나 성장의 동력이 '전교조와 다른 그 무엇'에도 있었기에, 10만을 돌파한 후 성장이 정체된 것이 아닌가 돌아볼 필요가 있습니다.

이제 교사노조연맹의 약점과 과제를 살펴보겠습니다.

앞서 전교조에 대한 성찰에서 살펴봤듯이 전교조는 조합원 수가 감소하면서 분회의 활동력이 현저히 저하됐습니다. 교사노조연맹은 이제 막 시작하는 활력 있는 조직입니다. 따라서 학교 안에서 조합원들이 모이고 공개적으로 활동하는 게 당연합니다. 그런데 그런 모습이 보이지 않습니다. 교사노조연맹은 같은 학교에 근무하면서도 서로가 조합원인 줄 모르는 경우가 많고, 학교 단위의 모임을 하지 않습니다.

전교조는 시도 단위 조직인 '지부'와 학교 단위 조직인 '분회' 사이에 '지회'라는 단위를 두고 있습니다. 지회는 지역교육청 단위로, 공립 중등과 초등과 사립을 지역 형편에 따라 적절히 묶어 구성합니다. 지회에서 가장 중요한 것은 분회장들의 모임입니다. 교사노조연맹은 지회라는 단위를 두지 않고 지부에서 각 학교를 직접 관리합니다. 교사노조연맹 내부에서 분회장 모임과 같은 것을 만들려고 시도하기도 했지만, 잘되지 않는다고 합니다. 그런 점에서 교사노조연맹은 사실상 온라인 조직으로 볼 수 있습니다.

교사노조연맹의 연령층이 젊고, 면대면 모임보다 온라인 소통을 선호하는 건 이해할 수 있으나, 교원노조의 활력은 학교에서 어떤 변화를 만들어내느냐에 달려있습니다. 학교에서 변화는 교원노조가 자기 존재를 드러내고 공식적으로 활동할 때 가능합니다. 교사노조연맹이 10만 명을 포괄했다고 하나, 전교조까지 합쳐도 조직률은 전체 교사의 30%입니다. 교사노조연맹이라는 전국적 조직을 만들어 교육부의 정책에 대응하는 것도 중요하지만, 전국 1만 2천 개 학교에 살아 있는 조직을 만드는 것이 교원노조의 핵심 과제입니다. 그런 면에서 교사노조연맹의 힘으로 학교를 바꿀 수 있을지 성찰이 필요합니다.

교사노조연맹은 초등교사가 다수인 교원노조입니다. 초등교사노조가 35,000명, 중등교사노조가 3,500명인 것을 보면 그렇게 보입니다. 지역 단위 교사노조의 형편은 어떨까요? 서울교사노조에서 보내는 메일에 "현재 초등교사의 48%, 유치원 교사의 19%가 서울교사노조와 함께하고 있습니다. 하지만 중등교사의 가입률은 아직 9%에 불과합니다"라며 중등교사들의 가입을 적극 권유하고 있는 것으로 봐서 초등교사가 압도적으로 많다는 것을 알 수 있습니다. 향후 중등교사에 대한 확장성의 한계를 어떻게 극복할 것인지도 중요한 과제가 될 것입니다.

교사노조연맹에 대한 노동조합적 성찰에서 깊이 고민해야 할 지점은 한국노총에 가입한 것입니다. 교사노조연맹은 2021년 6월 28일 대의원대회에서 대의원 85%의 동의로 한국노총 가입을 결정했습니다. 상급 단체 없이 활동하는 것과 상급 단체에 가입하여 활동하는 것은 완전히 다릅니다. 상급 단체가 해당 노조의 성격을 규정합니다. 교사노조연맹의 한국노총 가입을 좀 더 자세히 살펴보고자 합니다.

교사노조연맹은 창립선언문에서 4.19 교원노조를 계승했다고 밝히고 있습니다. 4.19혁명을 계승하면서 이승만 독재정권에 동의할 수 없겠지요. 마찬가지로 4.19혁명을 짓밟은 5.16쿠데타와 군부독재에 동의할 수도 없겠지요.

한국노총의 전신은 대한노총입니다. 대한노총은 해방 직후 자주적으로 건설된 '조선노동조합전국평의회'(전평)을 파괴하기 위해 독재자 이승만이 만든 조직입니다. 이승만이 대한노총의 총재였고, 전진한 대한노총 위원장이 초대 사회부 장관을 맡았습니다. 이승만 독재를 무너뜨린 4.19혁명 정신을 계승하겠다면, 한국노총의 정체성에 대해 문제의식을 느껴야 합니다.

4.19 교원노조를 총칼로 짓밟은 박정희 독재정권 시절의 한국노총은 어땠을까요? 전태일 열사의 여동생인 전순옥 성공회대 교수에 따르면, 한국노총은 그 악명 높은 중앙정보부가 직접 뽑은 노동자들로 집행부를 구성했습니다. 집행부뿐 아니라 17개의 산별노조 지도부도 중앙정보부가 뽑아서 박정희 정권의 노동정책에 동조하고 철저하게 따

르도록 세뇌 교육을 하고 돈으로 매수하기도 했다고 합니다.[5]

한국노총의 독점적 지위는 1987년 노동자 대투쟁 이후 깨집니다. 노동자들에게 민주노조를 세운다는 것은 한국노총 탈퇴를 의미했습니다. 민주노조들이 한국노총을 대체할 새로운 상급 기관을 도모하고, 1995년 민주노총을 창립하게 되자 한국노총도 변화를 모색하지 않을 수 없게 되었습니다.

한국노총은 1994년 혁신보고서를 제출하게 되는데, 한국노총이 집권 여당과 유착하여 집행부가 여당 국회의원으로 진출하고, 전두환의 4.13 호헌 조치를 지지하는 등 정부 정책에 일방적으로 협조하는 편향적 자세를 취했다고 반성문을 썼습니다. 그러면서 1995년 민주노총이 출범 전후로 한국노총도 '어용노조', '정부 들러리'라는 오명에서 벗어나기 위해 노력한다고도 했습니다.

하지만, 조직의 정체성은 쉽게 변하지 않습니다. 군부독재 시대가 끝나고 군부독재와 싸웠던 정치인들이 대통령이 되는 시대가 열렸어도, 노동정책은 가혹했습니다. 1997년 외환위기 이후 노동자들은 정리해고, 비정규직으로 내몰렸습니다. 군부독재 시절에는 독재에 맞서 함께 싸웠던 세력이 집권 후 반노동적 정책을 밀어붙일 때 민주노총은 또다시 투쟁으로 나서야 했지만, 한국노총은 '노사정위원회'에 참여하여 들러리를 섰습니다.

대선 시기에 한국노총은 될 만한 후보와 정책 연대를 하면서 권력 부근을 맴돌았습니다. 2007년 대통령 선거 당시에는 이명박 후보를 지지했습니다. 박근혜 정권 때는 '쉬운 해고'와 비정규직 양산을 위한 노사정 대타협에 참여했다가 4개월 만에 탈퇴하며 오락가락했습니다. 박근혜 정권과 날을 세우는가 싶더니 2016년 총선에서는 한국노

---

5. 2016. 2. 26. 국회 테러방지법 반대 필리버스터에서 한 연설.

총 지도부 출신들이 새누리당에 비례대표 신청을 하여 비난을 받았습니다.

촛불 항쟁의 영향으로 2017년 대통령 선거에서는 문재인 후보를 지지했고, 2022년 대선에서도 이재명 후보 지지를 결정했지만, 한국노총 부산지역본부 1,490명은 윤석열 후보 지지 선언을 하기도 했습니다. 올해 대통령 선거에서는 이재명 후보와 정책 협약을 체결하고 이재명 후보를 한국노총 지지 후보로 결정했습니다.

교사노조연맹이 한국노총에 가입할 때 고민이 있었을 것입니다. 광주교사노조는 당시 조합원의 53.8%인 353명이 참여한 온라인 의견 조사 결과 91.8%가 한국노총 가입을 반대하여 교사노조연맹을 탈퇴하고 현재까지 독자적 지역노조로 활동하고 있습니다.

2021년 4월 14일 김용서 전 교사노조연맹 위원장은 인터넷 언론사 '교육 플러스'와 인터뷰에서 대정부·대국회 교섭력을 높이기 위해 한국노총에 가입한다면서 속마음을 아래와 같이 밝혔습니다.

"한국노총은 70~80년대에 대학을 다녔던 50~60대 교사들에게는 과거 권위적 군사독재정권 시절의 어용노조라는 이미지가 뿌리 깊게 많이 남아있는 것도 사실입니다. 우리 연맹 내 조합원의 연령별 분포도를 보면, 실사구시를 중시하는 20~40대 조합원이 약 95%를 차지하고 있어 조합원들이 한국노총을 바라보는 시선이 50~60대와는 상당히 다른 것으로 알고 있습니다. 한국노총에 가입하는 결정을 하게 된다면 연맹이 추구하는 노동조합 운동의 정신과 가치가 왜곡되지 않도록 끊임없이 고민해야 할 것입니다."

실사구시를 중시하는 20~40대 조합원이 95%라서 한국노총에 가입한다? 그러면 민주노총은 공리공론에 충실한 성리학을 따르는 조직인가요? 대정부·대국회 교섭력을 높이기 위해 언제나 권력 친화적인 한국노총에 가입하는 것이 실사구시라고 생각한 건 조합원들이 아니라 교사노조연맹 위원장과 집행부들의 생각이 아니었을까요? 한국노총 가입은 대의원대회에서 한 결정한 것인데, 광주교사노조가 조합원에게 직접 실시한 여론조사 결과는 압도적으로 반대 의견 아닌가요?

저는 인터뷰 기사를 읽으면서 혹시 '실용주의'를 '실사구시'라고 잘못 표현한 게 아닐까 하고 생각했습니다. 군부독재가 끝났고 민주노총이라는 강력한 대항마가 있기 때문에 한국노총이 과거와 같은 어용노조 역할을 할 수 없습니다. 과거처럼 했다간 조직이 완전히 무너질 테니까요. 그래서 한국노총은 국민의힘이건 더불어민주당이건 힘이 센쪽, 즉 정권을 잡는 쪽과 연대해 왔습니다. 정책 협약식도 하고, 후보 지지도 하고, 더불어민주당 국회의원으로도 진출하고 국민의힘 국회의원으로도 진출했습니다. 이걸 실용주의라고 부른다면 그럴 수 있겠는데, 과연 이것이 노동조합다운 정체성일 수 있을까요?

민주노조냐 어용노조냐의 차이는 조합원들의 차이가 아닙니다. 한국노총에 소속된 노동자는 어용 노동자고, 민주노총에 소속된 노동자는 진짜 노동자인 게 아닙니다. 한국노총이 어용이었던 것은 노동자가 아니라 집행부가 어용이었던 것입니다.

전교조 조합원들은 3년에 한 번씩 민주노총 위원장 선거에 참여하지만, 민주노총에 대한 소속감이 높지 않습니다. 자신이 속한 전교조를 신뢰하는 것이고, 전교조가 민주노총 소속이니 투표에 참여하는 것입니다. 교사노조연맹도 마찬가지일 거라고 봅니다. 교사노조연맹을 신뢰하니 교사노조연맹 지도부가 한국노총으로 가자는 것도 믿었을 거라고 봅니다.

저는 민주노총은 '선', 한국노총은 '악'이라고 생각하지 않습니다. 제가 민주노총 소속인 전교조 조합원이라서 민주노총을 일방적으로 두둔하고자 하는 생각도 없습니다. 그러나 이승만, 박정희, 전두환 독재 시절에 노동자를 배신하고 정권에 복무하던 흑역사를 생각한다면, 교사노조연맹은 흑역사로 얼룩진 한국노총에 가입한 것에 대해 고민해 보길 바랍니다.

5.
교사의 노동자 의식과 교원노조

교사의 노동자 의식에 대한 흥미로운 논문이 있어서 소개합니다. 김 재웅 펜실베이니아 대학 강사는 전교조에 가입한 6명, 교사노조연맹에 가입한 8명, 총 14명의 20~30대 교사를 대상으로 연구를 수행하여 「청년 교사의 노동자 정체성」[6]을 발표했습니다. 아래는 논문에서 청년 교사의 노동자 의식과 관련한 부분을 제가 발췌한 것입니다.

왜 교원노조에 가입했냐는 질문에 14명 중 10명이 '보험'이라는 용 어를 사용했습니다. 무엇으로부터 자신을 보호하기 위해 보험이 필요 했을까요? 학교 관리자의 위계적 통제, 연령 차별적 조직문화, 학부모의 지나친 개입이 노동권을 침해한다고 보았고, 이 과정에서 노동자 정체성을 자각했다고 합니다.

예를 들어 정당한 사유 없이 조퇴나 연가를 막는 관리자의 행태, 신규 발령 초기 젊은 교사들에게 일을 떠맡기는 조직문화, 학부모에게 고소당하는 교사들에 대한 뉴스 등이 교원노조에 가입한 이유입니다. 과거보다 학교가 민주화되었다는 생각은 학교에 임용된 지 오래된 교사들의 생각이고, 수평적 문화에 익숙한 젊은 교사들은 '일터 민

---

6. 한국교육사회학회, 『교육사회학연구』 제35권 제1호, 2025.

주주의'의 기준 자체가 다릅니다.

전교조와 교사노조연맹을 선택한 차이는 무엇일까요? 전교조 소속 교사들은 자신의 노동권 보호와 함께 혁신 교육, 성평등·페미니즘 교육 실현이 동기로 작용했다고 합니다. 교사노조연맹 소속 교사들은 특정 방향으로 교육적 지향점을 설정하는 것을 경계하면서, 교육의 목적이 옳다고 해도 교사의 헌신이 당연시되어서는 안 된다는 게 교원노조를 선택한 핵심적 이유입니다.

소속 여부를 떠나 공통된 의견으로는 교원노조의 조직적 힘이 학내의 공무직이나 다른 노동자 조직과의 연대보다는 교사를 위한 활동에 집중되는 것을 원하며, 교육공무직노조에 대응하기 위해서 교원노조의 힘이 필요하다는 인식을 지닙니다.

교원노조의 정치적 입장에 대해서는 대부분 '비정치적'이어야 한다는 입장이나, 교육 문제를 해결하기 위해서는 어느 정당과도 대화할 수 있어야 하며, '보수정당은 상종도 안 해'와 같은 사고방식에 대해서는 동의하지 않습니다. 집회와 시위 참여 경험은 없어도 이에 대한 거부감 또한 거의 없습니다.

청년 교사들이 느끼는 교직에 대한 평가는 한 세대 전과도 다릅니다. 청년 교사들은 학교에서, 학부모·학생과의 관계에서, 미디어가 교사를 다루는 방식을 보면서, 교사에 대한 존경이나 인정이라는 가치가 더 이상 작동하지 않는다고 봅니다.

한 응답자 선생님의 말을 인용하겠습니다.

> "단적으로 말씀드리자면, 지금 90년대생 이후 선생님들이 교사로서 가성비가 가장 떨어지는 사람들이에요. 죽도록 열심히 공부해서 교사가 되었는데, 연금은 깎였고, 일은 또 젊으니까 많이 해야지, 물가는 오르는데 월급만으로는 생활하

기 힘들고, 근데 그 와중에 학부모와 학생들은 갈수록 대하
기 힘들어지고. 그러니까 선생님들이 다들 내가 이러려고 교
사가 됐나 이런 생각을 하는 거예요."

20~30대 교사, 그것도 교원노조를 선택한 청년 교사의 의식을 알
수 있는 의미 있는 자료인데요. 이야기를 좀 더 전진시켜 보겠습니다.

노동자 의식이란 무엇일까요? 자신이 노동자임을 인식하는 것이 노
동자 의식일까요? 그것은 '노동자'를 검색하면 누구나 알 수 있는 '지
식'의 영역입니다.

노동자 의식의 핵심은 '자주적 존재'로서 자신에 대한 자각입니다.
주면 주는 대로 시키면 시키는 대로 살아가는, 자신의 삶을 숙명적으
로 받아들이는 존재가 아니라 자기의 의사에 따라 자기 노동의 가치,
대가, 보람을 결정해 나가려는 의식입니다.

현실에서는 '목구멍이 포도청'인 노동자가 사용자와 대등할 수 없
습니다. 그래서 노동자는 노동조합을 만들고 단결된 힘으로 사용자와
대등한 위치에 서려고 합니다.

노동자 의식은 임금노동자라는 존재가 되었다고 저절로 형성되는
것이 아니라 노동조합 활동을 통해 형성되는 사회적 의식입니다.

노동자 의식은 사회 비판의식과 다른 영역입니다. 노동자가 아니어
도, 노동자 의식이 없어도 한국 사회에 대해 얼마든지 비판적 의식
을 가질 수 있습니다. 노동자 의식은 자신이 처한 환경을 어쩔 수 없
는 것으로 생각하지 않고, 사용자에게 청원하여 해결하려 하지 않고,
같은 처지에 놓인 동료 노동자들과 단결하여 사용자와 대등하게 교섭
하여 해결하겠다는 의식입니다. 전교조 교사들이 사회 비판적 의식이
강하다고 해서 노동자성이 높다고 평가할 수는 없습니다. 노동자 의식

의 핵심은 자신의 삶을 직장 동료들과 힘을 모아 해결해 나가려는 집단성입니다.

노동조합 운동에서 노동자 의식과 배치되는 대표적 현상이 '자판기 노조관'입니다. 커피 자판기에 돈을 넣으면 커피가 나오듯이, 조합원은 돈을 내고 노조 집행부가 생산물을 만들어주어야 한다고 생각하는 노조관을 '자판기 노조관'이라고 합니다.

노동조합을 유지하기 위하여 대의원, 집행부 제도를 만들어 효율성을 도모하는 것과 노동조합에 대해 주인 의식을 갖지 않는 것은 전혀 다른 차원의 문제입니다. 그런 면에서 전교조는 학교 현장에서 교사가 노동자 의식을 갖도록 활동하고 기여했는지 냉정히 평가해야 합니다. 전교조에서 간부 역할을 꽤 했었던 저 역시도 비판의 대상입니다.

노동자 의식이 무엇이고, 왜 사용자들이 그토록 노동조합을 싫어하는지는 단체교섭을 해보면 알게 됩니다. 평교사가 노동조합 조끼를 입고 교육청의 실·국장들과 대등한 관계로 교섭 테이블에 앉는 것 자체가 관료들에게는 받아들이기 힘든 일입니다. 온갖 고생을 감수하며 점수 관리해서 교감, 교장, 장학관을 거쳐 교육청 국장까지 올라왔는데 평교사들과 교섭 테이블에서 서로 존댓말 써가며 교섭하고, 노조 측 교섭위원에게 비판받고 질타받는 것은 그들에게 끔찍한 일입니다.

노동자는 단체교섭 과정을 거쳐 사용자와 대등한 노동자 의식을 갖게 됩니다. 교섭을 해보면 왜 조합원들의 힘을 하나로 모아낼 실력이 필요한지 절감하게 됩니다. 조합원들이 교섭이 진행되는지 알지 못한다면, 교섭 테이블에서 목소리 높이고 책상을 치며 호령하는 게 무슨 소용이 있겠습니까? 노동자 의식은 노동자들의 집단적 요구를 모아내는 교섭 준비 과정, 교섭력을 높이기 위한 행동력을 쌓아가면서 형성됩니다.

전교조가 합법화된 지 26년이 지났지만, 이 과정이 대부분 생략되었기 때문에 교사들의 노동자 의식 형성에 기여하지 못했습니다.

판사는 판결로 말하고, 기자는 기사로 말한다면, 노동조합은 단체협약으로 말합니다. 단체협약을 더 유리하게 만들기 위해 일반 노동자들은 파업까지 감행하지만, 단체행동권이 제한된 교원노조라 할지라도 조합원들의 힘을 최대한 발휘하여 단체협약을 체결해야 합니다.

교원노조법의 장벽을 뚫고 교섭 테이블을 만들어서 단체협약을 체결하자면 단체교섭의 시작부터 끝까지 조합원과 함께해야 합니다. '1조합원 1요구안'과 같은 방식으로 조합원들은 자신의 요구를 협약안에 담아야 합니다. 교섭 과정은 늘 조합원들에게 보고되어야 하고, 교섭 과정에서 부딪치는 난관은 조합원 대중의 힘으로 극복해야 합니다. 그런 과정을 거쳐야 조합원들은 개인의 힘으로 바꿀 수 없는 학교 현실을 집단의 힘으로 바꿔나가는 소중한 경험을 하게 됩니다. 이것은 대부분의 노동조합에서 택하는 활동 방식입니다.

우리 교사들에게 이런 경험이 있었던가요? 저를 포함하여 전교조 간부들이 노동조합 운영에 대한 인식이 부족했다고 봅니다. 조합원들의 요구를 모아 교섭안을 만들고 교섭 진행 과정을 조합원들과 공유하고 교섭 결과를 통해 노동조합의 역할을 높여나가려는 생각이 매우 부족했습니다.

만약 교원노조법이라는 한계 속에서도 철저히 조합원 대중의 힘에 근거한 단체교섭 활동을 했더라면 조합원들이 노동3권이 보장되지 않는 노동조합의 허상을 깨닫게 되고 노동3권 쟁취를 자신의 문제로 인식하게 되었을 것입니다. 그러나 조합원들은 노동3권의 필요성을 말하지 않습니다. 단체교섭에 참여한 경험이 없기 때문입니다.

저는 전교조의 침체 현상에 대해 농담처럼 "노동3권이 없는 노조가 잘됐다면, 그것은 전 세계 노동운동사를 다시 써야 할 기적이다"라고 말하곤 합니다.

조합원들은 차치하고 간부라면 단체행동권 없는 노조의 설움을 절감하고 교원노조도 단체행동권을 가져야 한다고 아우성쳐야 합니다. 그런데 전교조 간부들과 단체행동권에 관해 토론해 보면 "교사들이 단체행동권을 갖는 것에 국민들이 동의하겠냐?"는 말을 하는 경우가 꽤 있습니다. 노동기본권의 제약과 박탈에 순치되어 온 게 아닌가 하는 생각이 듭니다.

교사노조연맹은 아직 신생 노조이고, 이제 막 전교조를 넘어서는 제1교원노조가 되었기에 미래를 비관하지 않겠지만, 전교조도 과거엔 그랬습니다. 2003년 조합원이 9만 명을 넘어섰을 때는 머지않아 10만, 15만, 20만이 되어 한국교총을 제치고 제1교원단체가 될 거라는 희망찬 미래를 꿈꿨습니다. 그러나 노동3권 없는 노동조합이라는 한계에 갇혀서 10만을 돌파하지 못했습니다. 교사노조연맹 역시 자신의 힘으로 학교와 교육을 바꾸려 하다 보면 이 한계를 절감하게 될 것입니다.

지금까지 전교조를 중심으로 교원노조에 대해 다양한 측면으로 성찰해 보았는데요, 노조 간부들이 부족한 점도 있었지만 본질적으로는 노동3권 없는 노동조합의 필연적 귀결입니다. 또한 학교생활 속에서 단체교섭의 의미를 느낄 수 없었던 교섭 구조의 한계입니다. 이 한계를 극복하고 다른 노조들처럼 존재하고 발전할 수 있는 길을 모색해야 합니다.

6.
전교조와 교사노조연맹의 관계 정립

우리 사회는 작년 12.3 내란 사태 이후 새로운 경험을 했습니다. '임을 위한 행진곡'을 불러온 세대와 '다시 만난 세계'를 부르는 세대가 하나의 광장에서 함께 민주주의를 위해 싸웠습니다.

전교조가 '임을 위한 행진곡' 세대라면, 교사노조는 '다시 만난 세계' 세대일 것입니다. 탄핵 광장에서 '응원봉'을 흔들며 춤추는 세대를 보면서 저는 전교조와 교사노조의 관계를 많이 생각했습니다. 두 세대가 함께 미래를 잘 만들어 나가는 게 시대 정신이라고 생각했습니다.

올해 1월 한국교총, 전교조, 교사노조연맹 모두 30대가 위원장에 당선되었다는 기사들이 쏟아졌습니다. 30대 교사들이 교원노조를 책임지겠다고 나선 것은 반가운 일입니다. 올해 1월 초 교사노조연맹 위원장이 교사노조연맹 창립 이후 처음으로 전교조 사무실을 방문하여 상호 협력 의지를 확인했다고 합니다. 이 또한 반가운 소식입니다.

전교조는 교육민주화운동에서 크게 기여했으나, '노동1.5권'의 한계에 갇혀 10만의 벽을 넘어서지 못했습니다. 교사노조연맹은 전교조가 넘어서지 못한 10만의 벽을 넘었지만, 학교 현장에서 존재를 드러내지 않는 온라인 노조입니다.

전교조는 중등학교 교사가 주축인데, 교사노조연맹은 초등학교 교사들이 주축입니다. 전교조는 민주노총 소속인데, 교사노조연맹은 한국노총 소속입니다. 전교조는 조합원들의 나이가 많고, 교사노조연맹은 젊습니다. 서로 구성원이 다르고 활동 방식도 다릅니다.

그러나 두 교원노조 모두 '교원노조법'에 의해 설립되고 운영되는 한계에 갇혀 있습니다. 일반직 공무원의 노조 가입률이 70%인 데 비해 교사들의 가입률은 현저히 낮습니다. 이 한계를 서로 힘을 합쳐 극복해야 합니다. 이 두 노조가 어떤 관계를 맺고 어떻게 발전해 갔으면 좋겠는지 말씀드려보고자 합니다.

한 나라에 몇 개의 교원노조가 있어야 하는지는 정답이 없습니다. 스웨덴, 영국, 독일, 프랑스, 미국, 일본 등에는 각각 다른 이유로 2개, 또는 그 이상의 교원노조가 있습니다.

국경을 맞대고 있고 성격도 비슷한 나라인 스웨덴에는 2개, 핀란드는 1개의 교원노조가 있습니다. 두 나라 모두 초등학교와 중학교를 통합하여 9년제 학교를 만드는 과정에서 기존의 초등교사와 중등교사의 이해관계가 충돌했습니다. 초등교사들은 학생들의 생활지도에 중심을 두고, 중등교사는 교과 지도에 중심을 두기 때문에 교원노조도 갈리게 되었습니다.

그래서 스웨덴은 지금도 초등과 중등의 교원노조가 따로 존재합니다. 핀란드는 교원노조가 4개로 나뉘었다가 교원노조들 내부의 논의를 거쳐 현재는 한 개로 통합된 상태입니다.

미국은 다른 이유로 교원노조가 2개 있습니다. NEA와 AFT라는 교원노조입니다.

NEA National Education Association, 전미교육협회는 1857년 전문직 단체로 출발했으나 최근에는 노동조합적 성격을 강화시켜 왔습니다. 구성원은 평교사, 교육장, 교장을 포함한 교육행정가, 학교 직원 등 다양한 직군으로 구성되어 있으며 회원이 320만 명으로 전 세계에서 가장 큰 교원노조입니다.

AFTAmerican Federation of Teachers, 미국교사연맹는 1916년 창립했습니다. 교장, 장학사의 가입을 배제하고 초·중·고 교사 중심으로 구성되어 있고, 노동운동 성격이 강하며, 도시 지역에서 조직세가 강합니다. 회원은 180만 명 정도입니다.

정치적 성향은 두 교원노조 모두 민주당과 가까운 편인데, NEA는 좀 온건하고 AFT는 상대적으로 과격한 편입니다. NEA는 전문직 단체로 시작하여 점차 노동조합적 성격을 강화해 왔고, AFT는 노동조합주의로 시작해서 전문성을 강화해 왔습니다.

이렇게 두 노조는 조직문화가 다르지만, 교원노조로서 공통점에 기초하여 통합 논의를 해왔습니다. 1998년 미네소타주에서는 두 조직이 통합을 이룬 사례가 있고, 1999년에는 NEA 대의원 총회에서 AFT와의 통합안이 표결에 부쳐졌으나 최종적으로 부결된 경험이 있습니다. 그 후 NEAFTNEA-AFT 공동협력기구와 같은 공동 협력 기구 설립을 통해 상호 공존하면서 협력하는 관계를 유지하고 있습니다.

일본은 교원노조가 많습니다. 일본교직원조합(이하 일교조), 전일본교직원조합(이하 전교), 일본고등학교교직원조합, 전일본교직원연맹, 전국교육관리단체협의회, 이렇게 5개가 있습니다. 이 중 일교조와 전교를 살펴보겠습니다.

'일교조'는 1947년 설립된 일본 최대의 교원단체입니다. '전교'는 '일교조'의 보수화에 반대하여 1991년 설립됐습니다. '일교조' 회원은 35만 명, '전교' 회원은 6~7만 명 정도입니다. '전교'가 '일교조'를 반대하여 나왔기 때문에 두 조직 사이에 통합 논의는 없지만, 교사의 정치적 자유 확대, 교육 예산 확대, 평화헌법 수호 문제 등에서는 공동으로 성명을 발표하고 공동 행동을 하며, 일부 지방단위에서는 정책 연대를 시도한 전례도 있습니다.

세계 여러 나라를 다 살펴볼 수는 없고, 스웨덴과 핀란드, 미국, 일본의 교원노조들을 알아봤는데요, 다시 한국으로 돌아와 우리와 비슷한 처지에 있는 공무원노조에 대해서도 알아보겠습니다.

현재 공무원노조는 전공노(민주노총 소속), 공노총(상급 단체 없음), 공노련(한국노총 소속)이 있습니다. 이 중 전공노가 가장 큰 노조인데, 2002년 하나의 조직으로 출발했다가 2006년 공무원노조법이 제정된 후 분열됩니다. 공무원들도 정부가 노조 설립을 불허한 상태에서 2002년 공무원노조를 건설했고, 법적 지위 없이 활동하다 2006년 '공무원노조법'이라는 특별법으로 합법화됩니다.

그러나 전공노는 '1.5'권만 주어진 공무원노조법을 악법으로 규정하고 법외노조를 유지합니다. 그렇게 1년을 보낸 후 내부가 혼란스러워지자 일단 합법노조로 활동하면서 후일을 도모하자는 세력이 '민주공무원노조'(이하 민공노)로 분리되어 나갑니다. 전공노와 민공노는 치열한 논쟁과 갈등으로 분열했지만, 차츰 서로 신뢰를 회복하면서 2009년 다시 통합되게 됩니다. 명칭은 전공노로 복귀하게 됩니다.

전공노와 공노총은 2020~2021년 각종 대정부 집회나 농성, 기자회견을 함께 하며 연대감을 높여왔습니다. 이를 기반으로 전공노 지도부는 공노총에 통합을 제안했고, 양측 지도부에서 많은 논의가 진전되었으나 통합에 이르지는 못했습니다. 공노총 내부에서 민주노총 가입 문제, 전국 단일 조직인 전공노와 연맹체인 공노총의 조직 재편 문제 등이 주요 쟁점이었습니다. 그러나 지금도 전공노와 공노총은 월1회 협의회를 가지면서 서로 신뢰와 단결을 높여가고 있습니다.

저는 전교조와 교사노조가 어떤 관계를 만들고 유지해야 하는가에 대하여 구체적인 이야기를 하지 않았습니다. 그것은 그리 머지않아 학교를 떠나게 될 제가 언급할 영역은 아닙니다. 다만 두 가지 정도는 말하고 싶습니다.

첫째, 교사노조는 전교조로부터 역사적 경험과 풍부한 활동가 역량을 배우길 바라고, 전교조는 교사노조연맹의 젊은 감각을 배우길 바랍니다.

둘째, 서로 신뢰를 쌓을 수 있는 공동의 사업을 많이 하기 바랍니다. 특히 다음 4부에서 말씀드릴 교원노조의 진로를 근본적으로 바꿀 교원노조법 개정 투쟁에서 공동의 시각으로 공동의 행동을 할 수 있기를 바랍니다. 그래서 두 교원노조가 모두 온전한 노동3권을 지닌 교원노조가 되고, 그 기반 위에서 미래를 설계하길 바랍니다.

4부

온전한 노동기본권을 지닌
교원노조

1.
다시 찾아온 새로운 기회

2024년 12월 3일, 후진국 정치의 상징인 군사 쿠데타가 선진국으로 진입한 대한민국에서 발생했습니다. 전 세계 언론사가 실시간 속보로 전하며 놀랐습니다. 그런데 더 놀란 것은 한국의 '민주주의 회복 탄력성'입니다.

계엄령이 선포되자마자 시민들은 맨몸으로 장갑차와 무장군인을 막아 나섰고, 응원봉을 흔들고 K-팝을 부르며 "윤석열 탄핵!"을 외치는 청년 세대에게 전 세계가 감동했습니다. 1980년 광주의 주먹밥이 '선결제'로 부활했습니다. 남태령에서 '전봉준 투쟁단'의 트랙터 상경 투쟁에 '응원봉 청년'들이 결합하여 28시간 만에 경찰버스 차벽을 뚫어내는 과정은 온 국민에게 한국 민주주의 운동사에 새로운 세대가 등장했음을 알리는 사건이었습니다. '임을 위한 행진곡'과 '다시 만난 세계'의 결합은 2016년 촛불 항쟁 시기보다 한국 사회가 전진하고 있음을 보여줍니다.

2016년과 2024년은 '촛불을 들었냐, 응원봉을 들었냐'만 다른 게 아닙니다. 2016년 촛불 항쟁을 주도한 단체는 '박근혜 정권 퇴진 비상 국민행동'(이하 퇴진행동)입니다. 윤석열 탄핵 광장에서 집회를 주도해 온 단체는 '윤석열 즉각 퇴진·사회 대개혁 비상행동'(이하 비상행동)입니다. 이름이 다른 이유가 있습니다.

2016년에는 "국정농단 박근혜 퇴진!"만 외쳤습니다. 헌법재판소가 박근혜 파면을 결정하자 '퇴진행동'은 해산했습니다. 국민의 큰 기대 속에 문재인 정부가 출범했으나, 5년 후 정권은 박근혜를 배출했던 국민의힘으로 되돌아갔습니다. 문재인 정부 5년 동안 집값이 2배나 뛰었기 때문입니다.

'비상행동'에는 민주노총을 비롯하여 1,700여 개의 진보적 사회단체와 시민운동단체가 총망라되었는데, 내부에 11개 분야의 소위원회를 꾸리고 사회 대개혁 과제를 준비했습니다. 정권 교체를 넘어 사회개혁을 이루어 다시는 윤석열 같은 자에게 정권을 넘기지 말자는 다짐이라고 볼 수 있습니다.

사회 대개혁을 실현하는 방법은 사회 운영 시스템을 바꾸는 것, 구체적으로는 국가 운영의 최고 규범인 헌법을 개정하여 단단히 못 박는 것입니다. 2024년 12월 남태령 투쟁 당시 전봉준 투쟁단의 트랙터에는 '윤석열 탄핵!'과 함께 '농민 헌법 쟁취!'가 걸렸습니다. 2024년 4월 총선 때 조국혁신당은 '사회권 선진국'을 실현하기 위하여 '제7공화국 개헌'을 공약한 바도 있습니다.

보통 '개헌'하면 5년 단임제냐 4년 중임제냐, 제왕적 대통령제냐 내각제냐, 결선투표를 도입할 거냐, 책임총리제는 어떠냐, 이런 게 떠오릅니다. 권력구조 개편이 중요하지 않은 건 아니나 보다 중요한 내용은 헌법에 담기는 국민의 기본권입니다.

헌법은 전문, 총강, 국민의 권리와 의무, 권력구조로 구성되어 있습니다. 헌법에 국민의 권리와 의무가 어떻게 규정되는가에 따라 국민의 삶이 달라집니다. 예를 들어 헌법 제32조 ①항에 최저임금제가 명시되어 있습니다.

왜 최저임금제가 헌법에 들어갔을까요? 1987년 6월 항쟁 직후인

7~9월 사이에 터진 노동자 대투쟁의 영향으로 9차 개헌안을 확정하던 10월에 최저임금제 항목이 들어갔습니다.

노동자에게 최저임금이 필요하다면, 농민에게는 적정 농산물 가격 보장이 필요합니다. 미국은 1930년대 대공황을 타개하기 위한 뉴딜 정책으로 최저임금법과 함께 농업조정법에서 '적정가격(Parity Price) 보장제'를 도입했습니다.

그런데 왜 1987년 개헌에서 농민들을 위한 적정가격 보장제가 도입되지 못했을까요? 농민들의 투쟁이 1989년 시작되었기 때문입니다. 그래서 개헌 때 반영되지 못했습니다.

그 결과는 어떨까요? 1998년 80kg 쌀 한 가마니 가격은 14만 6천 원이었습니다. 20년이 지난 2018년에는 17만 4천 원입니다. 20년 동안 3만 원도 오르지 않았습니다. 그동안 짜장면 가격이 얼마나 올랐는지 생각해 보면 어이가 없죠.

아래 표는 1995년을 기준으로 도·농간 소득 격차입니다. 1995년만 해도 도시와 농촌 가구의 소득 격차는 거의 없었습니다. 그런데 지금 거의 2배 차이를 보입니다.

연도	1995년	200년	2005년	2010년	2015년	2025년
농가 소득	2,180만 원	2,307만 원	3,050만 원	3,212만 원	3,721만 원	4,194만 원
도시 소득	2,277만 원	2,866만 원	3,902만 원	4,809만 원	5,780만 원	8,373만 원

최저임금이 최초로 시행된 1988년 최저임금은 시간당 462원이었습니다. 2025년은 10,300원입니다. 37년 동안 22배 올랐습니다. 물론 아직도 최저임금이 성에 안 차지만 도시 노동자들은 꾸준히 오른 데 비해 농민들은 농산물 가격 보장이 안 되는 상태로 한 세대가 흐르니 소득 격차가 두 배가 되었습니다. 그러니 누가 자식에게 농촌에 남으라고 하겠습니까? 도시에 가서 뭘 해 먹고 살더라도 농촌보다 나

으니 모두 도시로 몰려오고, 수도권에 전체 인구의 절반이 몰려 살고, 농촌은 폐허가 되고, 수도권은 집값이 천정부지로 올라 지옥이 되었습니다.

2024년 12월 남태령 투쟁 당시 농민들이 트랙터를 몰고 올 때 왜 '농민 헌법 쟁취'를 내걸었을까요? 1987년 최저임금제가 도입될 당시처럼 탄핵 이후의 농촌과 농업을 준비하고자 함입니다. 제가 강조하고자 하는 것은 농민들처럼 우리 교사들도 개헌을 준비해야 한다는 것입니다.

기억하지 못하는 분들도 있겠지만 2018년에도 개헌 논의가 있었습니다. 문재인 정부는 2018년 2월 13일 국민헌법자문특별위원회를 구성하고, 3월 26일 개헌안을 국회에 제출했습니다. 당시 개헌안 중 주요 내용은 다음과 같습니다.

- 헌법 전문에 부마 민주 항쟁, 5.18 광주민주화운동, 6월 항쟁 추가
- 국민소환제, 국민발안제 등 직접 민주주의를 강화
- 동일 노동 동일 임금 원칙, 노사 대등 협상 원칙
- 공무원의 노동3권, 정치기본권 보장
- 토지공개념 강화
- 대통령 5년 단임제에서 4년 연임제로 전환, 결선 투표제 도입

공무원의 노동3권 보장, 정치기본권 보장이 눈에 확 들어오죠? 문재인 대통령은 6월에 치러질 지방선거와 동시에 국민투표에 부쳐 개헌을 하자고 요청했지만, 자유한국당(국민의힘 전신)은 단호히 반대했습니다. 특히 토지공개념 강화를 트집 잡으며, '사회주의 관제 개헌'이라 규정했습니다. 토지공개념은 자신들의 원조인 박정희가 도입했고, 토

지공개념 3법은 노태우가 만들었음에도 막무가내로 개헌에 반대했습니다.

개헌안을 국민투표에 부치려면 국회의원 2/3가 찬성해야 하는데, 야당이 개헌안 표결에 불참하여 정족수 미달로 자동 폐기되었습니다. 2018년에는 그렇게 끝났지만, 2020년 총선에서 민주당이 압승했으니 다시 추진할 수 있었을 텐데, 문재인 정부는 재추진하지 않았습니다.

2018년 개헌안을 추진할 때는 민주당이 국회에서 122석밖에 안 됐지만 2020년 총선에서 압승하여 180석을 얻었으니, 미래통합당(국민의힘 전신)을 설득도 하고 압박도 해서 추진할 수도 있었을 텐데, 개헌 이야기는 꺼내지도 않았습니다.

문재인 대통령은 취임사에서 '촛불 정부'를 자임했지만 개혁적이지 않았습니다. 임기 초반에 반짝 개혁적이었습니다. 문재인 정부의 허울뿐인 개혁성을 보여주는 대표적 사례가 전교조 법외노조 문제였습니다.

전교조 조합원들은 문재인 정부가 출범한 후 법외노조 문제가 곧바로 풀릴 줄 알았습니다. 복잡한 조치가 필요한 게 아니니까요. 박근혜 정권의 고용노동부가 전교조 사무실로 '노조 아님' 팩스 한 장 보내서 법외노조로 만들었으니, 문재인 정권의 고용노동부가 '노조 아님 통보를 취소함'이라고 팩스 한 장 보내면 됩니다. 그런데 그걸 하지 않았습니다.

임기 초반 청와대 고위 관계자들은 전교조 지도부를 만났을 때 조금만 기다려달라고 했습니다. 청와대 어느 수석은 2018년 6월 지방선거에서 압승하고 정권의 지지율이 높을 때 하자며, 자기 직을 걸겠다고 했습니다. 당시 전교조 조합원들도 문재인 정부가 잘 되기를 기대하고 있었고, 설마 전교조 법외노조 문제를 외면할 거라고는 꿈에도 생각하지 않았기에 기다렸습니다. 그런데 웬걸, 2018년 지방선거에서 압승했는데도 청와대에서는 감감무소식이었습니다. 청와대의 입장, 더 정확히 말하면 문재인 대통령의 생각은 사법부의 판단이 진행되고 있으니 기다리라는 것입니다.

전교조가 무슨 부담스러운 요구를 해놓고 그걸 들어달라는 게 아닙니다. 박근혜를 탄핵하고 민주주의가 회복되었으니 노동조합 자체를 부정하는 반헌법적 행태를 바로 잡아달라는 것입니다. 정부가 '노조 아님'이라고 통보해서 발생한 문제이니 정부가 원 조치를 해제하면 곧바로 해결되는 것입니다. 법외노조 문제가 대법원까지 간 이유는 박근혜 정부의 행정처분에 대해 전교조가 행정법원에 소송을 제기했고, 1심과 2심에서 패소했기 때문입니다. 따라서 정부가 문제의 원인을 제거하면 소송을 통해 얻을 이익이 없어지기 때문에 대법원도 판결할 이유가 없어집니다. 그러면 문제가 깔끔히 해결되는데 그걸 안 하고 대법원의 판결을 기다리라니 기막힌 일입니다.

결국 2020년 9월 대법원의 판결로 7년 만에 법외노조 문제가 해결되기는 했는데요, 전교조가 법외노조였던 날짜가 박근혜 정권에서 1,180일, 문재인 정부에서 1,215일입니다. 이게 촛불 정부를 자임한 문재인 정부의 한계였습니다.

이제 다시 기회가 왔습니다. 지긋지긋했던 윤석열 정권이 끝났고, 이재명 정부가 출범했으니 문재인 정부의 실패를 교훈 삼아 새로운 대한민국을 준비해야 합니다. 새로운 대한민국은 새로운 헌법으로 담아야 합니다. 38년 전 6월 항쟁의 산물로 만들어진 헌법으로는 2025년 대한민국의 산적한 과제를 해결할 수 없기 때문입니다.

이제 막 새 정부가 들어섰고, 윤석열 내란의 잔재를 청산하는 데 정신없지만, 개헌 논의는 머지않아 시작될 수밖에 없습니다. 이 중 우리 교사와 관련한 개헌 사항을 중심으로 이야기를 해보겠습니다.

2.
개헌 또는 법률 개정의 길

1. 최선은 개헌

지난 2018년 문재인 정부 개헌안에 두 가지가 담겼습니다. 교사·공무원에 대한 노동3권 보장, 교사·공무원에 대한 정치기본권 보장, 이 두 가지가 어떻게 표현되었는지 살펴보겠습니다.

> 현행 헌법 제33조 ②항: 공무원인 근로자는 법률이 정하는 자에 한하여 단결권·단체교섭권 및 단체행동권을 가진다.
> ⇨ 2018년 개헌안: 현역 군인 등 법률로 정하는 공무원의 단결권, 단체교섭권과 단체행동권은 법률로 정하는 바에 따라 제한하거나 인정하지 않을 수 있다.

현행 헌법은 공무원의 노동기본권을 원칙적으로 불허하고 있으며, 특별한 경우에 인정하고 있습니다. 그래서 첫 번째 특별한 경우로 '교원노조법'이라는 특별법을 만들어 교원노조를 합법화시켰고, 다음으로 일반직 공무원들도 '공무원노조법'이라는 특별법으로 합법화되었습니다.

그러나 개헌안은 '원칙적 허용'입니다. 116만 공무원 중 교육공무원 36만 명, 일반직 공무원 50만 명, 총 86만 명이 노동조합을 갖게 되었기에 원칙이 바뀐 겁니다. 현역 군인, 교정직 공무원, 경찰 등을 제외하고 노동3권을 보장하는 것입니다.

이렇게 되면 '교원노조법'은 폐기해야 합니다. 교사도 다른 노동자들처럼 '노동조합 및 노동쟁의 조정법'에 따라 노조를 설립하고 운영하고 투쟁할 수 있게 됩니다. 따라서 그동안 교원노조의 발목을 잡아 왔던 교원노조법의 독소조항들 없이 교섭 대상, 교섭 범위, 교섭 방식 모두 바꿀 수 있습니다.

첫째, 교섭 대상의 변화는 교원노조의 위상을 획기적으로 변화시킬 수 있게 될 것입니다.

기존 교원노조법은 교육부 장관, 시도 교육감, 시도 단위별 사학재단연합체만을 교섭 대상으로 규정했습니다. 교원노조법이 폐지되면 교장과 분회의 교섭, 지역교육장과 지회의 교섭 등 교섭 대상을 노사 자율 합의로 결정할 수 있게 됩니다. 사립학교 조합원들도 '사학재단연합체'가 아니라 재단별·학교별 교섭 구조를 만들 수 있습니다. 교장과 분회가 교섭할 수 있게 되면 학교 안에서 교원노조의 위상을 획기적으로 바꿀 수 있습니다.

대부분 교사의 삶은 학교 담장 안에 존재합니다. 뉴스를 통해 보게 되는 교원노조가 아니라 자기 생활 속에 존재하는 교원노조가 필요합니다. 동료 교사들과 힘을 합쳐 자기 학교를 합리적이고 민주적으로 바꿔나가는 집단적 운동은 교원노조와 교장과의 교섭이 법적으로 보장될 때 실현될 수 있으며, 이는 교사들이 교원노조를 자기 생활 속에서 느끼고 참여하는 대중화의 계기가 될 것입니다.

둘째, 교섭 범위의 변화는 교사들의 요구를 교원노조로 모아낼 수 있게 됩니다.

기존의 교원노조법은 교섭 범위를 교사의 '사회경제적 지위 향상'으로 제한해 왔습니다. 교육 관료들은 교사의 삶과 노동을 결정하는 교육 정책들을 교섭 대상이 아니라고 거부했습니다. 교원노조법이 폐기되면 교사의 노동을 직간접으로 통제하고 있는 교원정책, 교육 정책, 교육과정 등 모든 것을 교섭 대상으로 삼음으로써 학교 현장에서 교사들의 불만을 해결할 수 있는 노조로 활동할 수 있게 됩니다.

관료들이 일방적으로 정해서 내려보내는 각종 업무, 학교폭력 관련 업무, 나이스 관련 업무, 교육과정 관련 업무, 생활기록부 기재 내용, 승진 제도 등 교사의 생활과 관련된 모든 것이 교섭의 대상이 될 때 교사들은 교원노조의 활동에 관심을 가지게 될 것입니다.

셋째, 단체행동권은 기존 방식의 교원노조 운동이 아니라 완전히 새로운 운동 방식, 새로운 상상력을 요구합니다. 그동안 교원노조는 서명, 집회 이외에 조합원들이 참여할 수 있는 실천이 없었습니다. 전교조의 경우 최고 단계의 투쟁으로 연가 투쟁을 설정하고 조직해 왔지만, 참여 동력은 한정되어 있었으며, 연가 투쟁을 통해 무엇을 성취한 성공의 경험이 없습니다.

단체행동권은 서명, 농성, 삭발 방식의 운동이 아니라 방송사 노조처럼 파업 투쟁으로 자신의 요구를 관철해 나가는 '정상적' 노동조합이 될 수 있습니다.

다음으로 정치 기본권 보장이 가져올 변화를 살펴보겠습니다.

> 현행 헌법 제7조 ②항: 공무원의 신분과 정치적 중립성은 법률이 정하는 바에 의하여 보장된다.
> ⇨ 2018년 개헌안: 공무원은 직무를 수행할 때 정치적 중립을 지켜야 한다.

2018년 개헌안은 교사·공무원에게 정치적 표현의 자유, 정당 가입 및 후원의 자유, 공직선거에서 선거권과 피선거권의 자유가 보장된다는 의미입니다.

전 세계에서 민주주의를 하는 나라 중 교사·공무원의 정치적 권리를 일부 제한하는 나라는 있어도 근본적으로 박탈한 나라는 없습니다. 헌법 제7조 공무원의 정치적 중립성은 공무원을 정권 유지의 하수인으로 동원했던 이승만 독재 때문에 1960년 3차 개헌 때 헌법에 삽입된 조항입니다. 1960년 3.15 부정선거 당시 내무부 장관이었던 최인규는 취임식 연설에서 "모든 공무원은 이승만 대통령에게 충성을 다해야 하며, 차기 정·부통령 선거에서는 기필코 자유당 후보가 당선되도록 해야 한다"고 했고, 전국적으로 공무원 친목회를 조직해 득표 공작을 점검했습니다. 그래서 공무원의 정치적 중립성을 헌법에서 보장한 것입니다.

그런데 이어진 박정희, 전두환 군부독재 정권은 공무원의 정치적 중립성을 정치 활동 금지의 쇠사슬로 바꾸고, 상부의 명령에 철저히 복종하는 공무원을 요구했습니다. 공무원의 정치 활동 박탈은 군부독재 정권의 적폐입니다.

정치적 중립성에 대해 말하자면, 언론인은 어떻습니까? 1993년 12월 이전에는 언론인도 정당의 당원이 될 수 없었습니다.[1] 1993년 정당법을 개정하여 언론인도 정당의 당원이 될 수 있게 되었습니다. 또한

OECD 국가 교원 공무원 정치 활동 현황 ⓒ교육희망

2016년 이전까지 언론인은 선거운동을 할 수 없었습니다. 2016년 헌법재판소는 정치적 중립성이 요구되지 않는 언론인 개인에게까지 모든 선거운동을 금지하는 공직선거법에 대해 위헌으로 판결했습니다. 다른 나라의 법률을 봐도 언론인의 선거운동을 전면 제한하고 처벌하는 제도는 없다는 의견도 위헌에 힘을 실었습니다.

그러면 교사는 어떻습니까? 2018년 개헌안은 "공무원은 직무를 수행할 때 정치적 중립을 지켜야 한다"로 되어있습니다. 즉 직무를 수행하는 근무 시간 이외에는 시민적 권리를 보장하게 된다는 것입니다.

교사에게 직무 시간이란 무슨 뜻이겠습니까? 수업 시간입니다. 수업할 때는 정치적 중립을 지켜야 하지만 퇴근 후에는 정치적 중립 의무가 없다는 것입니다. 이는 수업 시간에는 종교적 중립을 지켜야 하지만, 퇴근 후에는 종교적 자유가 보장된 것과 마찬가지입니다.

교사의 정치기본권 박탈은 대학교수와 비교하면 더욱 황당합니다. 대학교수와 교사는 가르치는 학생의 연령대만 다를 뿐 본질적으로 같은 직업입니다. 이에 대해 몇 차례 위헌소송이 있었는데, 헌법재판소는 대학생은 성인이므로 대학교수의 정치 활동은 괜찮고 초중고생은 미성년이므로 제한된다고 판결해 왔습니다.

가장 최근 결정으로는 2020년 교사의 정치 활동은 보장되어야 하나 정당 가입은 안 된다는 이상한 판결을 내렸습니다. "교원이 사인의 지위에서 정치적 자유권을 행사하게 되면 직무 수행에 있어 교육의 정치적 중립성을 훼손하게 된다는 논리적 혹은 경험적 근거는 존재하

---

1. 정당법 제17조 (당원의 자격) 국회의원 선거권이 있는 자는 공무원 기타 그 신분을 이유로 정당 가입 기타 정치 활동을 금지하는 다른 법령의 규정에도 불구하고 누구든지 정당의 당원이 될 수 있다. 그러나 대통령령으로 정하는 공무원·교원 및 언론인은 그러하지 아니하다.

지 않는다"고 하면서도 정당 가입은 안 된다는 것입니다. 교회에 다닐 수는 있지만 교회 신도는 될 수 없다는 식의 희한한 논리입니다.

교사의 정치기본권 박탈은 비정치적 영역에도 영향을 미칩니다. 국회의원이 되거나 정부의 정무직 공무원이 되는 것은 그렇다 쳐도, 시도 교육감은 정당인의 출마를 금지하고 있습니다. 교육의 정치적 중립성 때문입니다. 그런데 초중고 교사는 정당의 당원이 될 수 없을 뿐아니라 정치적 중립성을 요구한다는 시도 교육감 출마도 금지되어 있습니다. 그러면서도 대학교수의 출마는 보장하고 있습니다.

대학교수는 교수직을 유지한 채 휴직계를 내고 교육감이 되었다가 임기가 끝나면 원직으로 복직할 수 있습니다. 그러나 교사는 사표를 내야 교육감에 출마할 수 있습니다. 이는 시대착오적이며 사회적으로도 큰 손해입니다.

정치기본권은 교사 개인의 시민적 권리 획득이라는 측면에서도 매우 중요하지만, 교원노조 운동의 성격과 관련해서도 매우 중요합니다. 정치기본권은 교원노조가 저항집단에서 문제해결 집단으로 변화하는데에 있어 핵심적 문제입니다. 모든 사회적 집단의 사회적 요구는 결국 정치를 통해 해결됩니다. 정치적 영향력을 행사할 수 없는 집단은 문제해결 능력이 없는 것입니다.

지난 시기를 돌아보면 무상교육을 실현하는 것, 교육 예산을 늘리는 것, 연금법 개악을 막는 것, 사립학교법을 개정하는 것, 그 어느 하나 정치와 관련되지 않은 것이 없습니다. 행정부의 예산이 필요하고, 국회의 법률 개정이 필요하고, 자치단체의 조례 제정이 필요합니다. 정치 활동을 통하지 않고 순수한 노동조합 운동만을 통해서 해결할 수 있는 것은 없습니다.

우리는 이를 서이초 교사의 죽음 이후에도 뼈저리게 느꼈습니다. 교원노조에게 정치 활동의 자유가 없었기 때문에 기존의 정치권력은 50

만 교원을 우습게 보았습니다. 단일 직종으로는 최대 규모에 가까운 교사들이 집단으로 정치적 의사를 표현하고, 정당을 인적·물질적으로 후원하며 직접 정치 일선에 나설 수 있게 될 때, 비로소 교육 관료들의 지배체제를 통제하고 극복할 수 있습니다.

교육 관료들이 교사를 우습게 아는 이유는 교사들에게 아무런 정치적 발언권이 없기 때문입니다. 복지국가인 북유럽 국가는 물론 영국, 프랑스, 독일 등도 모두 교사의 정치 활동을 인정하고 있습니다. 16대 독일 연방의회 614명의 의원 중에 가장 많은 직업은 법조인(143명, 23%)이었고, 그다음이 교사(81명, 13%)였습니다.

미국은 어떨까요? 2024년 7월 바이든이 대통령 후보에서 사퇴하고 해리스가 후보로 지명되자 'NEA'와 'AFT'는 모두 해리스를 지지한다는 입장을 발표했습니다. 2008년 오바마가 출마했을 때 'NEA'는 오바마에게 5천만 달러(한화 600여억 원)를 정치자금으로 제공하여 오바마 당선의 일등 공신이 되기도 했죠. 미국의 교원노조는 정치자금 제공을 통해 미국 정치에 가장 큰 영향을 미치는 단체 중 하나입니다.

정치 활동의 자유는 교원노조를 노동조합답게 운영해 나갈 방도입니다. 전교조의 경우 교육개혁뿐 아니라 사회개혁을 위한 운동을 동시에 펼쳐 왔습니다. 정치 활동의 자유는 전교조 내에 혼재되었던 이중적 과제를 성격에 맞게 분리하여 노동조합은 노동조합답게 운영하고, 사회적 해결 과제는 정치 활동을 통해 실현하는 구조를 갖추게 될 것입니다.

정치 활동의 자유는 교사 개인이 누려야 할 시민적 권리를 보장하는 것만이 아닙니다. 노동조합이 조직적으로 정치적 의견을 표명하고 행동하는 것까지 포함합니다. 그래서 정치 활동의 자유는 교원노조가 잘 준비되어 있지 않으면 그 힘을 발휘하기 어렵습니다.

　2024년 8월 29일 조희연 서울시 교육감이 대법원에서 직권남용·권리행사 방해, 국가공무원법 위반 혐의로 유죄가 확정되어 교육감직에서 물러났다가, 올해 8.15에 사면·복권되었습니다. 조희연 교육감이 유죄를 받은 이유는 2018년 전교조 해직 교사 5명을 복직시켰다는 것입니다. 전교조 해직 교사 5명은 무슨 이유로 해직되었고, 조희연 교육감은 왜 그들을 복직시켰을까요? 이를 이해하려면 시계를 2008년으로 돌려야 합니다.

　2008년 여름, 서울의 청계광장은 광우병 촛불 집회로 뜨거웠습니다. 촛불이 꺼져가던 8월에 서울에서 최초의 주민 직선 교육감 선거가 치러집니다. 선거는 공정택 후보와 주경복 후보가 맞붙어 치열하게 전개되었습니다. 공정택 후보가 내건 구호는 "우리 아이들을 전교조에 맡길 수 없다"였습니다. 공정택 후보는 서울 25개 구 중에 22개 구에서 패배했으나 강남 3구에서 몰표를 받아 1.7% 차이로 승리하여 서울시 교육감이 되었습니다.

　당선이 유력한 공정택 후보가 '반전교조'를 전면에 내건 선거에서 전교조 조합원들은 어떻게 해야 했을까요? 전교조 서울지부 조합원들은 주경복 후보 당선을 위해 십시일반으로 후원금을 모았습니다. 정치기본권이 없었기에 조심조심 몰래몰래 모았는데, 선거가 끝난 후 '전교조 저격수'를 자처하는 한나라당 조전혁 의원이 전교조가 주경복 후보의 선거 비용을 모았다며 서울지검에 수사를 의뢰했고, 검찰은 전교조 통장을 샅샅이 뒤져 3명을 구속하고 수십 명을 재판에 회부하여 7명이 해직되고 13명의 간부가 중징계를 당했습니다.

　그리고 10년의 세월이 흘러 해직되었던 교사 중 공무 담당권이 회복된 5명의 교사가 2018년에 특별채용된 것입니다. 만약 정치기본권이 있었다면 죄가 되지도 않았을 사안이었기에 조희연 교육감은 전교조 해직 교사를 복직시킨 것입니다.

만약 교사에게 정치기본권이 있었다면 2008년에 더 낭낭하고 공개적으로 주경복 후보를 지원했겠지요. 당시에는 '반전교조'를 외치는 공정택 후보와 '친전교조'의 주경복 후보가 붙었기에 전교조 조합원들의 선택은 하나였지만, 이게 다른 사안이 되면 상황이 복잡해집니다.

예를 들어 이번 대선에서 교원노조는 어느 후보를 지지한다고 선언할 수 있었을까요? 전교조는 민주노총의 결정에 영향을 받는데, 민주노총은 이번 대선에서 어느 후보를 지지한다는 결정을 하지 않았습니다. 반면 한국노총은 이재명 후보를 지지한다고 결정했죠. 이럴 때 교원노조 구성원들이 조직적 입장을 어떻게 이해하고 행동할 것인가가 중요하겠지요. 교원노조의 정치적 입장에 대다수 조합원이 동의하면 조직이 강화될 수 있지만, 교원노조의 정치적 입장으로 인해 조직에 분열이 발생할 수도 있습니다.

지금은 정치기본권 자체가 없어서 이런 고민까지는 안 되겠지만, 정치기본권을 갖게 된다는 것이 이런 문제를 포함하고 있다는 것까지는 미리 알아두어야 하겠습니다.

2. 차선은 교원노조법·국가공무원법 개정

헌법을 개정하면 깨끗합니다. 그러나 헌법 개정에는 국회의원 2/3의 동의가 필요합니다. 그래야 국민투표를 할 수 있습니다. 그런데 국회 상황이 만만치 않습니다. 국민의힘은 '1호 당원' 윤석열이 탄핵당한 후 계속 극우 정당의 길을 걸어왔습니다. 내란 우두머리 윤석열을 옹호하고, 윤석열 탄핵안을 거부하고, 내란 척결을 위한 특검을 거부하고, 심지어 서부지방법원 폭동도 옹호하는 등 광기 어린 행태를 지속해 왔습니다. 내란 정당 국민의힘이 108석을 보유하고 있는 한 개헌이 쉽지 않을 것입니다. 설사 개헌이 이루어진다 해도 권력구조 개편이나 선거 제도 변경에 국한해서 하자고 할 가능성이 높습니다.

그렇다고 교원노조의 새로운 길이 열리기를 손 놓고 기다릴 수 없습니다. 언젠가 개헌은 되겠지만, 그전까지 할 수 있는 법률 개정을 해야 합니다. 법률 개정은 어렵지 않습니다. 국회에서 과반수가 동의하고 대통령이 선포하면 됩니다.

문제는 두 가지입니다. 첫째는 전교조와 교사노조연맹이 어떤 법률에 대해 어떤 내용으로 합의할 수 있는가 하는 문제입니다. 둘째는 법 개정에 실제적 힘을 갖고 있는 더불어민주당의 동의를 끌어낼 수 있는가입니다.

정치기본권 문제는 교원노조 사이에 이견이 없는 문제입니다. 교사의 정치 활동 자유를 막고 있는 국가공무원법 제65조(정치 운동의 금지)를 폐지하면 됩니다. 교사의 정치기본권은 한국교총도 요구해 온 사항이기 때문에 그리 어렵지 않을 것입니다.

문제는 교원노조법입니다. 한국교총은 전문직 단체를 표방하니 발언권이 없고, 전교조와 교사노조 사이에 합의가 되면 되는데, 저는 전교조와 교사노조연맹 사이의 합의 이전에 전교조 내부에서도 합의가 쉽지 않겠다고 예상합니다. 그래서 기존의 교원노조법이 어떤 문제가 있으며, 어떤 방향으로 개정해야 하는가, 예상되는 쟁점을 중심으로 살펴보겠습니다.

3. 교원노조법의 독소조항

교원노조법은 15개 조항과 부칙으로 구성되어 있습니다. 전문은 인터넷에서 찾아보시고, 여기서는 핵심적 독소조항만 살펴보겠습니다. 표현은 이해하기 쉽게 제가 고쳤습니다.

제3조(정치활동의 금지) 교원노동조합은 어떠한 정치 활동도 하여서는 아니 된다.

제4조(노동조합의 설립)
① 유초중고 교사는 특별시, 광역시, 특별자치시, 특별자치도 단위 또는 전국 단위로만 노동조합을 설립할 수 있다.

제6조(교섭 및 체결 권한 등) ① 노동조합의 대표자는 그 노동조합 또는 조합원의 임금, 근무조건, 후생 복지 등 경제적·사회적 지위 향상에 관하여 다음 각호의 구분에 따른 자와 교섭하고 단체협약을 체결할 권한을 가진다.
　1. 교원노조의 대표자는 교육부 장관, 시·도 교육감 또는 사립학교 설립·경영자. 이 경우 사립학교 설립·경영자는 전국 또는 시·도 단위로 연합하여 교섭에 응하여야 한다.

제7조(단체협약의 효력) ① 단체협약의 내용 중 법령·조례 및 예산에 의하여 규정되는 내용과 법령 또는 조례에 의하여 위임을 받아 규정되는 내용은 단체협약으로서 효력을 가지지 아니한다.
제8조(쟁의 행위의 금지) 노동조합과 그 조합원은 파업, 태업 또는 그밖에 업무의 정상적인 운영을 방해하는 어떠한 쟁의 행위도 하여서는 아니 된다.

위 조항 중 제3조(정치 활동의 금지), 제8조(쟁의 행위의 금지)는 논란의 여지 없이 삭제해야 할 독소조항입니다.

제4조(노동조합의 설립)와 제6조(교섭 및 체결 권한 등)는 네 가지 점에서 문제가 있습니다.

첫째, 국공립과 사립의 차이를 무시하고 있습니다. 국립학교는 임면권자가 교육부 장관이고, 공립학교는 시도 교육감인데, 사립학교는 '설립·경영자', 즉 사학법인(재단) 이사장입니다. 이사장의 연합체가 아닙니다. 이사장들이 연합해서 무엇을 교섭했다고 해도 개별 재단의 결정에 효력을 미칠 법적 권한이 없습니다. 이는 뒤에서 다시 살펴보기로 하겠습니다.

둘째, 학교 단위 교섭을 법적으로 부정하고 있습니다. 교사에게 피부로 다가오는 사용자는 교장입니다. 사립학교는 말할 것도 없고, 공립학교도 모든 학교의 실태가 다 다릅니다. 자신이 근무하는 학교에서 해결해야 할 것들을 교장과 그 학교 교사들이 만나서 교섭하는 방식을 원천적으로 차단하고 있다는 점에서 독소조항입니다. 이 문제도 뒤에서 다시 살펴보겠습니다.

셋째, 교섭 사항을 임금, 근무조건, 후생 복지 등 경제적·사회적 지위 향상으로 명문화해 놓았는데, 그동안 교섭 경험을 보면 교섭 테이블에 나온 관료들은 무엇이 근무조건의 정의인지에 대해서 자신들이 마음대로 해석하고 교원노조의 교섭 요구 사항을 거부해 왔습니다. 이 역시 뒤에서 다시 살펴보겠습니다.

넷째, 대학교수와 유·초·중·고 교사 사이에 차별이 존재합니다. 1999년 교원노조법이 제정될 때 발생한 문제가 아니라 2020년에 교원노조법이 개정되면서 발생한 문제입니다.

2018년 헌법재판소는 전국교수노조가 '교원노조법 제2조가 대학교원들의 단결권을 침해한다'고 제기한 위헌법률심판에 대해 '헌법불합치' 판결을 했고, 이에 따라 2020년 교원노조법이 개정되었습니다. 유·초·중·고 교원들에게만 노동조합을 허용하고 대학교원을 제외한 것이 잘못이라는 것이죠.

그런데 개정된 교원노조법에서 대학교수들은 전국 단위, 시도 단위뿐 아니라 대학 단위로 노조를 설립할 수 있고, 대학 단위로 교섭할 수 있도록 했습니다. 대학의 현실을 인지하면 너무나 당연합니다. 전국 190개 4년제 대학의 80%가 사립입니다. 129개 전문대학의 95%가 사립입니다. 그러니 일반 직장과 다를 바 없이 대학 단위로 노조를 만들거나, 대학을 연합해서 노조를 만들거나, 그 결정은 대학교수들 스스로 하고, 교섭도 대학 단위로 할 수 있게 열어줄 수밖에 없는 것입니다.

이에 따라 대학교수들은 2020년부터 교수노조를 결성하고 단체협약을 체결했습니다. 사립 교사들이 지금까지 26년 동안 하지 못한 단체교섭을 대학교수들은 2020년 교원노조법이 개정되자마자 실행하고 있습니다.

마지막으로 제7조(단체협약의 효력) 문제입니다. 단체협약과 법령·조례 사이에 모순이 발생하면 단체협약을 체결하기 전에 조정하는 게 사용자의 도리입니다. 또는 협약 체결 당시 발견하지 못했다 하더라도 추후 발견되면 조정할 수 있습니다. 문제는 예산입니다. 교육부는 정부 부처 중 힘이 약한 부처이며, 기획재정부의 영향력이 막강합니다. 그래서 돈 안 들어가는 사항만 교섭하자고 합니다.

예를 들어 2025년 교육부는 저출생으로 인한 학령 인구 감소로 교사를 감축합니다. 2022년 1,089명, 2023년 3,401명, 2024년 4,296명, 2025년 4,793명을 감축했습니다. 그런데 학교 현장은 어떻습니까? 제가 3년 전 1학년 담임을 맡았을 때 우리 반 인원이 24명이었습니다. 작년에 그 학년 학생들을 다시 만나 3학년 담임을 맡았을 때 우리 반은 25명이었습니다. 올해도 3학년 담임을 맡았는데 우리 반 인원이 29명입니다. 저출생이라더니 학급당 학생 수는 더 많아졌습니다.

'교원 정원을 확대하라', '학급당 학생 수를 감축하라'는 교원노조의 요구에 대해 교육부는 예산이 없다는 핑계만 댑니다. 교육부가 교원노조와 단체협약을 체결하면 정부 부처 사이에 예산 조정을 해서 단체협약을 이행하도록 해야 하는데, 교육부가 기획재정부의 통제를 받는 것을 명문화했으니, 단체교섭이 무슨 의미가 있겠습니까?

'법령·조례 및 예산에 의하여 규정되는 내용과 법령 또는 조례에 의하여 위임을 받아 규정되는 내용은 단체협약으로서 효력을 가지지 아니한다'는 단체교섭 자체를 부정하는 것입니다. 교사들이 문제가 있다고 제기하는 것들은 대부분 교육 관련 법률이나 시행령, 조례 등에 규정되어 있는 것들입니다. 문제가 있으니 고치자고 하는데, 법에 그렇게 되어있으니 논의할 수 없다고 한다면 무엇을 교섭한단 말입니까?

법률은 국회가, 시행령은 대통령이, 시행규칙은 장관이, 조례는 시도 의회가 제정합니다. 교육부 장관은 자기가 바꿀 수 있는 시행규칙은 자기가 바꾸고, 법률은 국회에 개정을 요구하고, 시행령은 대통령에게 건의하고, 교육감은 조례 개정을 시도 의회에 요청하도록 해야 단체교섭이 의미가 있습니다. 그것을 아예 원천 봉쇄하고 있는 교원노조법은 잘못된 것입니다.

3.
교원노조의 온전한 교섭 구조

특별법인 교원노조법을 제정하여 전교조를 합법화하겠다는 김대중 정부의 방침에 따라 전교조와 교육부가 교원노조법의 구체적 내용을 논의하던 시기에, 전교조 지도부는 공립학교는 전교조 분회에 학교장과 교섭권을 주고, 사립학교는 재단과 교사 대표자가 교섭하는 체계로 법을 만들자고 주장했습니다. 교육부는 단호히 거부했습니다. 교육부가 교장 편, 사립재단 편이니 그랬겠지요. 전교조가 힘이 있었다면 좋았겠으나, 원하지 않는 교섭 체계로 교원노조법이 제정되었습니다.

전교조는 교원노조법의 한계를 극복하기 위하여 시도 교육감과 교섭할 때 [사립학교 지도·감독] 조항을 만들어, 해결해 보고자 했습니다. 예를 들어 최근 단체협약으로 2020년 12월 19일 조희연 서울시 교육감과 체결한 협약 제28조 [사립학교 지도·감독]에도 12개의 사립학교 지도 항목이 있습니다. 그중 세 개 정도만 볼까요?

① 교육청은 사립학교 교원 임용에 있어 특별한 사유가 없는 한 기간제 교원의 채용을 억제·시정하도록 지도한다.
⑥ 교육청은 사립학교 교원인사위원회가 민주적이고 공정하게 설치·운영되도록 지도·감독하고 그 내용을 공표한다.

⑫ 사립학교 교원 채용 시 취업 기회의 균등한 보장(고용정책 기본법 제7조 제1항)을 위해 성별, 신앙 등을 이유로 차별이 발생하지 않도록 지도한다.

위 조항들은 사립학교에서는 절박한 요구입니다. 예를 들어 기간제 교사 문제를 보면 서울의 사립 고등학교들의 기간제 교사 비율은 25% 수준입니다. 공립학교에 비해 3배 이상 높습니다. 매년 1월이 되면 사립학교는 기간제 교사를 뽑느라 정신이 없습니다.

사립 고등학교에서 기간제 교사 비율이 높아지는 이유는 두 가지입니다. 저출생 현상으로 학급 수가 감소해서 발생하는 과원 문제와 학생 선택 과목이 많아지는 상황에서 과목 과원이 발생할 가능성 때문에 퇴직 교사 자리를 신규 교사로 채우지 않고 있습니다. 그렇다 하더라도 기간제 교사 비율이 너무 높은 이유는 불안정한 기간제 교사의 신분을 이용해 학교 운영에 순응하도록 만들려는 불순한 의도가 있다고 볼 수 있습니다.

사립학교가 많은 서울에는 상상을 초월하는 사립학교들이 많이 있습니다. 서울의 어느 사립중학교는 한 학년에 6학급, 총 18학급의 학교입니다. 그런데 정규직 교사가 교장, 교감 빼고 12명에 불과합니다. 나머지가 다 기간제 교사입니다. 문제가 심각한 재단 이사장이 정규직 교사들은 말을 잘 안 듣는다고 하며 퇴직 교사 자리에 정규직 교사를 채용하지 않고 기간제 교사로만 운영합니다. 이런 학교의 이사장이 '교육청은 사립학교 교원 임용에 있어 특별한 사유가 없는 한 기간제 교원의 채용을 억제·시정하도록 지도한다'는 단체협약에 콧방귀나 뀌겠습니까?

단체협약을 체결하기 전에 사립 교사들의 요구를 수렴했고, 이를 협약에 명문화했지만, 현실에서는 실효성이 없습니다. 교육청은 사립재단을 어떻게 지도·감독할까요? "서울시교육청이 전교조 서울지부와 단체협약을 체결했고, 이 중 사립학교와 관련한 부분은 귀 재단의 협조를 바랍니다"라는 공문 하나 보낼 뿐입니다. 명백한 위법 사항이 아니라면 교육청이 지도·감독한다고 해도 사립재단이 수용할 가능성은 거의 없습니다.

공립학교의 경우 분회의 교섭력을 높이기 위해 교육청에서 일선 교장에게 '단체협약 이행 확인서'를 보냅니다. 교장은 분회장을 불러 함께 단체협약 사항 실현 여부를 공동으로 확인하여 교육청에 보고해야 합니다. 이게 효과 있는 경우는 별로 없습니다. 대체로 공문서 확인 절차에 그치고 맙니다. 문구가 애매하고 추상적이기 때문입니다. 예를 들어 '인사자문위원회는 민주적으로 운영되고 있다'는 항목에 '예'라고 답할지 '아니오'라고 답할지 애매합니다. 해당 학교의 인사자문위원회에서 정말 문제가 심각했던 것은 단체협약 이행 확인서에 담기 어렵습니다.

사립이건 공립이건 교원노조가 학교 현장에서 살아 움직이는 조직, 교사가 단결하여 자신들의 근무조건을 개선할 수 있는 노동조합이 되기 위해서는 반드시 학교 단위 교섭 체제로 전환해야 합니다. 이를 좀 더 구체적으로 살펴보겠습니다.

1. 사립학교는 재단별 교섭 구조로 전환

'시도 단위 사학 경영자의 연합회'와 교섭이 아니라 재단별·학교별 교섭 체제로 전환해야 하는 이유는 1999년 교원노조 합법화 이후 사립학교 교사들은 26년 동안 '무단협' 상태이기 때문입니다. 사실상 무노조 상태라고 할 수 있습니다.

왜 그렇게 되었는지는 2007년 대전에서 딱 한 번 체결된 단체협약을 만드는 지난한 과정을 살펴보면 알 수 있습니다. 대전의 사립학교조합원들은 연합하여 2002년 4월 29일 최초로 단체교섭 요구서를 보낸 후 무려 5년이 지난 2007년 8월 20일 단체협약을 체결했습니다. 아래는 단체협약 체결 후 전교조 대전지부가 작성한 평가서 중 일부입니다.

사립학교 법인의 교섭 불응에 대해 전교조 대전지부는 총 10차에 걸친 교섭 요구와 대전지방노동청에 4차례에 걸친 고소, 노동위원회에 부당노동행위로 제소하는 등의 절차를 거쳐 교섭은 시작되었지만 순탄하지 못했다. 교섭이 시작된 이래 총 11차례의 예비교섭과 12차에 걸친 교섭 실무협의회를 진행했으나 교섭이 교착상태에 빠졌다. 결국 중앙노동위원회에 노동쟁의 조정신청을 하게 되었고, 총 5차에 걸친 조정 회의를 거쳐 최종 타결되었다.

교섭이 진행되는 동안 학교법인은 노조가 최초에 제시한 안보다 열악한 수정안을 제시하거나 교섭위원을 주기적으로 교체하는 등의 여러 가지 방법으로 교섭을 해태했고, 노사 간 자주적 교섭은 결렬되었다. 대전지부는 법률적 검토를 거쳐 마지막 수단으로 중노위에 조정을 신청할 수밖에 없었다. 사실 현행 노동조합법에서 이 방법 이외에 사립 단체협약을 체결할 수 있는 방도는 없었다.

그동안 대전 시내 사립학교는 교원노조와 대전시교육청이 체결한 기존의 단체협약을 사립학교에서는 법적 강제력이 없기 때문에 이행하지 않아도 된다는 논리로 이행을 제대로 하지 않았다. 그러나 이번에 사립학교 법인과 직접 단체협약을 체결함으로써 직접적인 이행의 책임을 지게 되었다. 교원 노조법의 한계 등으로 단체교섭이 난관에 봉착한 현실에서,

이번에 대전지부가 체결한 단체협약은 사립 교섭의 발판을 마련했다는 점에서 큰 의의를 갖는다고 할 수 있다.

2007년 '대전사립학교법인단체교섭연합회'와 전교조 대전지부, 한교조 대전본부 사이에 맺어진 단체협약은 별다른 내용이 담겨 있지 않습니다. 전국적으로 사립학교의 교섭이 이뤄지지 않는 상황에서 일단 단체교섭의 선례를 남겨야 한다는 판단으로 단체협약을 체결했는데요, 안타깝게도 그 후 어느 시도에서도 단체협약은 체결되지 못했습니다.

사립학교의 단체교섭 문제가 2020년 교원노조법이 개정되면서 기존의 교원노조법이 얼마나 악법인지 입증되었습니다. 대학교수들에게는 대학별로 교원노조 결성을 가능하게 해주었고, 단체교섭도 가능하게 해주었으니까요.

2020년 이후 대학교수들의 노동조합은 여러 개가 만들어졌습니다. 전국교수노동조합, 국공립대학교수노동조합, 한국사립대학교수노동조합, 한국교수노동조합연맹, 한국대학교연대, 전국사학민주화교수노동조합, 전국의과대학교수노동조합, 참 다양한 이름의 교수노동조합이 만들어졌습니다.

대학별 교섭 체계가 얼마나 중요한지는 서울대학교를 보면 잘 알 수 있습니다. 서울대학교는 2011년부터 국립대가 아닙니다. 사립대와 법적 지위가 같은 국립대학법인이 되었습니다. 2011년 이전까지 서울대 교수는 국가공무원이었지만, 2011년부터는 사립대 교수와 같은 신분입니다.

서울대 교수노조는 2024년 7월 2,300여 교수 중 1,200여 명이 가입하여, 국내 최초로 과반수 교수가 참여하는 노동조합이 되었습니다. 서울대 교수노조는 교원노조법 개정이 예고된 2019년 11월 100명으로 출범하여, 2020년 교원노조법이 개정된 이후 조합원이 증가하기 시작해 출범 5년 만에 과반수 노조가 된 것입니다. 왜 서울대만 유독 조합원이 많을까요? 서울대 교수노조 홈페이지에 그 이유를 아래와 같이 밝히고 있습니다.

> 우리의 비전은 명확합니다. 서울대학교를 국민의 신뢰와 존경을 받는 세계적 수준의 연구 중심 대학으로 발전시키는 것입니다. 우리는 이를 위한 핵심 전제 조건이 바로 교원의 처우 개선이라고 확신합니다. 교수조합은 임금 및 단체 협상을 통해 교수의 권익 보호와 복지 향상을 위한 실질적 진전을 이뤄내고 있으며, 체계적 정책 연구와 세미나를 통해 현실적 개선 방안을 도출하고 있습니다.
> 현재 서울대 교원의 처우 수준은 세계 유수 대학의 기준에 미치지 못함은 물론, 국내 주요 사립대학과 비교해도 70~80% 수준에 머물러 있는 것이 엄연한 현실입니다. 이는 우수 교원의 확보와 연구 몰입도 제고에 심각한 걸림돌이 되고 있으며, 학문 후속 세대 양성에도 부정적 영향을 미치고 있습니다. 대학의 본질적 경쟁력 강화를 위해서는 교원 처우 개선이 최우선 과제임이 자명합니다.

제가 좀 길게 인용했는데요, 서울대 교수들은 외국대학과 비교는 물론이고 국내 사립대에 비해 적은 연봉이 노조 가입의 주된 이유라고 합니다. 2021년 기준으로 서울대 정교수의 평균 연봉은 1억 2,173만 원으로, 연세대 1억 8,470만 원, 고려대 1억 5,831만 원, 성균관대 1억 9,027만 원, 포스텍 1억 6,409만 원 등 주요 사립대보다 적습니다. 서민들 눈높이에서는 서울대 교수의 연봉이 많지만, 서울대 교수 입장

단체협약 체결을 알리는 서울대 교수노조 홈페이지 캡처 화면

에서는 불만이 큰 것이죠.

서울대 교수노조는 2022년 1월 첫 단체협약을 체결했습니다. 70개에 이르는 단체협약 조항 중 중요한 내용을 보면, 매년 임금 협상을 진행하고 그 기준을 공개하기로 한 것입니다. 이전까지 서울대 교수의임금 인상률은 공무원 임금 인상률을 적용했는데, 자체로 임금 협상을 하게 되었습니다. 단체협약은 노조원이 아닌 교수에게도 적용됩니다. 조합원이 아닌 사람에게도 단체협약을 적용하는 것은 이후 조합원 증가로 이어집니다. '무임승차'는 하지 말자는 분위기를 만드는 것이죠. 단체협약에는 승진, 재임용 등 인사 제도를 변경할 때 교수노조와 협의하는 것, 대학 본부 산하의 각종 위원회에 평교수의 입장을 강화하기 위하여 노조 추천 인사를 선임하도록 한 것 등이 포함되어 있습니다.

노조 설립 역사가 가장 오래됐고 민주노총 소속인 '전국교수노동조합'에는 54개 지회(대학)가 있는데, 2025년 6월 기준으로 39개 지회가 단체교섭을 진행했고, 단체협약을 55회 체결했습니다.

예를 들어 2023년 9월에 설립한 서울예술대학교 지회는 법인 동랑 예술원과 5차례의 교섭 끝에 2025년 3월 단체협약을 체결했습니다. 단체협약은 총 38개 조항으로 구성되었는데, 주요 내용은 인사위원회·평의원회·징계위원회 등에 조합원 위촉 및 참관 보장, 2년에 1회 이상 대학 부속 병원급 지정병원에서 특별 검진 실시, 중증 질환 시 연구 실적 유예, 연구년 제도 확대 및 연구비 지원 연동, 장기근속자 임용 시기 조건 재조정, 노동조건 관련 정관 및 규정 변경 시 조합과의 사전 합의 명문화 등입니다. 단체협약에 대해 조합원들은 긍정적으로 평가했다고 합니다.

지금까지 서울대 교수노조와 전국교수노동조합 서울예술대 지회 사례를 말씀드렸는데, 아직 교수노조가 없는 대학도 많습니다. 조직률도 높지 않습니다. 전국교수노동조합의 자료에 따르면 2021년 9월 기준으로 전국의 전임교수 98,000명 중 노조에 가입한 교수는 7,799명이었습니다. 조직률로 보면 8% 정도죠.

이후 4년이 흘렀으나 조직률이 높아진 것 같지는 않습니다. 2025년 8월 23일 한양대에서 교수노조 출범식이 있었는데, 이 자리에서 송기민 한양대 교수가 발표한 〈대학교수 노동조합 조직과 활동 실태 분석〉에 따르면 여러 교수노조 조합원들을 모두 합쳐도 5천 명도 되지 않는다고 합니다. 조직률로 보면 5%가 안 되는 것이죠. 송기민 교수는 내부 계파 갈등이나 단기적 투쟁 과잉, 조직 내 소통 부족 등을 교수노조의 실패 요인으로 꼽았습니다.

돌아봐야 할 것은 사립 중고등학교 교사들의 조직률입니다. 단체교섭이 오랫동안 불가능했던 사립 중고등학교의 전교조 교사는 2,500명 수준으로 떨어져 조직률은 교수노조보다 더 낮습니다. 하루빨리 사립 중고등학교의 단체교섭이 가능하도록 법 개정을 해야 합니다.

저는 오래전부터 사립은 재단별·학교별 교섭 체제로 만들어야 한다고 주장해 왔는데요, 제 주장에 대해 사립학교 조합원들이 많이 했던 질문을 중심으로 교섭 체제 문제를 살펴보도록 하겠습니다. 그래야 현재의 교원노조법을 폐지하든(최선) 개정하든(차선) 새 길을 찾을 수 있을 테니까요.

첫 번째 질문은 '재단별 교섭 체제를 만들자는 건 재단별로 노조를 설립하자는 것인가?'입니다. 저는 그럴 수도 있고 아닐 수도 있다고 봅니다. 중요한 것은 단체교섭이 반드시 성사되는 구조여야 하고, 단체협약에 도장을 찍는 사람이 누구인가 하는 것을 중심으로 노조 설립 체계를 고민해야 한다는 것입니다.

사립학교의 운영 주체는 사학법인, 즉 이사회입니다. 학교 운영에서 가장 중요한 권한은 임면권입니다. 임면권이란 교사를 임용, 면직, 징계하는 권한입니다. 그 권한을 이사장이 갖고 있습니다. 따라서 교섭 테이블에서 도장을 찍어야 할 사람은 이사장입니다.

사립은 한 개 학교만 운영하는 재단도 있고, 여러 학교를 운영하는 재단도 있습니다. 서울은 2개 학교 이상 운영하는 재단이 많습니다. 여러 개 학교를 운영하는 재단의 경우, 교장은 결정권이 없는 '바지 사장'이 많습니다. 이사장이 교섭 테이블에 나오지 않으면 아무것도 결정할 수 없다는 것이죠.

그러면 이사장과 대등하게 단체협약에 도장을 찍어야 할 사람은 누구일까요? 대전 사립 교섭은 전교조 대전지부장이 도장을 찍었습니다. 대전은 사학법인이 21개밖에 안 되지만 서울은 사학 법인이 120개가 넘는데 서울지부장이 무슨 힘이 있어서 그 많은 사립학교 법인과 교섭할 수 있겠습니까? 교섭은 그 학교 조합원들이 하고, 도장만 서울지부장이 찍는다면, 그런 도장이 무슨 의미가 있을까요?

평상시 복도에서 만나면 고개를 조아리고 인사해야 하는 이사장에 맞서 단체교섭을 진행하고 협약에 사인하게 하려면 학교의 압도적 다수 교사가 노조에 가입해야 합니다. 그리고 이사장과 대등하게 교섭 테이블에 앉아봐야 합니다. 그것이 노동조합의 참다운 의미입니다. 노사가 동등하다는 것을 몸소 깨우쳐야 합니다.

제가 이런 취지로 말씀드리면, 자기 학교 이사장과 맞짱 떠야 하는 교원노조에 교사들이 두려워서 가입하겠냐고 되묻습니다. 그러면 지금은 교원노조에 가입합니까? 지금보다 더 밑바닥인 상황이 존재합니까? 이사장과 '맞짱' 뜨는 게 두려우면 그냥 살던 대로 살 수밖에 없습니다. 주면 주는 대로, 시키면 시키는 대로 살고 싶지 않아서 노동조합을 하는 건데, 그런 삶이 두려우면 노동조합을 어떻게 한단 말입니까.

두 번째 질문은 재단의 성격과 학교의 분위기에 따라 다수 교사가 교원노조에 가입하는 학교도 있고, 그렇지 못한 학교도 있는데, 재단 단위로 교섭하는 것은 조합원이 소수인 학교를 배려하지 않는 게 아닌가 하는 질문입니다.

1999년 7월 전교조 합법화 직후 분회 창립식 붐이 일었을 때 학교마다 조합원 가입률이 달랐습니다. 어떤 학교는 과반수 교사가 가입해서 분회 창립식을 하기만 해도 학교 분위기가 달라졌습니다. 조합원이 소수였던 어떤 학교는 분회 창립식을 학교 안에서 못 하게 해서 교실을 옮겨 다니며 하거나 교문 앞에서 해야 했던 경우도 있었습니다.

그때 과반수 교사가 가입한 학교들이 재단별 교섭을 통해서 많은 것을 바꿔놓았다면 조합원이 소수인 학교들도 자극받아 다수파가 되려고 노력하고 따라갔을 겁니다. 즉 상향평준화가 이루어졌겠죠. 그러나 조합원이 많아 봤자 교섭이 안 되니 시간이 흐르면서 조합원이 점점 빠져나가 지금은 소수 분회가 되었습니다.

세 번째 질문은 재단별 교섭 체제가 되면 재단 측에서 선수를 쳐서 어용노조를 만들어 교섭을 '원천봉쇄'하지 않겠냐는 것입니다. 물론 그럴 가능성도 있습니다.

2020년 이후 대학에서 그런 현상들이 나타났습니다. 경기도에 있는 'K대학', 'D대학', 'S대학', 대구의 'Y대학'에서는 재단 측에서 어용노조를 만든 후 창구단일화 조항을 이용하여 교섭을 회피했습니다. 심지어 경기도의 'O대학'은 교수의 다수가 교수노조를 설립하고 교섭을 요구했으나 어용노조 때문에 2년 넘게 교섭을 못 하고 있기도 합니다. 그러나 계속 그렇게 갈 수는 없습니다. 이미 많은 대학들이 단체협약을 맺었고, 시간이 흐르면서 대학 재단도 어용노조 건설과 같은 낡은 방식으로는 안 된다는 것을 깨닫고 있습니다.

네 번째 질문은 노동운동의 방향은 산별노조를 건설하는 것이고, 전교조는 처음부터 산별노조로 건설되었는데, 굳이 재단별 교섭 체제를 만들어야 하는가, 산별노조로 가자는 노동운동의 흐름에 역행하는 게 아닌가 하는 질문입니다.

산별노조를 하자는 건 노동운동을 잘 되게 하기 위해서지 노동운동의 걸림돌이 되어서는 안 됩니다. 교섭을 못 해서 아예 노조 구실을 못 하는데 산별노조 형식을 취하는 게 무슨 의미가 있습니까? 산별노조는 민주노조 운동에서 매우 중요한 토론 주제이기 때문에 자세히 알아보겠습니다.

산별노조의 목표를 한마디로 말하자면, 크게 뭉쳐서 크게 싸우고 기업의 경계를 넘어 노동조건을 상향 평준화하자는 것입니다. 기업 단위 노동운동으로는 해결할 수 없는 미조직 노동자들 조직화, 산업계의 변화에 대한 공동 대응, 대기업과 중소기업의 임금 격차 해결 등을 산별노조 운동으로 해결하자는 것입니다.

민주노총은 1995년 창립 당시부터 기업별 노조를 산별노조로 전환한다는 방침을 세우고 현재 80% 이상이 산별노조 체계를 갖추었습니다. 하지만 노조 활동가들은 현재의 16개 산별노조는 형식만 산별노조이지 내용이 산별노조라고 하기 어렵다고 합니다. 현재의 산별노조는 조합원 규모에서 격차가 너무 크고 각 산별노조의 조직 발전 전망이 불투명합니다.

민주노총 산하 최대 산별노조인 공공운수노조를 보겠습니다. 공공운수노조는 공공부문, 운수부문, 사회서비스 부문의 노동자를 묶은 산별노조입니다. 좀 더 구체적으로 볼까요? 국민연금·국민건강보험 등 사회보장, 발전·가스 등 에너지, 병원, 학교, 우편, 공공연구기관, 경제사회단체, 전문기술, 문화예술, 청소, 시설관리, 철도·지하철, 버스와 택시, 도로화물·물류·택배, 항공부문(항공·공항), 항만, 어린이집, 노인·장애인 요양 등 돌봄 사회서비스 부문이 포괄 대상입니다.

국민연금공단 노동자, 우체국 택배 노동자, 비행기 조종사, 철도 기관사, 요양보호사, 어린이집 선생님, 이들 사이에 공통점이 느껴지나요? 고용 안정성, 임금 수준, 근로조건이 모두 다릅니다. 문제는 크게 묶어서 크게 싸운 경험이 있냐는 것입니다. 조금 범위를 좁혀서 보더라도 철도노조가 파업할 때 지하철도 멈추고, 버스도 멈추고, 택시도 멈춰서 함께 싸우는 게 산별노조의 위력인데 그런 경험이 없지요.

산별노조의 힘은 노동자들이 공동의 요구를 들고 함께 싸우는 것이고, 그때 자본가들도 공동으로 교섭에 나와야 하는데, 한국의 자본가들은 그럴 생각이 없습니다. 공동 교섭을 강제할 법적 제도적 장치도 없습니다. 중요한 것은 산별노조라는 형식이냐 아니냐에 있는 게 아니라 실질적 효력이 있는 조직이냐 아니냐 하는 것입니다.

지난 20여 년의 산별노조 건설과 산별 활동을 평가하면 민주노총이 추구해 온 대산별노조 건설은 오류로 판명됐습니다. 반면 소산별노조는 활력이 있습니다. 대표적인 것이 보건의료노조입니다. 보건의료노조는 병원별 노조에서 시작하여 산별노조로 발전했습니다. 최근 활동만 봐도 2024년 8월 보건의료노조는 62개 병원이 동시에 쟁의 조정 신청을 하고 결렬 시 총파업을 결의했습니다. 62개 병원에는 국립중앙의료원, 각 지역의 지방의료원, 사립대 병원, 민간 중소병원 등 공공병원과 민간병원들이 모두 망라되어 있습니다. 병원별 교섭도 하고 산별 교섭도 하는 보건의료노조는 산별노조의 전형이라 할 수 있습니다.

지난 26년 동안 사립학교는 무단협 상태, 즉 무노조 상태였습니다. 핵심적 문제는 사학재단의 연합체와 교섭하도록 만들어놓은 단체교섭 구조입니다. 재단과 직접 교섭하는 구조로 법률을 개정해야 합니다.

보건의료노조는 기업별 노조를 충분히 경험한 후 서로 공동의 목표를 향하여 산별노조로 갔습니다. 사립학교 교사들은 자기 재단과 교섭도 한 번 못 해봤는데 산별교섭을 강요받았습니다. 초등학교도 안 다녔는데 대학에 다니라는 것과 마찬가지입니다. 최소한 산별교섭과 재단별·학교별 교섭 체제를 동시에 열어놔야만 사립학교에서 다시 교원노조 운동이 시작될 것입니다.

다섯 번째 질문은 사립학교 조합원들은 사립학교법 개정을 중심으로 운동해야 하지 않냐는 것입니다. 이는 사립학교법 개정의 의미를 정확히 이해하지 못해서 생기는 질문입니다.

사립학교법 개정은 전교조가 교육민주화운동에서 가장 잘 해낸 활동 중 하나입니다. 그런데 사립학교법은 정확히 말하면 '사립학교 법인법'입니다. 74개에 이르는 법률 조항은 모두 사립학교의 운영 주체인 법인을 어떻게 설립하고 법인은 학교를 어떻게 운영하는가를 정한 것입니다. 교사가 학교에서 어떻게 근무할 것인가 하는 조항은 없습니다.

그런데 왜 사립학교 조합원들은 사립학교법 개정 투쟁을 전교조 활동에서 가장 중요한 것으로 느꼈을까요? 전교조 합법화 이후 사립학교 교사들이 대대적으로 진출했던 당시 부패재단 퇴진 투쟁의 경험이 강하게 남아있고, 단체교섭의 경험이 전혀 없기 때문입니다.

사립학교법 문제도 알아보겠습니다. 구한말과 일제 강점기, 사립학교는 민족 인재 육성을 목적으로 하는 교육기관이었습니다. 그런데 해방 이후 사립학교는 부패의 대명사가 되어버렸습니다. 토지개혁을 앞두고 친일 지주들이 재산 은닉의 수단으로 학교를 대거 설립했기 때문입니다.

사립학교는 일반 기업처럼 설립자의 소유물이 아닙니다. 학교 문을 닫는다 해도 교육용 기본재산(학교 토지, 건물 등)을 설립자가 돌려받을 수 없습니다. 개인 소유가 아니고 법인 소유물이기 때문에 국고로 귀속됩니다.

그런데 친일파와 그 후손들은 사립학교는 마치 개인 소유 기업처럼 운영했습니다. 학교에서 이익을 창출하려면 부정부패를 저질러야 하며, 교직원은 부정부패에 눈감아 줄 사람들로 채워야 했습니다. 정의감을 갖고 재단 비리를 고발하거나 맞서 싸운 교사는 가차 없이 쳐냈습니다. 그래서 사립학교에서 투쟁은 반부패 투쟁이자 학교 민주화 투쟁으로 격렬하게 진행되었습니다.

대표적 사례가 전교조 합법화 이후 서울의 상문고, 인권학원, 동일학원 등에서 일어난 부패재단 퇴진 투쟁입니다. 투쟁은 교사들의 각성으로 시작됐지만 학생, 학부모, 동문회까지 참여하면서 커다란 사회적 이슈가 되었습니다.

부패재단을 쫓아내고 시도교육청에서 임시이사를 파견하여 학교가 정상화되면 참 좋겠지만, 대한민국이 그렇게 만만한 나라가 아니죠. 학교 비리를 밝혀서 교육청에 제보하고 감사를 요청하고 농성을 하고 집회를 해도 임시이사를 파견하기가 어렵습니다. 파견해도 몇 년 지나면 구 부패재단이 다시 돌아옵니다. 사립학교법 개정 투쟁이 불붙은 이유도 상지대학교, 상문고등학교에서 쫓겨난 부패재단이 복귀했기 때문입니다.

그래서 사립학교 민주화 투쟁은 재단 이사회의 공공성을 강화하는 투쟁, 부패재단의 복귀를 막기 위한 투쟁, 결국 사립학교법 개정 투쟁으로 귀결되었습니다. 만약 상지대나 상문고에 교원노조가 교섭을 할 수 있었다면 투쟁의 양상이 달랐을 수도 있습니다. 그러나 교사·교직원이 단결하여 싸울 수 있는 조직이 없으니 양심선언, 재단 비리 고발, 재단 퇴진으로 투쟁이 전개되었습니다. 사립학교 교사들이 교원노조를 통해 자신들의 요구를 실현하는 것과 사립학교법 개정은 배치되는 문제가 아닙니다.

2. 공립학교는 분회별 교섭권 확보

뉴욕에서 고등학교 교사 생활을 하는 김숭운 선생님이 쓴 『미국 교사를 보면 미국 교육이 보인다』[2]에는 교사 회의를 하는 장면이 나옵니다. 한 달에 두 번씩 교사 회의를 하는데, 한 번은 전체 회의, 한 번은 전공별 회의라고 합니다. 전체 교사 회의는 학교의 정책이나 불만 사항이 토의되고, 전공별 교사 회의는 성적 향상이나 교과서 배분, 시험 일정 등이 토의된다고 합니다. 회의 시간은 정확히 45분입니다.

먼저 교장이 학교 정책을 설명하면 노조위원장이 교장에게 질문합니다. 교장이 질문에 답하고 회의가 길어지다 45분이 딱 되면 모두 일제히 일어나 나간다고 합니다. 이런 일을 처음 경험한 김숭운 선생님이 이렇게 나가도 되냐고 물으니 "No Pay, No Work!"라고 하더랍니다. 제가 이 이야기를 인용한 이유는 "No Pay, No Work!"가 아니라, 교원노조 위원장이 교사들을 대표하여 질문하는 장면입니다.

앞서 미국은 NEA와 AFT, 두 개의 교원노조가 있다고 말씀드렸는데, 미국 교사들의 교원노조 가입률은 90%에 가깝습니다. 그러니 교

---

2. 김숭운, 『미국 교사를 보면 미국 교육이 보인다』, 상상나무(선미디어), 2009.

원노조 대표가 교사 회의에서 대표권을 갖고 발언하는 게 자연스러운 것 같습니다.

다시 대한민국으로 돌아와서, 전교조와 교육부의 단체협약 체결은 두 번밖에 없었지만, 시도교육청과 체결은 몇 차례 있었습니다. 그러나 일숙직, 주번제, 출근부, 학습지도안 검열 등 학교의 전근대적 문화를 척결했던 2001년 시도 지부별 단체협약 이후 학교 현장에서 큰 관심사가 된 단체협약 사안은 별로 없었습니다.

2010년 진보 교육감 시대가 열리고 전교조 출신 교육감과 협약을 맺어도 학교 현장에서 큰 박수받을 만한 협약 내용이 없었습니다. 왜 그랬을까요? 학교 현장에서 민감하게 반응할 만한 내용을 단체협약으로 강제가 어려웠기 때문입니다.

예를 들어 가장 최근 단체협약으로 2020년 조희연 서울시 교육감과 전교조 서울지부가 맺은 단체협약안 중 교사들에게 가장 민감한 문제인 인사자문위원회 관련 협약 내용을 보죠.

제9조 [학교 인사자문위원회]
① 교육청은 각급 학교에서 인사자문위원회가 민주적으로 구성·운영될 수 있도록 지도한다. 각 학교의 인사자문위원회는 다음 사항을 자문한다.
1. 교무업무 분장에 관한 사항
2. 보직교사 임면에 관한 사항
3. 교과 담임과 학급 담임 배정에 관한 사항
4. 포상 후보자와 각종 연수대상자 추천에 관한 사항
5. 기타 교원 인사에 관한 주요 사항
② 교육청은 각 학교 교원인사자문위원회가 민주적으로 운영되고 그 결정 사항에 대하여 특별한 이유가 없는 한 반영되도록 지도한다.

특별한 내용이 없죠? 교육청은 인사자문위원회가 민주적으로 구성되고 운영되도록 시도한다는 것입니다. 단체협약에는 인사자문위원회뿐 아니라 많은 조항들이 '권장한다', '지도한다'로 표현되어 있습니다. 전교조 교섭위원들이 '해야 한다'로 하자고 요구해도 교육 관료들은 물러서지 않습니다. 학교 인사자문위원회 운영은 교장의 권한이기 때문입니다. 교육부 장관이 시도 교육감의 권한을 침해할 수 없듯이, 교육감도 교장의 권한을 침해할 수 없습니다. 법적으로 교육감의 권한이 아니라 학교장의 권한인 사항에 대해서는 교육감도 어쩔 수가 없습니다.

학교장의 권한이 얼마나 많은지 살펴봐야 분회와 교장의 교섭 필요성을 느낄 수 있을 것입니다. 현행교육법상 교장은 학교 운영에 있어서 많은 권한을 갖고 있습니다. 초중등교육법 제20조 ①항에서 교장의 임무는 "교장은 교무를 총괄하고, 민원 처리를 책임지며, 소속 교직원을 지도·감독하고, 학생을 교육한다"로 규정되어 있습니다.

너무 추상적이죠. 초중등교육법 시행령, 교육공무원법, 각종 규칙에 규정된 교장의 권한은 크게 세 가지 영역으로 볼 수 있습니다. 교육과정, 학교 인사, 학교 재정, 이렇게 3가지 측면에서 교장의 권한을 살펴보겠습니다.[3]

먼저 교육과정에 대한 권한입니다. 교장은 학칙의 제정, 학생의 징계, 학생 생활 기록 작성·관리, 학년제 외의 제도 채택, 학생의 조기진급·조기졸업 결정, 정원 외 학적 관리, 수업일수 결정, 임시휴업 결정, 수업 운영 방법 결정, 수업의 개시·종료 시각 결정, 체험학습·위탁교육 실시, 전·편입학 추천 및 허가, 고등학교 입학전형 방법 결정, 2

---

3. 법률신문, 〈학교장의 권한과 교사의 자율권 보장〉, 2002.6.10.
　2008년 이명박 정부에서 '학교 자율화 조치'를 추진하면서 '학교장 책임 경영제'를 도입했기 때문에 권한이 더 확대되었을 것이다.

종 도서 선정 등의 권한을 가집니다.

다음으로 학교 인사에 대한 권한입니다. 교장의 인사권의 행사는 지역교육청 또는 교육감의 승인을 받아야 하지만, 단위 학교가 그 권한을 가지고 있는 것들도 있습니다. 겸임교사·명예교사·시간강사 임용, 초빙교사에 대한 추천권, 보직교사의 종류 및 업무분장 지정, 보직교사의 증치增治, 연수 대상자 지정, 연수허가, 근무 상황 카드 비치 및 관리, 당직 근무 결정 등입니다.

마지막으로 학교 재정에 대한 권한입니다. 예산 편성, 학교운영지원비 액수, 수업료·입학금의 면제·감액, 징수기일의 지정, 수업료 체납 학생에 대한 출석정지·퇴학 처분, 사립학교의 수업료·입학금 결정 등입니다.

교장의 권한 중 앞서 살펴본 인사자문위원회의 역할과 관련해 좀 더 생각해 보겠습니다. 학교는 12월이 되면 다음 학년도 부장(보직교사)을 못 세워서 난리입니다. 교장·교감들은 요즘 선생님들이 서로 부장을 안 하려고 해서 문제라고 슬쩍 교사들을 힐난합니다. 그래서 요즘 학교에서는 부장들이 성과급에서 S등급 받는 것을 당연시하는 분위기입니다. 서로 안 하려는 부장에게 S등급 주는 게 뭐가 문제냐는 것이죠.

제가 전에 근무하던 학교에서 이 문제를 제기했습니다. 교사들이 부장을 안 하려는 현상을 힐난하지 말고 부장을 줄이자고 교장에게 제안했습니다. 문제가 되는 것은 1인 부장, 2인 부장입니다. 혼자 부장인데 왜 부서가 되어야 합니까. 부장과 기획만 있는 부서가 왜 필요합니까. 1인 부장, 2인 부장인 부서들을 다른 부서로 통합하면 연말마다 부장 못 세워 난리인 상황을 해결할 수 있지 않겠냐고 제안했습니다.

그러면서 제가 아는 어떤 사립 고등학교 사례를 전해주었습니다. 그

학교는 20년 전부터 교무부, 연구부, 학생부, 1학년부, 2학년부, 3학년부, 이렇게 6개 부서로 편재해서 학교를 운영합니다. 명칭은 학교마다 다르지만 대부분 공립학교에 있는 진로, 창체, 정보, 복지, 안전 등의 부서는 다른 부서로 편재해서 부장이 아니라 부원으로서도 얼마든지 할 수 있다고 제안했습니다.

교원 배치 기준에서 부장 교사의 배치 기준은 학급 수에 따라 달라집니다. 12학급 이하의 학교는 9명 이내, 13~15학급의 학교는 10명 이내, 16학급 이상의 학교는 11명 이내입니다. 중요한 것은 '이내'라는 것입니다. 얼마든지 줄일 수 있습니다. 그래서 교장에게 제안했던 것인데, 교장의 답변은 "NO!"였습니다. 이유는 "부장은 교사의 권리"라는 것입니다.

교장의 논리는 이렇습니다. "교감으로 나가려면 부장 경력이 몇 년 이상 필요하다. 1인 부장이건 2인 부장이건 부장 경력이 쌓여야 승진할 수 있는데 내가 어떻게 부장 점수 획득을 막을 수 있냐? 부장은 규정 안에서 최대한 확보해 줘야 한다. 그게 교장의 의무다."

그래서 저는 "승진하고 싶으면 교무부장이나 학생부장처럼 힘든 부장을 하라고 해라. 1인 부장, 2인 부장으로 편하게 지내면서 부장 '마일리지' 쌓는 교사들을 위해 학교를 비합리적으로 운영하는 게 맞냐?"고 말했지만, 교장은 물러서지 않았습니다.

교장이 그렇게 나오니 저도 더 이상 이 문제를 제기할 수 없었습니다. 혹시라도 부장 마일리지를 쌓아가고 있는 동료 교사가 제 이야기를 전해 들으면 제 입장도 난처해질 것 같았습니다.

학교를 옮겨서 지금 근무하는 학교에서도 교장과 이야기해 봤습니다. 입장은 마찬가지입니다. 국가에서 부장 수당이 나오는데 그걸 받을 교사들을 자신이 줄일 수 없지 않냐는 것입니다. 이전 학교 교장도 지금 근무하는 학교 교장도 교사들과 원만히 지내고 학교 운영에서 무리하지 않는 좋은 분들이었습니다. 그런데 그런 교장과도 이 문제는 해결할 수 없었습니다.

이런 문제는 어떻게 해결해야 할까요? 교육청과 단체교섭을 통해서는 할 수 없습니다. 교장의 권한을 침해하는 것이니까요. 학교 인사자문위원회에서 부장을 몇 명으로 할지 결정할 수 있을까요? 인사자문위원회에 거의 당연직으로 들어가 있는 교감이나 교무부장이 동의할까요? 분란이 커지겠지요. 부장회의에서 부장들이 스스로 결정할까요? 더 어렵겠죠. 결국 학교 단위에서 교원노조가 해결해야 합니다. 이런 문제들이 학교 안에는 산적합니다. 분회 단위 교섭권이란 이런 문제들을 해결할 수 있는 방도입니다.

공립학교는 주인도 없고 순환하며 근무하지만 다 똑같은 모습이 아닙니다. 학교를 옮기면 흔히 하는 이야기가 "이 학교는 왜 이래요?"입니다. 공립학교라면 학교 운영 실태가 표준화되어야 마땅한데 그렇지 않습니다. 학교마다 해결해야 할 것들이 많습니다. 그래서 교육청과의 교섭으로 해결할 수 없는 많은 것들을 그 학교에 근무하는 교사들이 힘을 모아 바꿔나가야 합니다.

교육부 장관, 시도 교육감과 교섭하는 구조는 유지하면서, 더해서 교장과 학교 단위로 교섭이 가능하도록 법률을 개정해야 합니다. 또는 교섭권을 법률로 제한하지 않고 교원노조가 요구하는 단위로 자율적 교섭 체제를 확보해야 합니다.

그런 점에서 지역교육지원청과 지회[4]의 교섭구조를 만드는 것도 연구해 볼 과제입니다. 전국적으로 23.8%에 이르는 학생 수 100명 이하 학교(교직원 10명 내외)의 경우 학교 단위로 교섭하는 것이 쉽지 않을

---

4. 지회라는 용어는 전교조 조직 체계를 기준으로 하는 것인데, 전교조는 본부(전국 단위), 지부(광역 시도 단위), 지회(시군구 지역교육청 단위), 분회(학교 단위)로 구성되어 있다.

것이므로 지회가 지역교육청과의 교섭을 통해 해결하는 것 역시 고민해 볼 문제입니다.

3. 단체교섭의 의제 제한 폐지

단체교섭의 의제는 노동조합이 제기하는 것입니다. 이것이 교섭 의제가 되는가 안 되는가는 노사 간 힘에 의해서 결정됩니다. 노조의 힘이 약하면 교섭 의제에서 빠지게 되고, 노조의 힘이 강하면 교섭 의제가 됩니다. 그런데 현재의 교원노조법은 단체 교섭 의제를 법으로 정해 놓았습니다. 일방적으로 정부에 유리하게 해놓은 것이죠. 사실상 교원노조를 이빨 빠진 호랑이로 만들어 놓았습니다.

교사들이 생각하는 교섭 의제는 무엇일까요? 이에 대해 연구해 놓은 논문이 있어서 인용하겠습니다. 2013년 한국교원대 교육정책전문대학원 인적자원정책 전공 김칠구의 석사 학위 논문 「단체교섭 대상에 대한 교원의 인식 분석」 중 설문 항목입니다. 아래 표는 576명의 교사들에게 30개 항목에 대해 설문 조사한 결과 응답자들이 교섭 의제로 동의한 비율이며, 동의율이 높은 것부터 나열했습니다.

순	설문 내용	관계있다
1	교원의 안전, 보건에 관한 사항	91.7%
2	교원의 복지, 후생에 관한 사항	91.7%
3	근무 시간, 휴게, 휴무 및 휴가 등에 관한 사항	88.7%
4	봉급 및 수당 체계의 개선에 관한 사항	87.6%
5	여성 교원의 보호에 관한 사항	87.3%
6	교육시설 사업 등 교육 여건 확충과 관련한 사항	77.3%
7	고용 평등 교육 강화와 관련한 사항	72.6%
8	교원의 정원, 교육청의 인사위원회 운영 등 인사권 행사 사항	69.1%
9	정규 교원의 채용, 전보, 평가, 승진, 징계와 관련한 사항	68.9%
10	실업, 보건, 특수, 유아 교육에 대한 지원 및 양성 관련 사항	67.0%

11	계약직, 임시직 교원의 채용, 전보, 평가, 승진, 징계 사항	66.8%
12	교육청의 교육 정책 관련 예산 편성 및 운영 관련 사항	65.7%
13	감사 제도 운영에 관한 사항	63.9%
14	교원 연수 등 전문성과 관련한 사항	62.8%
15	노조 전임자의 휴직 및 복직에 관한 사항	61.1%
16	사립학교 교원의 채용, 전보, 평가, 승진, 징계와 관련한 사항	60.5%
17	교육과정의 운영과 관련한 사항	60.0%
18	노조 활동을 위한 편의 지원 관련 사항	59.1%
19	학생들의 복지 및 징계 등과 관련한 사항	57.8%
20	학생 중 취약 계층 보호 및 지원과 관련한 사항	55.8%
21	단위학교 학교 운영 일반에 관한 사항	55.5%
22	학교 내 노조 활동 시간/교육 훈련기관 연수 시 노조 교육 사항	55.1%
23	학업성취도 평가에 관한 사항	55.1%
24	학교 내 인사자문위원회의 운영과 관련한 사항	55.0%
25	단위학교 학교 회계 전체 예산 운영과 관련한 사항	54.1%
26	연구 시범학교 운영과 관련한 사항	50.8%
27	단위학교 학사 관리와 관련한 사항	49.3%
28	노조 사무실 지원에 관한 사항	48.9%
29	학부모 부담 경감 등 학부모와 관련한 사항	45.3%
30	단위학교 일반적 시설관리와 관련한 사항	44.3%

위 도표에서 30개 항목 중 동의율이 50% 이하인 항목은 4개에 불과합니다. 바탕색을 어둡게 한 18개 항목은 단체교섭을 한다면 교육 관료들이 의제로 할 수 없다고 주장할 만한 항목들입니다. 나머지는 현재도 교섭 의제로 채택되고 있는 항목들입니다.

최근에 문제가 된 고교학점제, AI 디지털 교과서는 교육 관료들이 절대 교섭 의제로 인정하지 않을 항목입니다. 왜? 교원의 경제적 사회적 지위 향상과 관련된 사항이 아니라고 주장할 테고, 교원노조법에 그렇게 명문화되어 있기 때문입니다.

　이러니 단체교섭을 해도 할 게 없습니다. 교육부 장관과 교섭을 하든, 시도 교육감과 교섭을 하든, 국장급 실무선에서 다 잘라버리고 남은 것들로 교섭을 하니 단체협약이 체결되어도 학교 현장에서 느낄 만한 것이 없습니다. 2010년 이후 진보 교육감 시대가 열리고, 전교조 조합원 출신이 교육감에 대거 당선되었는데도 학교에 느낄 만한 변화가 없다는 것은 교원노조법의 한계 자체를 보여주는 것입니다.

5부

교원노조의
학교 개혁 정책

1.
학교는 왜 망가졌는가?

2013년 프랑스의 대표적 일간지 〈르몽드〉는 '교육 강박증에 걸린 한국인'이라는 제목의 기사에서 "한국 학생들이 성적은 우수하지만, 세상에서 가장 불행한 학생들이며, 한국의 교육 시스템은 세상에서 가장 경쟁적이고 고통스러운 교육"이라고 평가했습니다.

참 부끄러운 기사인데요, 그렇게 평가받을 만한 통계 수치들은 차고 넘칩니다. OECD 국가 중 아동의 행복지수는 늘 꼴찌입니다. 청소년의 사망 원인에 교통사고를 제치고 자살이 1위가 된 게 17년째이며, 자살자 수는 계속 증가하고 있습니다.

21세기 한국 교육이 망가진 이유는 세 가지입니다.

첫째는 1997년 외환위기 이후 한국 사회의 급격한 변화가 가져온 교육 경쟁 격화입니다. 중산층이 몰락하고, 양극화가 심해지고, 비정규직이 확산하고, 청년 취업난이 격화되면서 외환위기 이전과 질적으로 완전히 다른 사회로 변모했습니다. 좋은 일자리를 얻기 위한 경쟁이 치열해졌고, 일자리 경쟁이 교육 경쟁으로 이어졌습니다.

둘째는 2000년 헌법재판소의 과외 금지에 대한 위헌 판결입니다. 1995년 이후 20년 동안 1인당 GDP는 2.5배 증가했는데, 사교육비는 15배 증가했습니다.

셋째는 김영삼 정부에서 만들고 김대중 정부부터 윤석열 정부까지 시행해 온 '5.31 교육개혁'입니다. 한국 사회의 변화, 사교육 급증과 맞물려 교육을 경쟁 체제로 만들었습니다.

서이초 사건은 우연적 사건이 아닙니다. '아동학대법'을 비롯한 몇 개의 법률 때문에 발생한 것도 아닙니다. 교사를 교육의 주체가 아니라 관리되고 견제받아야 할 객체로 만들어온 한국 교육체제의 귀결입니다.

군부 독재정권이 교사를 권력의 하수인으로 만들었다면, 군부독재 종식 이후 정권들은 교사를 교육 상품을 공급하는 서비스직으로 만들었습니다. 교육을 상품, 학생과 학부모는 수요자, 학교와 교사는 공급자로 규정하고, 자본주의적 경쟁 체제를 교육에 적용해 교육체제를 구성했습니다. 그러면서도 군부독재가 유지한 일제 강점기 관료 체제는 그대로 존속시켜 교육 관료가 교사 위에 군림하고 주도하는 교육 행정 체제를 강화했습니다. 그 틀을 짠 게 1995년 5.31 교육개혁입니다. 올해로 30년이 되었습니다. 젊은 선생님들은 5.31 교육개혁 자체를 잘 모릅니다. 원래부터 학교가 그런 줄 알고 살아왔기 때문입니다.

왜 한국의 대학 진학률은 세계 최고 수준이 되었을까요? 왜 특목고, 자사고가 명문대를 독점하는 고등학교 체제가 되었을까요? 왜 학부모가 다수파인 학교운영위원회가 학교의 운영권을 쥐며, 학교 안에 학부모가 참여해야 하는 위원회가 왜 그렇게 많을까요? 왜 대다수 교사가 반대하는 성과급과 교원 평가를 절대로 없애지 않을까요?

이 모든 의문이 5.31 교육개혁에 담겨있습니다. 5.31 교육개혁 철학이 학교 운영 곳곳에 스며있고, 서이초의 비극을 만든 법률도 그런 정신의 발현입니다.

변화는 당연하다고 여겨온 것을 당연하지 않게 생각하는 것에서 시작됩니다. 지난 30년 동안 한국 교육을 지배해 온 5.31 교육체제가 무엇을 목표로 한 것인지 이해해야 교원노조가 무엇을 해야 할 일을 정리할 수 있습니다. 이에 5.31 교육제제를 알아보겠습니다.

1. 5.31 교육개혁의 철학과 방향

1995년 5월 31일에 발표했다고 해서 '5.31 교육개혁'이라 부르는 개혁 조치는 대한민국 정부 수립 이후 '유일한' '종합적' 교육개혁 정책입니다.

한국 교육사에서 중요한 교육개혁 조치로는 1969년 중학교 입시 폐지, 1974년 고등학교 평준화, 1980년 과외 금지와 대입 본고사 폐지·학력고사 시행, 1994년 수능시험 도입을 들 수 있습니다. 이 조치들은 사회적 파장이 큰 정책이었지만, 교육의 일부 영역에 대한 조치였습니다.

5.31 교육개혁은 다릅니다. 자체의 시대 인식, 철학, 방법론을 갖추고 초등학교부터 대학 교육, 평생교육에 이르기까지 전 영역에서 체계적으로 기획되었습니다.

1993년 2월 문민정부가 출범했습니다. 후보 시절 '교육 대통령'을 자처한 김영삼 대통령은 1994년 2월 대통령 직속 조직으로 '교육개혁위원회'를 출범시킵니다.

교육개혁위원회는 1995년 5월 31일 「신교육체제 수립을 위한 교육개혁 방안」을 발표하고, 1997년 6월까지 총 4차례에 걸쳐 22개 분야 120개 과제를 교육개혁 방안으로 대통령에게 건의합니다. 네 번째 건의가 김영삼 정부 말기라서 김대중 정부가 이어받아 시행이 시작됩니다.

이 책에서는 5.31 교육개혁에 대한 평가와 관련하여 안병영 연세대 명예교수가 하연섭 연세대 교수와 함께 집필한 『5.31 교육개혁 그리고 20년』을 주로 살펴보고자 합니다.[1]

안병영 교수는 김영삼 정부에서 5.31 교육개혁이 가장 활발하게 진행되던 시기에 교육부 장관을 지냈고, 6년 후 노무현 정부에서도 교육부총리를 지냈습니다. 그런 경력자가 20년이 지난 후 직접 평가 작업을 수행했다는 점에서 그의 생각을 직접 들어보는 것이 가장 좋을 것입니다.

가. 5.31 교육개혁이 등장한 배경

『5.31 교육개혁 그리고 20년』은 앞에 '한국 교육의 패러다임 전환'이라는 부제가 붙어있습니다. '패러다임paradigm'이란 어떤 시대에 사람들의 견해나 사고를 근본적으로 규정하는 인식 체계를 뜻합니다. 5.31 개혁안은 시대가 변했다는 것에서 출발하여 한국 교육의 패러다임을 바꾸고자 했습니다. 변화된 시대란 민주화, 세계화, 정보화, 지식 사회화입니다. 아래는 이에 대한 안병영 교수의 설명입니다.

> '민주화'란 군부독재 시대의 마감을 의미합니다. 1990년대 초 한국은 거대한 민주주의의 물결 속에 있었으며, 민주주의가 추구하는 핵심 가치는 자유, 다원성, 경쟁, 참여로 요약됩니다. 따라서 교육계에서도 권위 관계에 기초한 중앙집권적, 위계적 교육체제를 자치와 자율에 바탕을 둔 민주적 교육 질서로 전환을 도모했습니다.
> '세계화'란 1989년 소련 동구의 몰락으로 냉전 체제가 무너지고 국경을 초월하는 글로벌 경제권이 형성된 세계에 대한 관점입니다. 자본의 무한 팽창 욕구, 첨단 정보통신과 교통의 발달로 세계는 하나의 생활권, 지구촌으로 전환되었습

1. 안병영, 하연섭, 『5.31 교육개혁 그리고 20년』, 다산출판사, 2015.

니다. 세계화는 거스를 수 없는 흐름이므로 시장 기제의 활성화, 경쟁력 강화는 불가피합니다. 교육이념에서 수월성秀越性을 강조하는 것은 필연입니다.

'정보화'란 컴퓨터와 통신의 결합입니다. 교육도 정보화 시대에 맞게 기반 구축, 교육용 소프트웨어 개발 보급, 정보기술 활용 교육 등을 강화해야 합니다.

'지식사회화'란 소품종 대량생산, 표준화된 생산공정, 대규모 공장설비와 육체노동 시대가 가고 다품종 소량생산, 다기능 지식노동이 중시되는 사회를 의미합니다. 따라서 급변하는 산업구조와 고용시장의 변화에 대응하기 위해서는 개인이 전 생애주기에 걸쳐 공부하는 평생학습 사회를 건설해야 합니다.

나. 5.31 교육개혁안이 추구하는 '신교육 체제'

위와 같은 시대 인식으로 구상한 '신교육 체제'는 열린교육 체제, 수요자 중심 교육, 교육의 자율성, 다양화와 특성화, 정보화, 이렇게 다섯 가지로 요약됩니다.

'열린교육 체제'란 언제, 어디서나, 누구나 원하는 교육을 받을 수 있는 체제입니다. 이를 위해 학점은행제를 도입하고, 복수 전공, 대학 편·전입학, 고등학교에서도 일반계·실업계·특목고 사이의 전학 등을 보장합니다.

'수요자 중심 교육'을 위해서 학교 입학과 교육과정에서 학생의 선택권을 보장하고, 복수 지원을 확대하며, 수준별 교육과정을 수립합니다.

'교육의 자율성'을 위해서 '교육규제완화위원회'를 구성하여 규제를 줄이고, 초중고에 학교운영위원회와 학교장·교사 초빙제를 도입하며,

대학은 입학전형과 학사 관리를 자율화합니다.

'교육의 다양화와 특성화'를 위해서 학교생활기록부를 도입하고, 특별활동과 봉사활동 등 비교과 과목도 중시하며, 특성화고등학교를 확대하고, 단설전문대학원 제도를 도입합니다.

'교육 정보화'를 위해서 정부가 멀티미디어 지원센터, 첨단학술 정보센터 등을 구축합니다.

다. 5.31 교육개혁안이 내놓은 구체적 정책

5.31 개혁의 시대 인식에 기초한 새로운 교육체제 수립을 위해 초중고에 도입된 제도는 아래와 같습니다.

- 초등학교에 영어교육 도입. 영어로 하는 영어교육. 원어민 교사 채용.
- 교사 중심 수업을 지양하고 수요자(학생) 중심의 '열린교육' 지향.
- 필수과목 축소, 선택 과목 확대를 위한 교육과정 도입. 수준별 교육과정 도입.
- 학생의 특기·적성 교육을 공교육 체제에서 책임지는 방과후교육 활동 활성화.
- 내신 성적을 상대평가에서 절대평가로 전환하고, 종합생활기록부를 도입.
- 특수목적고, 국제고, 자립형 사립고 등 다양한 유형의 학교 도입·확대 및 학생의 학교 선택권 보장.
- 시도교육청 평가와 재정 지원 연계와 학교평가 제도 도입.
- 학교의 자율적 운영을 위해 학교운영위원회를 도입하고, 교장·교사 초빙제 실시.

대학에 도입된 제도는 아래와 같습니다.

- 대학입시에서 본고사를 폐지하고 논술, 면접 등 전형 방법을 다양화.
- 대학 모형을 다양화하고 복수 전공이 가능한 체제를 수립.
- 대학설립준칙주의: 다양한 대학 설립을 위해 규제를 완화하고 설립을 자유화.
- 대학 평가와 재정 지원 연계.
- 1998년까지 교육재정을 GNP의 5%로 확대.

2. 5.31 교육개혁의 실행 과정

5.31 개혁안을 준비한 김영삼 정부에서 120개의 개혁 과제 중 87개가 집행 단계로 들어갔고, 나머지는 김대중 정부에서 집행되기 시작합니다. 김대중 정부는 5.31 개혁안의 기본 방향에 찬성했습니다. 김대중 정부에서 시행된 것들은 아래와 같습니다.

- 수준별 선택형 교육과정을 표방한 7차 교육과정.
- 수행평가 도입. 대학입시에 학교생활기록부를 활용.
- 특목고(과학고, 외고) 확대. 전문계고(과거 공고, 상고) 외에 특성화고 제도 도입.
- 민족사관고, 상산고 등 자립형 사립고 6개 시범 운영.
- 교원 정년 3년 단축. 교원 성과급 제도 도입.
- 국립대학 구조조정 및 평가 사업. BK21. 연구 중심 대학 육성 사업 시작.

개혁에 대한 높은 기대감 속에 출범한 노무현 정부는 5.31 개혁안의 기조를 유지하면서도 속도를 조절했습니다. 자립형 사립고를 6개에서 더 확대하지 않았고, 대학입시의 자율성을 보장하면서도 본고사, 기여입학제, 고교등급제에 대해서는 선을 그었습니다. 이를 '3불 정책'이라고 했습니다.

'참여정부'라는 명칭에 걸맞게 교육감을 주민 직선으로 선출하도록 '지방교육자치에관한법률'을 개정했고, 2004년 총선에서 열린우리당이 압승한 후 4대 개혁 입법의 일환으로 사립학교법을 개정했습니다.

노무현 정부에서 5.31 개혁안을 기조로 시행된 정책은 3개 정도를 꼽습니다.

- 국립대 통폐합 및 정원 축소 등 대학 구조 조정.
- 경제자유구역에 외국인을 위한 국제학교, 자율학교 설립 등 교육 개방.
- 교원 평가제 도입.

5.31 개혁안은 이명박 정부가 들어서면서 전면화되었습니다. 이명박 정부에 5.31 개혁안을 만든 김영삼 정부의 정책팀 인맥이 대거 참여했습니다. '세계화'를 '선진화'로 명칭을 바꾸고 '비지니스 프렌들리 Business Friendly'를 자처한 이명박 정부는 '잃어버린 10년'을 만회하기라도 하려는 듯 초중고 교육에 대한 전면적 개편에 착수하고 전격적으로 밀고 나갔습니다.

이명박 정권에서 전개된 대표적 정책은 아래와 같습니다.

- 영어 몰입교육의 전면화.
- 고교 다양화 300 프로젝트: 자사고 100개, 마이스터고 50개, 기숙형 공립고 150개.

- 초중고에서 일제고사 실시.
- 대학입시에 입학사정관제 도입.

박근혜 정권은 이명박 정권의 교육 정책을 그대로 계승했고, 새로 도입한 제도로는 중학교 '자유학기제' 정도입니다. 이명박 정부에서 창궐한 뉴라이트 세력의 교과서 이념 시비를 이어 한국사 국정교과서를 들고나와 역사를 거꾸로 돌리려다 탄핵당하고 감옥에 갔습니다. 국정교과서는 문재인 정부 출범 즉시 폐기되었습니다.

촛불 정부를 자임하며 큰 기대를 모았던 문재인 정부는 교육 분야에서도 아무 성과를 내지 못하고 끝났습니다. 문재인 대통령은 후보 시절 외고, 자사고 폐지 등 5.31 개혁안의 기조와 결별하는 공약을 내놓았습니다.

외고, 자사고 폐지는 초중고 교육에 큰 영향을 미칠 수 있는 거의 유일한 정책이었습니다. 국민의 지지도 매우 높고, 국회에서 법률을 개정해야 할 사안이 아니라 국무회의에서 시행령을 고치기만 하면 되는 정책이었습니다. 그러나 무책임하게 차기 정부 임기인 2025년에 폐지하는 것으로 어음을 발행했는데, 윤석열 대통령은 취임 즉시 부도 처리했습니다. 문재인 정부에서 의미가 있는 정책이라면 고등학교까지 무상교육을 앞당겨 실현한 것밖에 없습니다.

윤석열 정부는 수능 '킬러 문항'과 싸우고, 의대 정원 확대를 위해 의사들과 싸우고, 교육계의 4대강 사업이라 불리는 AI 디지털 교과서를 추진하다가 탄핵당하고 끝났습니다.

3. 5.31 교육개혁의 결과

「신교육체제 수립을 위한 교육개혁 방안」은 결론 부분에서 희망 가

득한 미래를 약속했습니다.

초중고 교육이 정상화되고 사교육이 없어지며, 학교는 다양화되어 원하는 학교에 갈 수 있으며, 인성교육이 실시된다. 대학 교육 기회가 확대되고 원하는 분야를 다양하게 전공할 수 있다. 능력 있는 교원이 우대받고 전문성이 높아진다. 기업은 구인난이 해결되고, 근로자는 자기 능력을 개발할 수 있다. 정부는 규제 중심에서 지원 중심으로 변화된다. 사회는 학벌 중심에서 능력 중심으로 전환되며, 언제나 공부할 수 있는 열린 교육 사회가 된다. 그래서 세계의 중심에 우뚝 선 한국이 된다.

그러나 결과는 어떻습니까?

- 초중고 교육이 정상화되기는커녕 특목고가 확대되면서 입시 경쟁이 초등학생까지 확대됐습니다.
- 인문계 고등학교는 1년 등록금이 천만 원에 이르는 특목고·자사고와 무상교육을 하는 일반고로, 직업교육 학교는 마이스터교와 특성화고로 양극화되었습니다.
- 대학 교육 기회는 넘쳐나게 되었지만, 극심한 취업난으로 정신적 고통을 겪고 있으며, 절반 이상이 자신의 전공과 무관한 직장에 취직합니다.
- 학교는 수업과 담임을 잘하는 '능력 있는' 교사가 아니라 승진 점수 관리에 몰두하는 교사가 교감·교장이 되는 낡은 질서는 전혀 변화하지 않았습니다.
- 대학 서열화는 더욱 촘촘해졌고, 학벌 경쟁은 더욱 강화되었습

니다.

- 5.31 교육개혁이 약속한 '세계에 우뚝 선 한국' 대신 '헬조선'이 되었습니다.

5.31 교육개혁은 실패했습니다. '실패'가 아니라 '개악'이라는 표현이 적절할 것입니다. 왜 그렇게 되었을까요?

5.31 교육개혁이 없었어도 한국 교육은 악화될 수밖에 없었습니다. 1997년 외환위기가 터졌기 때문입니다. 중산층 몰락, 양극화, 비정규직 확산, 청년 취업난 등 한국은 외환위기 이전과 완전히 질적으로 다른 사회로 변모했습니다.

외환위기 이후 기업의 신규 채용이 대폭 줄어들고, 일자리라고 해봐야 인턴, 계약직인 상황에서 대학생 수가 급증하니 취업난은 극심해졌습니다. 부실 대학을 양산한 결과 대학설립준칙주의는 2014년에 폐기되었지만, 고통스러운 숙제가 남았습니다. 2020년부터 대학 입학 정원보다 고등학교 졸업생이 적어졌습니다. 대학은 구조개혁을 피할 수 없게 되었습니다. 잘못된 정책이 만든 예고된 참사입니다.

무한경쟁의 신자유주의 이데올로기가 사회를 지배하는 가운데 대학은 5.31 개혁의 직격탄을 맞았습니다. 1999년부터 세계적 수준의 대학원 육성과 연구 인력 양성을 목표로 내건 'BK21 Brain Korea 21' 사업이 시작되었습니다. 방법은 경쟁력 있는 대학에 재정을 집중적으로 투자하여 효율성을 극대화하는 방식입니다.

그런데 대학이 BK21 사업의 지원을 받으려면 교육부가 요구하는 학사 정원 감축, 모집 단위 광역화, 교수 계약제와 연봉제 등을 선행해야 했습니다. 교수들의 신분이 불안정해지고 비정규직 교수가 급증했습니다. 교수들은 연구비를 타 내기 위해 수업보다 연구 논문 편수를 늘리는 일에 집중하게 되었습니다. '선택과 집중'의 재정 지원 결과 서울대, 연고대 등 명문대에 전체 지원액의 절반이 몰렸고, 대학 간 격차는 더욱 벌어졌습니다.

학생들의 선택권을 강화한다는 명목하에 비슷한 계통의 전공학과들을 통폐합하여 단일 학부로 신입생을 모집하는 '학부제'와 단과대학 단위로 신입생을 모집하는 '모집단위 광역화'가 강요되었습니다.

결과는 어땠을까요? '학부제' 실시로 학생들의 선택권이 강화되는 긍정적 효과가 나타난 게 아니라, 취업에 유리한 과목은 수강생이 수백 명씩 몰려 대형 강의실이 북새통을 이루고, 인문·사회 과목은 고사 상태에 이르게 되었습니다. 학부제는 몇 년 정도 시행해 보았지만 대부분 대학에서 폐기되었습니다.

4. 5.31 교육개혁이 실패한 이유

가. 한국 현실이 아니라 세계화에서 출발한 개혁 철학과 방법론

5.31 개혁안의 근본적 문제점은 대한민국의 교육 현실에서 출발하지 않은 것입니다. 5.31 개혁안이 나오기 1년 전, 서태지와 아이들은 〈교실 이데아〉에서 '매일 아침 7시 30분까지 조그만 교실에 몰아넣고, 좀 더 비싼 너로 만들기 위해 하나씩 머리를 밟고 올라가도록' 하는 한국 교육을 격렬히 비판했고, 청소년들은 열광했습니다.

5.31 개혁안에는 청소년들의 절규가 담기어 있지 않습니다. 왜 대한민국이 친구의 머리를 밟고 올라가야 하는 학벌 사회가 되었는지에 대한 진단이 없고, 학벌 체제에서 고통받는 학생들에 대한 공감도 없습니다.

의사가 환자를 제대로 진료하지 않고 치료가 가능할 수 없습니다. 5.31 개혁은 '신교육체제'를 수립하겠다는 원대한 목표를 말하면서 한국 교육을 제대로 진단하지 않았습니다.

5.31 개혁안은 세계 정세의 변화에서 출발하여 개혁 목표를 설정했습니다. 세계무역기구WTO 출범으로 세계는 무한경쟁 체제에 돌입했고, 세계화 시대에 국가경쟁력을 높이는 것이 살길이므로, 교육은 국제경쟁력을 강화하는 수단이 되어야 한다는 게 개혁 철학이었습니다.

5.31 교육체제는 세계화를 근거로 삼았지만, 세계화Globalization란 사실상 미국화Americanization입니다. '글로벌 스탠다드'를 강조했지만 사실은 '아메리칸 스탠다드'였습니다. 한국 사회를 미국식으로 개조했고, 교육도 미국 제도를 수입했습니다. 1997년 외환위기 국면에서 미국의 이익을 대변하는 IMF의 요구대로 한국 사회를 개조한 결과 한국은 미국과 함께 '빈부격차의 모범국'이 되었습니다.

5.31 개혁 이전에도 한국 교육은 전쟁이었고 학생들은 불행했습니다. 여기에 5.31 개혁을 얹으니 한국 교육은 세계에서 가장 불행한 교육이 되었습니다.

세계관의 한계는 개혁 방법론의 한계로 이어졌습니다. 교육개혁의 출발점은 '세계화'이고, 교육개혁의 목적은 '국가경쟁력 강화'인데, 개혁의 방법론은 '시장 원리' 도입입니다.

교육을 '상품', 학교와 교사를 '공급자', 학생과 학부모를 '소비자'로 규정하고 공급자 사이의 경쟁을 통해 소비자에게 선택받으면 교육개혁이 이뤄진다는 것이죠. 이는 신자유주의의 원조국인 영국과 미국의 교육 정책을 모방한 것입니다.

1970년대 말 영국에서는 교육행정의 관료화와 공교육의 비효율성에 대한 불만이 커졌습니다. 마거릿 대처가 이끄는 보수당은 선거 승리를 위한 정치적 목적으로 학교와 교사를 공격했습니다. 복지 예산을 삭감하고 공기업을 민영화하듯이, 교육 예산을 축소하고 학교 운영에 시장 원리를 도입했습니다.

학부모들에게 학교 선택권을 주고, 학교 운영에 학부모의 권력을 증대시키며, 학교들 사이에 경쟁을 강화하고, 학생을 더 많이 모집하는 학교에 재정 지원을 확대하는 방식의 제도를 만들어 나갔습니다. 이를 모방하여 수입한 것이 5.31 개혁안입니다.

1995년 5.31 개혁안이 발표될 당시에는 사회적 반발이 크지 않았습니다.

김영삼 정부는 노태우, 김종필과 3당 합당을 통해 권력을 잡았다는 점에서 군부독재의 연장선에 있었지만, 군부독재와 차별화를 시도했습니다. 군사 쿠데타 인맥인 '하나회'를 숙청하고, 전두환 노태우를 내란죄 등의 혐의로 구속했습니다.

5.31 개혁안은 군부독재 시절의 교육을 비판했습니다. 문제는 군부독재 시절의 교육을 '획일화'와 '관료화'의 측면에서 비판하면서, 해결방안을 '민주주의'가 아니라 '시장화'에서 찾은 것입니다.

교육을 경제의 논리로 개혁하겠다는 '시장화'가 얼마나 위험하고 어리석은 것인지 당시로선 알기 어려웠습니다. 군부독재 시대의 낡은 교육을 개혁하겠다고 하니 교육운동 시민단체들도 내심 기대했습니다. 외환위기가 터지고 5.31 개혁안이 구체적으로 집행되면서 비싼 대가를 치르고 나서야 교육을 시장주의 원리로 운영하는 게 얼마나 어리석은 일인지 깨닫게 되었습니다.

나. 교사는 배제하고 경제학자가 주도하고 관료가 주체인 개혁

안병영 교수는 『5.31 교육개혁 그리고 20년』에서 5.31 개혁안에 가장 큰 영향을 미친 인물로 이명현 서울대 철학과 교수와 박세일 서울대 법대 교수를 꼽습니다.

이명현 교수는 '신한국'이라는 정치적 독트린을 형상화한 인물로, 김영삼 정부에서 마지막 교육부 장관을 지냈습니다.

박세일 교수는 1987년 대선 때 김영삼 후보의 경제학 강의를 맡으면서 인연을 맺었다고 합니다. 문민정부 출범 후에는 김영삼 대통령에게 '세계화'라는 시대적 상징어와 국정 개혁 전략을 주지시킨 핵심 참모로, 5.31 개혁안과 관련해서는 '교육개혁위원회' 위원과 청와대 정책기획수석으로 깊이 관여했습니다.

5.31 개혁안을 주도한 박세일 교수는 법경제학자입니다. 박세일 교수 이후 대한민국 교육계에는 희한한 현상들이 벌어집니다. 노무현 정부에서는 경제관료로만 30년을 일한 김진표가 교육인적자원부 장관이 되었습니다. 김영삼 정부에서 교육개혁위원회 전문위원으로 활동했고, 이명박 정부에서 최장기간 교육과학기술부 장관을 역임했으며, 윤석열 정부에서 다시 교육부 장관을 맡은 이주호 씨는 교육을 경제 발전을 위한 수단으로 생각하는 경제학자입니다. 경제학자들이 주도한 교육개혁, 어떤 철학으로 했을까요? 박세일 교수의 주장을 들어보죠.

관료적 교육가 대신에 기업가적 교육가들을 대량 등장시켜 이들이 앞장서서 우리 교육을 '리스트럭처링', '리엔지니어링' 할 수 있도록 해야 한다. 교육 소비자에게 선택의 폭을 확대하고, 동시에 교육 생산자 사이의 자유 공정 경쟁을 확대하고 촉진해야 한다. 소비자의 선호와 선택이 교육의 내용과 방향을 정할 수 있어야 한다.

경제학자들이 교육개혁을 주도하면서 누구와 손을 잡고 추진했을까요? 안병영 교수는 교육부 관료 집단과 손잡고 개혁을 추진했다고 고백합니다.

김영삼 정부는 1996년 6월 교육부 직제를 대대적으로 개편하면서 인사 개혁을 단행했습니다. 교육부는 오랫동안 비非고시 출신 전통 관료들이 핵심부서를 차지하고 있었습니다. 행정고시 출신들은 상대적으로 소외되어 실의에 빠지거나 교육부에 희망이 없다고 생각해서 다른 부처로 옮겨가기도 했는데, 지방으로 밀려갔던 고시 출신 관료들이 중앙 핵심부서로 대거 발탁되자 희망을 갖게 되었다고 합니다.

안병영 교수는 고시 출신 관료들이 5.31 개혁 과제의 프로그램화 및 집행을 위해 빼어난 기획 능력과 상상력, 개혁 의지를 발휘했다고 평가합니다.

교육부의 중견 정책 관료 중 상당수가 이미 해외 유학 프로그램을 통해 미국 등 선진국에서 수학하면서 이들 나라의 교육과 개혁 동향에 대해 어느 정도 이해하고 있었고, 강한 혁신 마인드를 갖고 있었다. 그들은 5.31 교육개혁안을 깊이 이해했고, 이를 실천적 정책대안으로 발전시킬 수 있는 기본 역량을 갖고 있었다. 이후 정권 변동에도 불구하고 개혁안을 지속적으로 추진하는 데에도 이들의 규범적 공감대와 성취 의지가 큰 역할을 했다.

이렇게 자신만만했는데 교수 출신과 교육 관료들이 주도하는 개혁은 왜 실패할 수밖에 없었을까요? 경상대 일반사회학과 김영석 교수의 비판을 들어보겠습니다.[2]

문민정부 당시 5.31 개혁을 구상한 집단은 교수 출신의 청와대 정책 참모진이었으며, 교육개혁위원회도 서울 소재 주요

---

2. 김영석, 『한국의 교육』, 경상대학교출판부, 2017.

대학의 교수들로 이루어진 전문가 집단이었다. 교수들이 주도하는 개혁이 주로 선진국의 사례를 바탕으로 한 이상주의적 개혁으로 흐르는 경향이 있듯이 5.31 개혁안도 영국과 미국의 사례를 중심으로 한 비현실적 개혁 구상이었다.

김대중, 노무현 정권에서 교육개혁을 주도한 것은 교육부 관료들이었다. 이명박 정부가 내놓은 정책들도 상당수가 영국과 미국에서 베낀 것들이다. 문제는 우리와 다른 상황에서 다른 문제를 처방하기 위해 등장했던 정책을 베끼는 것인데, 베끼기 행정보다 더 심각한 것은 '상상으로 베끼기' 행정이다. '선진국에서는 이렇게 할 것이다'라고 상상해 놓고 그 상상을 현실처럼 베끼는 행정을 말하는데, 그 대표적 예가 대학입시 자율화다.

'상상 행정'은 상상으로 베끼기에 그치지 않고 긍정적 효과를 상상하는 수준까지 이른다. 대학입시를 자율화하면 사교육비도 줄어들고 고교 교육도 정상화될 것이라는 상상이다. 그들만의 '행복한 상상'의 수준을 넘어 그렇게 되지 않으면 안 된다는 이념이자 종교의 수준까지 발전한다.

대학교수와 교육 관료의 사고방식은 한국의 교육 현실에서 출발하지 않습니다. 미국에서 교육학 박사 학위를 받고 돌아와 미국식 사고방식으로 무장한 '검은 머리 미국인'들이 많습니다. 한 번도 교실에서 학생을 가르쳐보지 않은 사람들이 상상으로 만들어낸 탁상행정이 수십 년 동안 교육계를 지배했습니다.

교육 관료들은 교육개혁의 주체가 되어야 할 교사를 신뢰하지 않습니다. 교사를 개혁의 대상으로 보고 군림하며 지배합니다. 그들은 자신들이 만들어낸 수많은 공문이 교육을 바꿀 수 있을 거라고 믿고 있거나, 아니면 자신의 입신양명을 위해 공문을 생산하고 있을 뿐입니다.

5.31 개혁안이 지배한 한 세대 동안 교사들은 한 번도 교육의 주체로 대접받지 못했고, 관료적 지배체제는 계속 강화되어 왔습니다.

제가 고등학교에서 하루하루 생활하면서 느끼는 것은 교사가 경쟁 교육 체제에서 학생 선발 과정에 필요한 자료를 생산하는 말단 직원이 되었다는 것입니다. 학교는 교육이 목적이 아니라 학생생활기록부에 기록할 것을 만들기 위해 시험을 보고 행사를 진행하는 행정기관이 되었습니다. 학부모들은 학원에 가서 학원장과 함께 학생의 진로를 기획하고 설계하고 있습니다. 교육을 거래하는 상품으로, 교사를 공급자로, 학부모를 소비자로 규정하고 한 세대 동안 밀어붙인 결과는 기형적 교육체제입니다.

5. 5.31 교육개혁과 교원노조의 과제

교원노조를 교사들 자신의 대중적 조직으로 만들어 교육개혁으로 나갈 방도는 무엇일까요? 노동조합을 통해 학교를 학교답게, 교사가 교사답게 교육할 수 있는 곳으로 만드는 것입니다.

영국의 케임브리지대 교육학과의 존 뱅스John Bangs와 데이비드 프로스트David Frost 교수는 2011년에 발표한 「교사의 자기 효능감, 목소리, 지도력」에서 세 가지를 주장합니다.[3]

첫째, 교사들이 자기 효능감(자기실현)을 가지는 것이 학생들이 행복한 질 높은 교육의 선결 조건입니다.

둘째, 학교와 교육 정책 운영을 관리자 중심에서 교사의 지도력이 보장되는 분권형 지도력을 형성하도록 해야 합니다.

---

3. 국제교원노조연맹, 『교사의 전문성, 어떻게 만들어지나』, 2015, 살림터.

셋째, 교사들은 교육 정책과 전문성 개발에 주도적으로 참여해야 합니다.

이를 교원노조가 담는 게 모든 나라 교원노조 운동의 공통적 과제입니다. 이를 우리 학교의 현실에서 생각해 봅시다.

5.31 교육체제를 폐지하려면 '정권 교체'가 아니라 '체제 교체'를 해야 합니다. 김영삼부터 윤석열까지, 정권이 8번이나 바뀌는 동안 유지된 정책이라 쉽지 않은 과제입니다. 교원노조가 5.31 체제를 폐지하자고 주장하는 건 거대 담론에 도전하는 것이라 교사들 내부에서 의견 수렴도 쉽지 않을 것입니다.

교원노조는 교사들이 피부로 느끼는 것, 교육의 본질을 침해하는 것, 교사를 소외시키는 것, 다수 교사가 동의할 수 있는 것들을 중심으로 학교 개혁 운동을 해야 합니다. 그런 점에서 저는 교원노조가 추구해야 할 교육 정책, 학교 정책을 세 가지 방향에서 제안해 보고자 합니다.

첫째, 교사와 학부모의 관계를 재정립해야 합니다. 억지로 구성해서 형식적 통과 의례 기관이 되어버린 학교운영위원회, 학부모들의 자발성이 없어서 교사가 관리해 주어야 할 업무가 되어버린 학부모회, 교사들을 견제하거나 감시하는 것 이외에 목표를 찾기 어려운 각종 위원회의 학부모 참여 제도에 대해 근본적으로 고민해야 합니다.

둘째, 관료가 아니라 교사가 주체인 시스템을 만들어야 합니다. 학교 현실을 전혀 모르는 관료들이 지배해온 교육체제를 혁파하고 교사를 공문서의 족쇄에서 해방해야 합니다. 전 세계에서 우리나라에만 있는 교장·교감 자격증제를 폐지하고 대학 총장처럼 교장을 교사들이 선출하는 보직제로 만들자는 주장은 전교조 초창기부터 있었습니다. 이를 지금부터 다시 시작해야 합니다. 아울러 교사의 정체성을 잃고 관료 일을 하다가 교감·교장이 되어 학교로 돌아오는 장학사·장학관 제도도 뜯어고쳐야 합니다.

셋째, 교사와 학생의 관계를 본질적으로 재구성해야 합니다. 지금 우리는 '선생님'이 아닙니다. 학생 생활의 기록자입니다. 선생님 역할은 선행학습을 하는 보습학원 강사들이 합니다. 세계에서 교사의 질이 가장 우수한 나라에서 교사들이 가장 쓸모없는 일에 투입되고 있습니다. 사교육이 아니라 공교육이 중심인 교육을 만들어야 합니다. 그래야만 교권이 제대로 실현될 수 있습니다.

2.
학부모와 교사 관계의 재정립

1. 진상 학부모의 등장

서이초 사건 후 2년이 지났지만, 비슷한 사건들이 반복되고 있습니다. 올해 5월 22일 제주도 한 중학교에서 근무하던 현승준 선생님이 세상을 떠났습니다. 현 선생님은 가족에게 남긴 유서에서 학생 가족의 지속된 악성 민원으로 힘들었다고 토로했습니다. 올해 3학년 부장을 맡은 현 선생님은 결석과 학칙 위반을 거듭하는 학생 때문에 괴로워했다고 합니다. 정당한 생활지도에 대해 학생의 보호자 역할을 하던 친누나가 밤낮없이 전화하며 민원을 제기했고, 모욕감이 들 만한 문자 메시지를 남기기도 했으며, 3월에 시작된 악성 민원은 5월 20일까지 계속되었고, 결국 현 선생님은 유명을 달리했습니다.

올해 7월 18일에는 경기도 화성시의 한 초등학교에서 담임교사에게 폭언한 화성시청 공무원이 직위 해제된 사건이 발생했습니다. 사건은 7월 3일 담임교사가 몸이 아픈 4학년 학생을 조퇴시키는 과정에서 학생의 휴대전화가 켜져 있는지 확인하지 않고 혼자 정문까지 걸어가게 한 것을 학부모가 문제 삼으면서 발생했습니다. 학부모는 자녀를 데리러 왔다가 혼자 있는 것을 보고 담임교사를 교문까지 불러내 폭언했다고 합니다.

사건 이후 담임교사는 병가를 냈고, 복귀 후 학급 소통망에 "교사에 대한 폭언을 자제해 달라"는 글을 게재했는데, 학부모는 다시 찾아와 수첩과 펜 등을 집어던지며 "나도 공무원이라 어떻게 괴롭히면 사람을 말려 죽이는지 안다"고 말했답니다. 이 사실이 언론 보도를 통해 알려지면서 화성시 홈페이지에 해당 공무원을 징계해달라는 청원 글이 수백 건 올라오자, 화성시청은 일단 직위해제를 한 후 징계할 예정이라고 말합니다.

교실에서 교문까지 아이를 혼자 보냈다고 난리를 쳤습니다. 도무지 상식적으로 말이 안 되는 사건들이 왜 계속 벌어질까요? 정신건강의학과 전문의 김현수 교수는 서이초 사건이 한창 문제가 되었던 2023년 9월 출간한 『괴물 부모의 탄생』에서 그 이유를 설명합니다.

'괴물 부모'[4]라고 불리는 사회 현상은 2000년대 초반 일본에서 가장 먼저 나타났고 홍콩에서도 비슷한 현상이 나타났다고 합니다. '교사 공격대', '교사 사냥꾼'과 같은 표현도 등장했는데, 학부모들의 행태를 보면 우리와 거의 같습니다.

- 내 아이를 앞에 앉혀주시고, 앞줄에 세워주세요.
- 내 아이가 발표를 맡아서 하게 자리를 배치해 주세요.
- 내 아이를 학교 청소에서 빼주시고, 차라리 학교에서 청소부를 고용하세요.
- 내 딸이 들판에 가는 바람에 햇볕에 타서 왔습니다. 우리 아이 피부를 원상복구 해주세요.
- 우리 아이 사진이 왜 이렇게 없나요? 사진도 골고루 찍지 못하

---

4. '괴물 부모'라는 용어를 가장 먼저 사용한 사람은 교육자인 무코야마 요이치라고 한다.

나요? 한 번밖에 없는 수학여행에서 이렇게 사진이 없어서 어떻게 합니까? 수학여행을 다시 다녀오세요. 그리고 사진도 잘 못 찍는 담임 선생님을 교체해 주세요.

- 학교에서 도대체 무엇을 가르치나요? 아이가 욕을 배워 왔어요. 학교에서.
- 선생님들은 눈이 없나요? 우리 아이가 힘들어하는 게 안 보이셨나요?

일본에서 괴물 부모가 탄생한 이유를 정신과 의사 가타다 다마미片田珠美는 아래와 같이 분석합니다.[5]

- 공동체주의가 붕괴하고 핵가족주의가 확산하면서 괴물 부모가 탄생했다.
- 학벌 사회가 부모의 괴물화를 촉진했다. 자녀의 미래를 위해 스스로 상급 학교 입시를 기획하는 부모들이 더 빨리 괴물 부모로 변신했다.
- 부모의 희생이 클수록, 부모의 자녀에 대한 통제감이 클수록 괴물 부모가 되었다.
- 저출생으로 인한 자녀의 희소성 또한 괴물 부모화를 촉진했다.
- 고학력화와 더불어 소비 사회에서 교육 구매자가 된 부모 중에 괴물 부모가 출현했다.

괴물 부모가 동아시아적 현상만은 아닌 듯합니다. 덴마크의 심리학자 벤트 후고르Bent Hougaard는 자녀에게 과도한 걱정을 하면서 아이가

---

5. 김현수,『괴물 부모의 탄생』, 우리학교, 2023.

고통과 실패를 일절 겪지 않도록 과잉 간섭하고 통제하는 부모를 '컬링 부모Curling Parents'라 이름 붙였습니다.[6] 운동 경기 컬링에서 스톤이 잘 미끄러지도록 바닥을 열심히 빗질하는 모습을 빗대어 만든 용어입니다.

미국에도 비슷한 의미의 용어가 있습니다. '헬리콥터 부모Helicopter Parents'라는 용어인데요, 부모가 한 지점에 머물며 비행하는 헬리콥터처럼 자녀 바로 옆에서 계속 맴돌며 돌봐주고 간섭한다는 뜻으로, 1991년 미국의 시사주간지 '뉴스위크'의 네드 제먼Ned Zeman이 처음 소개한 것으로 알려져 있습니다.

'타이거 맘Tiger Mom'이라는 용어도 있습니다. 중국계 이민 2세대인 에이미 추아Amy Chua 예일대 교수가 2011년 발표한 책 『타이거 마더』[7]에서 중국계 미국인 가정에서 주로 발견되는 현상으로 지적한 용어입니다. 에이미 추아 교수가 자신의 경험을 바탕으로, 언제나 학교 공부가 최우선이고, A보다 낮은 성적을 받아서는 안 되며, 수학에서 동급생들보다 두 학년은 앞서서 가야 하고, 메달을 딸 수 있는 특별활동만 하되 반드시 금메달을 따야 한다고 가르치는 엄마를 말합니다.

한국, 일본, 홍콩뿐 아니라 전 세계적으로 학부모들의 모습은 이전 세대와 다릅니다. 왜 이런 현상이 생겨났는가에 대해 흥미로운 연구 결과가 있어서 살펴보겠습니다.

독일 출신인 마티아스 도프케Matthias Doepke는 미국 노스웨스턴 대학교에서, 이탈리아 출신인 파브리지오 질리보티Fabrizio Zilibotti는 미국 예일 대학교에서 경제학을 가르치는 교수입니다.

이들은 자신들이 1970년대 부모 세대와 전혀 다른 방식으로 자녀

---

6. 김현수, 『괴물 부모의 탄생』, 우리학교, 2023.
7. 원제는 『The Battle Hymn of the Tiger Mother』다. 2011년 민음사에서 번역 출간.

를 양육하고 있음을 깨닫고 전 세계 여러 나라의 양육 방식 차이를
그 나라의 경제적 요인에 연결하고 연구해서 2019년『기울어진 교육』[8]
을 출간했습니다.

경제학자인 도프케와 질리보티가 자녀 양육 문제를 연구하게 된 이
유가 매우 흥미롭습니다. 이들의 문제의식은 오늘날 미국 부모들이 가
진 많은 걱정거리가 자신들이 자라던 40년 전에는 아예 존재하지 않
았다는 것에서 출발합니다.

이들이 자란 독일과 이탈리아는 대학까지 무료였고, 학교들 사이의
질적 차이가 존재하지 않았습니다. 낙제를 면할 최소한의 점수로 과목
을 통과하기만 하면 18세 이전에 학교에서 무엇을 얼마나 잘했는지는
인생에 영향을 미치지 않았습니다. 대학에 가지 않아도 삶의 전망이
나쁘지 않았습니다. 폭스바겐 공장에 취직해 받는 임금은 의사와 비
교해도 그리 적지 않았습니다. 실업률도 낮았고 노동자 계급의 사회적
지위도 높은 편이었습니다.

이런 상황에서는 부모가 아이를 맹렬히 몰아쳐서 득이 될 것이 별
로 없습니다. 그러니 부모가 느긋한 태도로 아이를 뛰놀게 만드는 것
은 이상한 일이 아닙니다. 하지만 1980년대 이후 미국 사회의 경제적
불평등이 가파르게 증가하고, 승자독식의 문화가 나타납니다. 이렇게
바뀐 세상에서 부모들은 아이가 뒤처지지 않을까 점점 걱정하게 되
고, 아주 어릴 때부터 아이가 목표를 달성하고 성공하도록 몰아붙이
게 됩니다.

도프케와 질리보티는 독일, 이탈리아, 미국, 스페인, 영국, 스웨덴, 스
위스, 한국, 중국, 일본 등의 양육 태도를 분석한 결과, 양육에 대한

---

8. 원제는『Love, Money & Parenting』, 부제는〈How economics explains the
way we raise our kids〉다. 번역하면 원제는〈돈, 사랑, 그리고 양육〉, 부제는〈경제
학은 양육 방법을 어떻게 설명하는가〉다.

가치관과 양육 행태의 변화는 경제 불평등의 양상으로 설명할 수 있다고 결론을 내립니다.

임금 불평등이 크지 않고 블루칼라 노동자도 사회적으로 높은 지위를 인정받는 사회라면 부모는 아이의 선택을 존중합니다. 반면 불평등이 심각한 나라의 부모는 아이의 개성을 무시하고 공부를 열심히 하도록 몰아붙일 동기가 커집니다. 이런 이유로 과거에 존재하지 않던 '헬리콥터 부모', '타이거 맘'이 등장한다는 것입니다.

그렇다면 교사들은 이런 현상에 대해 어떻게 대처해야 할까요? 김현수 교수는 괴물 부모에 대한 연구, 사회적 고발, 새로운 학부모 운동의 출현, 교육계에서 새로운 대응책 개발 등이 필요하다고 지적하면서 서이초 사건으로 급하게 출간하게 되었기에 해법까지는 제시하지 못했다고 양해를 구했습니다.

결국 이 문제는 교사들이 해결 방향을 찾아야 하겠는데, 그 전에 생각해 볼 문제가 있습니다. 헬리콥터 부모, 타이거 맘, 컬링 부모 등은 모두 자기 자녀에 대해 과잉 보호, 과잉 개입 등 부모와 자녀 사이의 문제이지 학교 교사와 학부모 사이의 문제는 아닙니다. 하지만 괴물 부모는 교사와 학부모의 관계에서 나타나는 현상입니다.

일본과 홍콩에서 괴물 부모 현상이 나타났지만, 한국처럼 교사들이 분노하여 거리로 뛰쳐나온 사건은 없었습니다. 일본과 홍콩의 교사들이 참을성이 많아서 그랬을 리는 없고, 한국만큼 심각하지 않았다고 해석하는 것이 옳을 것입니다.

따라서 왜 유독 한국에서 괴물 부모 문제가 심각하게 나타났고, 교사들의 분노가 폭발하게 되었는지 한국에서 학부모와 학교의 관계, 학부모와 교사의 관계에서 찾아야 할 것입니다. 특히 학부모와 학교·교사의 관계가 어떻게 법적·제도적으로 구조화되었는지를 살펴봐야 할 것입니다.

2. 교사와 학부모 관계의 변화

2025년 4월에 발간된 『교사와 학부모, 어디로 가는가?』[9]는 서이초 사건 이후 학부모와 교사의 관계를 어떻게 정립해야 하는가 하는 문제의식을 담은 책입니다. 이 책의 저자들은 1987년 민주화 이후 교사와 학부모의 관계가 바뀐 계기가 6번 있었다고 정리합니다. 이를 제가 요약 정리해 보겠습니다.

1987년 민주화 이전 학교는 전근대적 권위주의가 지배했으며, 학교와 학부모의 관계도 그랬습니다.

교사와 학부모의 관계가 변화하는 첫 번째 계기는 전교조 출범이었습니다. 전교조가 출범하자 보수 언론은 교직은 성직인데 교사가 왜 노동조합을 결성하냐고 공격했습니다. 전교조는 '성직관'을 단호히 거부했습니다. '교직=성직' 담론이 쇠퇴하면서 한국 사회에서 교사를 노동자로 보는 관점의 전환이 이루어졌습니다.

교사와 학부모의 관계에서 두 번째 변화는 1996년 도입된 학교운영위원회입니다. 학교운영위원회가 생겨나면서 학부모가 학교 운영에 참여할 수 있는 공식적 경로가 생겨났고, 학부모와 교원의 관계가 평등해졌습니다.

세 번째 변화는 2001년부터 도입된 교원성과급 제도입니다. 공무원 사회에 성과급이 도입된 시기는 외환위기 직후인 1998년입니다. 2001년 교사들의 한결같은 반대를 무시하고 도입된 차등성과급으로 교사를 다른 공무원과 동일한 존재로 보는 관점이 제도적으로 수용되었습니다.

네 번째 변화는 수시 전형의 도입과 확대입니다. 1997년 도입된 수시 전형은 2007년이 되면 신입생 선발에서 50%를, 2018년에는 70%

---

9. 한만중, 김용, 양희준, 장귀덕, 『교사와 학부모, 어디로 가는가?』, 살림터, 2025.

를 넘어섭니다. 대입 전형에서 수시 전형의 확대는 교사의 역할 축소와 학부모의 지원 영역 확대를 동시에 초래했습니다. 대입 전형이 내신과 수능으로 단순했을 때는 학생의 대입 준비에 교사가 미치는 영향이 컸지만, 수시 전형이 다양해지면서 대입 준비의 주도성이 학생과 학부모에게 넘어갔습니다.

다섯 번째 변화는 2004년에 제정되고 2012년에 개정된 '학교폭력예방법'[10]입니다. 2004년 학교폭력예방법이 제정되어 학교마다 '학교폭력대책자치위원회'(이하 학폭위)가 설립되었습니다. 2011년 대구의 한 중학생이 같은 반 학우들에게 상습적 괴롭힘을 당하다 자살하는 사건이 발생하면서 학교폭력예방법이 대폭 개정되어 학폭위 개최, 가해학생에 대한 조치 의무화, 학폭위 심의에 대한 재심 절차 마련, 가해학생의 학교폭력 학교생활기록부 기재 등이 의무화되었습니다. 이후 교사는 교육자의 지위에서 학폭 사안에 대한 소송 대상으로 전락했고, 학생 교육에 대한 권위를 박탈당했습니다.

여섯 번째 변화는 2010년 이후 학생인권조례의 제정입니다. 학생인권조례 중 학교에서 체벌 금지는 그 자체로 필요한 조치였다 하더라도, 교사를 학생 인권의 잠재적 침해자로 보는 관점이 확산됐습니다. 2014년 아동학대처벌법 제정 이후 낮은 기소율에도 불구하고 교사가 아동학대 행위자로 신고된 경우가 늘어난 것은 학생인권조례 제정 이후 교사를 보는 학부모의 시각 변화와 관련이 있습니다.

진상 학부모의 등장이 한국 사회가 극단적 경쟁 체제가 되면서 발생한 현상이라면, 학교에 공식적으로 도입된 법과 제도들은 진상 학부모가 학교와 교사를 함부로 여길 수 있는 시선을 제시했습니다. 이제 학교의 공식적 운영 체제를 제자리로 돌려놓아야 합니다.

---

10. 정식 명칭은 '학교폭력예방 및 대책에 관한 법률'이다.

3. 유명무실한 학교운영위원회

학교의 새 학년도는 언제 시작됩니까? 교사에게 새 학년도는 3월 2일에 시작합니다. 그런데 학교는 3월 셋째 주에 있는 학부모 총회에서 시작하는 시스템입니다.

학부모 총회에서 학교 운영을 소개하고, 총회가 끝나면 담임과 학부모 만남의 시간이 있습니다. 이날까지 각 부서는 열심히 교육계획서를 만듭니다. 교육계획서는 학생 교육에 대한 계획서가 아니라 부서별 업무 계획서이고 연간 행사 계획서입니다.

학부모 총회가 중요한 이유는 학교운영위원회(이하 학운위) 학부모 위원을 선출하고, 학부모회를 구성하는 날이기 때문입니다. 왜 학운위가 중요합니까? 학교에는 다양한 위원회가 존재하지만, 학교 운영을 결정할 수 있는 권한을 지닌 유일한 기구가 학운위이기 때문입니다.

학부모회가 왜 중요합니까? 2009년 경기도의회를 시작으로 현재 대구를 제외한 16개 시도 의회에서 제정한 조례로 학부모회가 '법적 기구'가 되었습니다. 학부모가 공적 책임과 권한을 가지고 학교 교육에 적극 참여하여 의견을 제시할 수 있는 참여권을 보장하기 위해 학부모회를 법적 기구로 만들었다고 합니다.

전교조는 학부모회뿐 아니라 교사회, 학생회도 법제화할 것을 요구했지만 정치권에서 논의된 바 없습니다. 또한 오랫동안 교무회의 의결 기구화를 주장했지만, 허공에 대고 외친 격이었습니다.

서울시교육청은 학교에서 주요 사안에 대해 '토론이 있는 교직원 회의'를 하라고 권장하지만, 토론은 할 수 있어도 구속력 있는 결정을 할 수 없는 게 교직원 회의입니다.

공공기관에 존재하는 기구에는 의결기구, 심의기구, 자문기구가 있습니다. 의결기구는 법적 구속력이 있는 기구입니다. 학교에는 의결기구가 없습니다. 학운위는 심의기구입니다. 사립학교의 학운위는 자문기구였지만, 2022년에 초중등교육법을 개정하여 심의기구가 되었습니다.

심의기구는 본질적으로는 자문기구와 다르지 않지만, 교장이 학운위 결정을 따르지 않을 경우에는 사유서를 제출하고 동의를 구해야 합니다. 그러나 교장은 당연직 학운위원으로서 학운위 회의에 참여하여 함께 결정했기 때문에 그런 일은 거의 발생하지 않습니다. 학운위는 사실상 의결기구와 같은 역할을 합니다.

지금 학교는 국회와 행정부 관계로 운영되는 시스템입니다. 국회는 법률만 만드는 기구가 아닙니다. 정부 예산을 심의 의결하며, 장관을 불러 정부 부처의 현안에 대해 조사하고, 일 년에 한 번씩 국정감사도 합니다. 학교도 그런 모습입니다. 모든 권한은 학운위가 갖고 있습니다. 부장교사는 행정부의 장관처럼 학운위에 출석하여 안건을 설명하고 질의에 답하고 결정을 요청합니다.

학운위는 교원 위원(교장 포함) 30~40%, 학부모 위원 40~50%, 지역위원 10~30%로 구성됩니다. 학부모 위원이 가장 많죠. 학운위원장을 교사가 맡는 일은 없습니다. 지역위원이 맡는 경우도 있지만 대부분 학부모 위원이 맡습니다. 구성 비율도 그렇고, 학운위원장도 그러하니 학부모가 학교 운영에서 최고 권한을 갖고 있다고 볼 수 있습니다.

학운위는 '단위 학교의 교육자치를 실현하고 지역의 실정과 학교 특성에 맞는 다양한 교육을 창의적으로 실시한다'는 목적으로 1996년도부터 시행되었습니다. 학운위가 갖는 권한은 다음과 같습니다.

1. 학교 헌장과 학칙의 제정 또는 개정
2. 학교의 예산안과 결산
3. 학교 교육 과정의 운영 방법

4. 교과용 도서와 교육자료의 선정

5. 교복·체육복·졸업앨범 등 학부모 경비 부담 사항

6. 정규 학습 시간 종료 후 또는 방학 기간 중의 교육활동 및 수련
   활동

7. 「교육공무원법」 제29조의3제8항에 따른 공모 교장의 공모 방
   법, 임용, 평가 등

8. 「교육공무원법」 제31조제2항에 따른 초빙교사의 추천

9. 학교운영지원비의 조성·운용 및 사용

10. 학교급식

11. 대학 입학 특별전형 중 학교장 추천

12. 학교 운동부의 구성·운영

13. 학교 운영에 대한 제안 및 건의 사항

14. 그밖에 대통령령이나 시·도의 조례로 정하는 사항

처음 학운위가 도입될 때 전교조와 교육 시민단체들은 환영했습니다. 교장의 권한이 막강한 시절이었기에 교장의 전횡을 제어할 수 있는 민주적 조직으로 학운위에 큰 기대를 걸었습니다.

학운위가 도입된 후 몇 년간은 학운위에 활력이 있었습니다. 평교사와 학부모가 학교 운영에 참여할 수 있다는 것 자체가 매력이었습니다. 그동안 교사와 학부모들이 접근할 수 없었던 학교 회계 운영을 들여다보게 된 것도 학운위 덕분이었습니다. 교장들은 학운위를 매우 불편하게 생각했습니다. 그러나 시간이 흐르면서 학운위는 점차 형식화되었고, 교장의 전횡을 견제하는 역할도 수명을 다했습니다.

학운위가 더 이상 학교에 필요한 기구인지 물어야 할 이유는 거수기에 불과한 형식적 조직이 되었기 때문입니다. 저는 교원위원으로 학운위에 참여해 보기도 했고, 부장을 맡았을 때는 학운위에 안건 설명하러 참석하기도 했습니다.

제가 교원 위원으로 학운위에 참여했을 때 학운위 산하 '예결산소위원회' 위원장도 했습니다. 학운위 직전에 예결산소위원회를 먼저 엽니다. 교사인 제가 학교 회계 운영을 알 리가 없고, 관련 서류를 보아도 이해하기 어렵습니다. 그러니 예결산소위원회 간사를 맡고 있는 행정실 직원이 제가 읽어야 할 문구를 다 써 옵니다. 저는 그것을 그대로 읽고, 통과시키고, 회의록에 남길 뿐입니다.

부장으로서 학운위에 가서 안건을 설명하면, 그냥 통과시키기엔 겸연쩍으니까 학부모 위원 한두 명이 간단한 질문을 하고 위원장이 "더 이상 질문 없으면 통과시킬까요?"라고 묻고 만장일치로 찬성하고 의사봉을 두드립니다. 학운위에 상정된 안건은 거의 100% 원안 통과입니다.

이것은 학운위원들의 문제가 아닙니다. 그렇게 될 수밖에 없습니다. 일단 학운위 구성부터가 비자발적입니다. 경기도 교육청이 도내 2,314개 학교를 대상으로 조사한 '2013~2015년도 학운위 구성 현황'을 보면 학부모 위원은 95%가 무투표 당선, 교원 위원은 98%가 무투표 당선, 학운위에 상정된 안건의 99.7%가 교장이 발의한 것입니다. 학부모나 지역위원이 제기한 안건은 거의 없습니다. 경기도만 그랬을 리 없죠.

학운위는 3월 셋째 주에 개최되는 학부모 총회에서 선출하게 되어 있지만, 학부모의 과반수가 참석하는 일은 없습니다. 그래도 선출 관리위원회를 구성하고, 학부모 위원 선출 공고를 하고, 불참 시 총회 결정에 따르겠다는 위임장을 제출하는 등의 사무를 규정대로 진행해야 합니다. 그러나 출마할 학부모는 자발적으로 나오지 않습니다.

그러면 누가 학부모 위원으로 출마할까요? 교사들이 학부모에게 부탁을 드려 출마합니다. 학부모 위원은 재학생의 학부모로 제한되어 있어서 학생이 졸업하면 학부모도 자동으로 학부모 위원 자격을 상실합니다. 그러면 신입생 학부모 중에서 채워야 합니다. 그 일을 누가 할까요? 1학년 담임 중 누군가 해야 하는데, 아무래도 학년부장이 총내를 메게 됩니다.

저도 1학년 부장을 맡았을 때 제가 학부모 위원을 세웠습니다. 제가 우리 반의 회장 어머니에게 부탁드렸습니다. 그 어머니는 직장생활에 바쁜 분이었지만, 담임이 죄송하다며 간절하게 부탁드리니 거절 못하고 맡아주었습니다. 자녀가 학급회장이 되었다는 '죄'로 학부모 위원에 출마했습니다. 물론 아무도 하려 하지 않는 학부모 위원이니 단독출마이고, 단독출마이니 무투표 당선입니다. 그렇게 그 어머니는 학부모 위원이 되어 바쁜 직장생활에 학운위 활동까지 하게 되었습니다. 그 어머니를 뵐 때마다 늘 미안했고 고마웠습니다.

학부모 위원은 그렇게 선출되고, 지역위원은 교장 선생님이 대충 알아서 구해옵니다. 교장이 원래 알던 분을 모셔 오든, 학교에 애정이 많은 동창회에서 모셔 오든 구성원만 채우면 됩니다.

학운위만 그렇습니까? 학부모회도 마찬가지입니다. 학부모회가 법적 기구이기 때문에 반드시 구성해야 합니다. 이 역시 담임이 학부모 총회 하는 날, 학급회장·부회장 어머니에게 부탁드려 구성합니다. 담임들이 각반 회장·부회장 어머니에게 부탁드려 학년별 학부모회가 구성되고, 거기서 임원을 뽑아 전체 학부모회가 구성됩니다.

구성되면 학부모들이 자체로 학부모회를 운영할까요? 아닙니다. 교사들 업무분장 중에 학부모회를 관리하는 업무가 있습니다. 학부모들의 자발적 참여가 없이 교사들에 의해 구성되고 운영되는 게 학운위와 학부모회의 실태입니다.

이렇게 비자발적으로 구성된 학운위가 학교 운영의 전권을 갖고 형식적으로 운영되는 일을 지속할 필요가 있을까요? 제가 이런 문제의식을 전교조 조합원들과 이야기해 보면, 대체로 수긍하면서도 이런 주

장을 '용감히' 하는 게 가능하겠냐고 되묻습니다. 소위 '교육3주체론'
문제입니다.

'교육3주체론'에 대해 본격적으로 논하기 전에 잠시 쉬어가는 의미
로 2018년 인터넷에서 화제가 되었던 포르투갈의 한 학교 이야기를
전해드리겠습니다. 포르투갈의 한 학교 강당에 아래와 같은 글을 붙
여놓았는데, 이게 페이스북을 통해 전 세계로 퍼져 나갔다고 합니다.

> 부모님들께,
>
> - '안녕하세요', '부탁합니다', '환영합니다', '미안합니다', '고
>   맙습니다'와 같은 아주 유용한 표현들은 가정에서 배우기
>   시작해야 함을 알려드립니다.
> - 아이들은 가정에서 정직함, 약속 시간을 지키는 것, 부지
>   런함, 동정심을 느끼는 것, 어른과 선생님을 존중하는 것
>   역시 가정에서 배워야 합니다.
> - 청결하고, 입에 무언가 있을 때는 말하지 않으며, 어디에
>   어떻게 쓰레기를 버려야 하는지는 가정에서부터 배우게 됩
>   니다.
> - 정리와 계획하는 방법, 소지품을 잘 관리하는 법, 아무 대
>   나 다른 사람을 만져서는 안 된다는 것도 가정에서 배웁
>   니다.
> - 여기 학교에서는 언어, 수학, 역사, 지리, 물리, 과학 및 체
>   육을 가르칩니다. 우리는 단지 아이들이 부모님으로부터
>   받은 교육을 한층 더 심화해 줄 뿐입니다.

전교조는 오랫동안 교사, 학생, 학부모를 교육공동체로 규정했고,
학교 운영에서 모두의 요구를 실현해야 한다고 주장해 왔습니다. 또한

교사회, 학생회, 학부모회를 모두 법제화해야 한다고 주장해 왔습니다. 저는 이런 주장을 선언적으로 검토해야 한다고 생각합니다.

저는 교사회가 어떤 모습인지 잘 떠오르지 않습니다. 공무원들의 직장협의회 같은 조직일까요? 어떤 법적 권한을 가진 조직을 만들자는 것일까요? 교원노조에 다수 교사가 가입하고, 교원노조가 교장과 교섭권을 갖는 게 진짜 법적 권한을 지닌 조직을 만드는 게 아닐까요?

학부모회는 이미 조례를 통해 법제화된 상태인데, 아무런 자발성이 없는 조직을 법제화해서 달라진 게 뭐가 있습니까? 학생회는 지금도 자유롭게 활동하고 있는데 법제화하면 뭐가 달라질까요? 교사회, 학부모회, 학생회 법제화는 지난 시대의 논리라고 생각합니다.

저는 묻고 싶습니다. 학교 교육의 주체는 교사가 아니라 '교육3주체' 입니까? 학부모는 가정에서 양육의 주체이지 학교 교육의 주체는 아닙니다. 학생은 배움의 주체이지 교육의 주체는 아닙니다. 교육의 주체는 교사입니다.

교육3주체론은 교사, 학부모, 학생의 권리가 모두 무시당했던 군부독재 시절에 형성된 담론입니다. 교사, 학부모, 학생의 목소리를 학교 운영에 담아달라는 것이지, 교육의 동등한 주체라는 뜻이 아닙니다. 학칙을 제정할 때 학생들의 생각을 반영한다든가, 학교 운영에 대한 정보를 학부모와 공유하는 건 보장되어야 합니다. 그러나 교육의 주체는 다른 차원의 문제입니다. 더구나 학교 행정과 교무 학사 운영에 결정권을 갖는 것은 또 다른 차원의 문제입니다.

우리 사회에 '교육3주체론'과 같은 담론이 다른 영역에도 있습니까? 교육만큼이나 중요한 의료 분야에 '의료3주체론'이 있습니까? 의사, 환자와 보호자, 지역사회가 함께 모여 병원 운영위원회를 구성하고 병원의 운영을 결정합니까? 환자와 보호자가 병원에 갖는 불만들을 해결할 수 있는 소통의 창구는 보장되어야 합니다. 그러나 의사와 환자가 의료 공동체는 아닙니다.

학운위는 다른 나라에도 있는 보편적 제도일까요? 그것도 아닙니다. 영미식 제도입니다. 유럽에는 독일을 제외하고 학운위가 있는 나라가 없습니다. 우리나라의 학운위는 영국의 'School Governing Body'를 벤치마킹한 것입니다. 우리나라에도 많이 소개된, 세계에서 가장 부러워한다는 핀란드에서는 학부모들이 학교 운영에 신경 쓰지 않습니다. 교사를 믿는 거죠. 이게 정상 아닐까요?

학교 민주화의 도구로서 학운위는 수명을 다했습니다. 학운위의 권한 중 수학여행, 수련여행, 교복, 앨범 등 수익자 부담 사업에 대해서는 학부모들의 요구를 수용할 수 있는 자문기구 정도를 만들면 됩니다. 수익자 부담 사업이 아니라더라도 학교 급식처럼 학부모들이 직접 들여다보고 싶은 영역은 지금처럼 '학교급식 소위원회'를 운영하면 됩니다.

누군가의 부탁을 받고 할 수 없이 참여하여, 학교 돌아가는 것도 제대로 모르면서, 1년에 8번 회의에 참석하여 학교 운영을 결정하는 제도는 학부모에게 죄송한 일이고, 교사들에게는 엄청난 잡무 덩어리일 뿐입니다.

4. 학부모가 참여하는 각종 위원회 폐지

학운위 이야기가 길어진 이유는 학운위가 현재의 학교 운영 시스템의 상징이기 때문입니다. 학교에는 학운위 이외에도 학부모들이 참여해야만 하는 위원회가 많습니다.

대표적인 게 학폭위입니다. 5~10인으로 구성되는 학폭위는 전체 위원의 과반수를 '학부모 전체 회의'에서 직접 선출된 학부모 대표로 구성하게 되어있었습니다. 여기에 판사·검사·변호사 중 1인, 스쿨 폴리스 1인, 의사 자격자 1인까지 모셔 와야 합니다.

제가 학생부장직을 수행했을 때를 돌아보면, 학교폭력 사건보다 더 힘들었던 게 학폭위 구성과 운영이었습니다. 학폭위 구성도 학운위처럼 사정사정하고 부탁해서 꾸려야 합니다. 이게 정말 만만치 않은 일입니다. 회의도 길고, 다른 집 자식의 운명에 관여해야 하는데, 전문성도 없는 학부모가 오로지 학교 측의 부탁을 받고 참여하는 게 얼마나 부담스러운 일입니까.

별로 심각하지 않은 사건도 일단 피해자 부모가 학폭위 심의를 요구하면 무조건 해야 하는데, 학폭위를 열려고 해도 정족수 맞추기가 쉽지 않습니다. 위원들 한 분 한 분 전화해서 참석 가능 날짜 잡는 게 학교폭력 처리보다 더 힘들었습니다.

학폭위는 워낙 민원이 많이 발생해 결국 2020년부터 교육지원청으로 이관되었지만, 다른 영역에서도 학부모들이 참여해야 할 위원회가 많습니다. 학운위 외에도 학교에 반드시 설치해야 할 법정 기구 중 학부모가 참여해야 할 위원회는 '개별화교육 지원팀', '학교폭력 전담 기구', '조기 진급·조기졸업·진학 평가위원회', '교원능력개발평가 관리위원회', '학교 교육과정위원회', '현장실습 운영위원회'가 있습니다. 법적 기구는 아니어도 '교복 선정위원회', '수련 활동·소규모 테마 여행 활성화위원회', '학교급식 소위원회'에도 학부모가 참여합니다.

좀 '웃픈' 이야기를 해보겠습니다. 수학여행이나 수련 여행을 가기 전에 '수련 활동·소규모 테마형 교육 여행 활성화위원회'를 구성해야 합니다. 물론 학부모가 참여하는 위원회입니다. 교육청에서 만든 여행 준비 매뉴얼은 무려 200쪽에 가깝습니다. 매뉴얼이 아니라 거의 책 한 권입니다. 2박3일 여행을 위해 200쪽에 가까운 책을 숙지해야 하는데, 사전 답사를 학부모와 함께 가도록 '강력히' 권고하고 있습니다.

서울 기준으로 강원도나 충청도 거리 정도의 수련 활동이면 당일치기로 답사가 가능합니다. 그러나 제주도 수학여행 답사는 1박을 해야 합니다. 사전 답사를 왜 학부모와 함께 가야 합니까? 교사들이 여행사 업자들과 '짬짜미'해서 이상한 짓이라도 할까 봐 그렇습니까? 과거엔 그런 일들이 있었습니다. 그러나 요즘 학교가 그렇습니까? 임용고시에 영혼을 갈아 넣고 공부해서 교사가 되었는데, 어느 교사가 징계받을 각오를 하고 여행업자와 '짬짜미'를 한답니까?

사전 답사를 가고 싶어서 가는 것도 아닌데, 학부모를 상전으로 모시고 가라고요? 그래서 그냥 수학여행이건 수련 여행이건 다 없어졌으면 좋겠다는 게 교사들의 바람입니다. 실제로 요즘 수학여행을 없애는 학교들이 늘어나고 있고, 제가 근무하는 학교에서도 올해부터 수학여행과 수련 여행을 없앴습니다.

'웃픈' 이야기를 하나 더 해보겠습니다. 교육과정위원회에도 학부모 대표가 참여하게 되어 있습니다. 선택 과목이 많은 고등학교에서 교육과정위원회는 다음 해 과목별 수업 시수를 결정하게 되는 매우 중요한 위원회입니다. 다음 해 교사 수급도 걸려 있습니다. 과목별로 이해관계에 따라 많은 것을 조정해야 하는 위원회입니다. 그런 교육과정위원회에 왜 학부모가 참여해야 할까요?

마지막으로 '웃픈' 이야기를 하나 더 하겠습니다. 학교에서 어떤 출판사의 교과서를 선택할 것인가를 학운위가 결정합니다. 교사들은 여러 출판사의 교과서를 검토해 점수를 매기고 결정합니다. 이걸 마지막으로 학운위에 안건 상정해서 승인을 받아야 합니다.

학운위 회의장에 교과서들을 과목별로 쭉 깔아놓습니다. 학부모 위원들이 교과서를 보고 이것저것 묻습니다. 학부모들이 교과서를 보면 어떤 출판사 것이 좋은지, 왜 해당 교과의 선생님들이 그 출판사 교과서를 선택했는지 이해됩니까? 왜 교사들이 선택한 교과서를 최종적으로 학부모들에게 승인받아야 하나요?

이 모든 것들이 교사를 믿지 못해서 발생하는 문제입니다. 대한민국의 교육관료들은 교사를 감시하고 견제해야 할 대상으로 봅니다. 전 세계에서 가장 우수하다고 평가되는 대한민국 교사들을 감시하고 견제할 대상으로 보는 것, 이게 학교의 민주주의입니까? 국회가 행정부를 견제하듯 학부모가 교사를 견제해야 합니까?

저는 부장을 맡아 학운위에 안건 설명을 하러 갈 때마다 자괴감을 느낍니다. 이미 교사들끼리 다 논의해서 결론이 난 것, 심지어 이미 시행되고 있는 일들까지도 규정상 학운위의 승인을 받으러 가야 하는데, 이런 일에 영혼을 소모하고 있는 학교 현실에 심각한 문제의식을 느껴왔습니다.

서이초 사건은 우연이 아닙니다. 학교와 학부모, 교사와 학부모의 관계가 이렇게 형성되어 왔기에 학부모들이 교사를 향한 갑질을 아무렇지도 않게 해왔습니다. 교사를 교육개혁의 대상으로 취급해 온 교육관료의 학교 운영 정책과 이를 뒷받침하는 각종 법률, 시행령, 시행 규칙들에 학교가 가랑비에 옷 젖듯이 서서히 변화되면서 교사에 대한 갑질이 가능한 풍토가 되었습니다. 앞으로 교원노조는 그 누구의 눈치도 보지 말고, 교사들의 생각을 모아 명확한 입장을 세워야 할 것입니다.

끝으로 시대의 변화와 제도를 바라보는 시각에 대해 말씀드리겠습니다. 시대가 변하면 제도를 바라보는 시선도 바뀌어야 합니다. 박정희, 전두환 독재 시절에 대한민국 국민은 대통령을 뽑을 권리가 없었습니다. '통일주체국민회의'라는 해괴한 조직을 만들어 장충체육관에서 100%의 찬성률로 대통령을 결정했습니다. 대통령을 국민이 선출하게 된 것은 1987년 6월 항쟁 이후입니다. 대통령 직선제는 민주 항쟁의 소중한 성과입니다.

그러나 대통령제는 보편적 제도가 아닙니다. 미국의 영향 아래에서 살아온 우리는 대통령제를 당연하게 생각하지만, 1인당 GDP가 한국

보다 높은 22개 선진국 중 대통령제를 하는 나라는 미국밖에 없습니다. 프랑스, 핀란드, 오스트리아는 대통령과 총리가 권력을 분점하는 이원집정부제이며, 나머지 18개 나라는 모두 의원내각제입니다.[11] 전 세계적으로 봐도 대통령제를 택한 나라는 20여 개 나라밖에 안 됩니다.

만약 우리가 의원내각제였다면 2024년 4월 총선으로 윤석열 정부는 끝났을 것입니다. 12월에 내란이 일어나는 일 자체가 없었겠죠. 국회는 계속 법률을 만들고, 대통령은 계속 거부권을 행사하는 말도 안 되는 일도 일어나지 않았을 것입니다.

대통령을 우리 손으로 뽑자는 것은 군부독재 시절에는 절박한 요구였지만, 선진국이 된 한국에서 대통령제를 지속할 것인지는 재검토해 볼 문제입니다. 노무현 대통령은 당선 직후부터 지역 대결 구도를 깨기 위해 정치개혁을 하고자 했습니다. 노무현 대통령은 2007년 제헌절을 맞아 내각제 개헌, 대선 결선투표제 도입 등 정치개혁을 제안했습니다. 공개적으로 밝히지는 않았지만, 지역주의를 없앨 수 있는 방도로 독일식 연동형 비례대표제가 가장 좋은 제도라고 생각했다고 합니다.[12]

학운위에 대한 시각, '교육3주체론'에 대한 시각 역시 마찬가지입니다. 교사, 학생, 학부모의 요구가 모두 짓밟혔던 1980년대를 배경으로 등장한 담론과 제도는 변화된 시대에 맞게 새롭게 평가되고 모색되어야 합니다.

11. 중앙일보, 〈소득 3만 달러 넘는 국가엔 '제왕적 대통령제' 없다〉, 2018.3.16.
12. 사람사는세상 노무현재단, 『운명이다』, 돌베개, 2019.

3.
교육관료와 교사 관계의 재정립

저는 교사가 되기 전에 3년 동안 학원 강사로 일한 경험이 있습니다. 제가 학교에 들어와서 처음으로 놀란 게 학원의 총무과 직원들이 하는 일을 교사들이 하는 것이었습니다. 그다음으로 놀란 건 업무만 인수인계하고 수업을 어떻게 해야 하는지, 담임을 어떻게 해야 하는지 아무도 알려주지 않는다는 것이었습니다. 수업과 담임은 술자리에서 인수인계되었습니다.

30년이 지난 지금도 학교는 그렇습니다. 수업과 담임은 각자 알아서 깨우쳐야 할 영역이고, 교사의 일상생활은 어느 부서의 '○○계'로 존재합니다. 연차가 쌓이고 흰머리가 늘어나면 교육 전문가로서 역량이 숙성되는 게 아니라 학생들과 정서가 멀어지고 언제 명퇴할까를 고민합니다.

명퇴를 고민하지 않는 교원이 있습니다. 교장·교감입니다. 간혹 사정이 있어서 명퇴를 하는 분도 있지만, 건강 문제거나 집안 사정 때문이지 학생과의 관계 때문이 아닙니다. 그래서 30대 후반이나 40대 초반의 교사는 명퇴를 고민하게 되는 평교사의 길을 갈 건가, 그런 고민 없는 교감·교장의 길을 갈 건가, 한 번쯤은 고민합니다.

우리가 사범대학, 교육대학에 들어갈 때 상상했던 교사의 삶은 무엇이었습니까? 교사가 되어 발령받은 학교의 교문을 처음 들어서던 날의 설렘은 얼마나 유지되었습니까? 일상에서 교육 전문가로서 성장하고 발전한다는 만족감을 느끼며 가르침에서 충만한 삶을 살고 있습니까?

양정호 성균관대 교육학과 교수가 OECD 34개 회원국의 '2013년 교수·학습 국제 조사'를 바탕으로 중학교 교사 105,000명을 분석한 결과, '직업 선택을 후회한다'는 교사 비율이 OECD 평균은 9.5%인데, 한국은 20.1%로 34개국 중 가장 높았습니다. '다시 직업을 택한다면 교사가 되고 싶지 않다'는 응답자 비율도 한국은 36.6%로 회원국 평균 22.4%보다 높았습니다.

한국 교사들이 그 이유로 꼽은 '무너진 교권 탓에 자괴감을 느낄 때가 많다', '수업 외 행정업무에 대한 부담이 크다', '아이들 생활지도에 어려움을 겪는다'는 응답도 OECD 평균보다 높게 나타났습니다.

교사들이 자신의 처지를 극복하고 교육 활동에 보람을 느낄 수 있는 교육 시스템을 만들어야 합니다. 그것을 교원노조가 해야 합니다.

앞서 살펴보았듯이 지금의 한국 교육체제를 만든 5.31 개혁은 영미식 신자유주의 교육체제를 수입한 것이며, 그것을 주도한 것은 교육관료입니다. 대부분의 정부 부처가 그렇지만, 교육부·교육청의 관료주의는 가장 후진적입니다. 우리 사회 곳곳에 일제 잔재가 남아있지만, 교육계는 일제 잔재가 가장 심각합니다.

세 가지 측면에서 관료가 지배하는 학교 교육을 개혁해야 합니다.

첫째, 교사를 행정 요원이 아니라 '선생님'으로 살아가도록 학교 시스템을 혁신해야 합니다. 교사를 공문서의 노예에서 해방하고, 학교 행정을 전담할 교육행정 직원을 대폭 확대하며, 행정 중심의 학교 체제를 교육 중심 체제로 전환해야 합니다.

둘째, 학교 내에서 수직적 문화와 관료주의를 척결해야 합니다. 교장·교감 자격증제를 폐지하고, 장학사·장학관으로 나갔다가 학교로 돌아와 교감·교장이 되는 체제를 끊어내고 교장을 교사가 선출하는 보직제로 만들어야 합니다.

셋째, 교사의 수업과 평가에 대한 교육청의 지배와 간섭을 차단하고, 교육행정 자체를 대폭 축소해야 합니다.

1. 잡무의 족쇄에 묶인 교사에게 해방을!

교사는 교육을 중심으로 조직된 학교생활을 하지 않습니다. 공문을 처리하고 생산하고 유통하는 것을 중심으로 조직되어 있습니다. 도대체 학교에 오는 공문이 얼마나 될까요? '실천교육교사모임' 대표를 지낸 정성식 선생님이 2018년 12월 〈한국교육신문〉에 투고한 '학교 공문 처리 하루 70건, 이게 교육이냐?'에서 관련 자료를 살펴보겠습니다.

연도	학교에서 생산한 문서			학교가 접수한 문서			합계
	업무관리	자료집계	계	업무관리	자료집계	계	
2011	7,246	79	7,325	4,778	79	4,857	12,182
2012	7,401	341	7,742	5,146	341	5,487	13,229
2013	7,308	300	7,608	5,437	300	5,737	13,345
2014	7,458	309	7,767	5,584	309	5,893	13,660
2015	6,581	315	6,896	5,493	315	5,808	12,704
2016	7,969	368	8,337	5,127	368	5,495	13,832
2017	7,526	390	7,916	5,217	390	5,607	13,523

하루 70건의 공문 중에는 행정실에서 처리하는 것도 포함되었기 때문에, 실제 교사들이 처리할 공문 수는 70건보다는 훨씬 적습니다. 문제는 공문 처리로 시간을 허비하는 것도 있지만, 학교가 수업과 학생지도를 중심으로 움직이는 교육기관의 본질에서 한참 멀어져 있는 것입니다.

교사들은 학교가 바빠서 괴로운 것이 아닙니다. 교육 본연의 업무가 아니라 관료들이 탁상에서 생산한 공문서의 뒤치다꺼리나 하느라고 바빠서 괴롭습니다. 수업과 학생 지도가 아니라 업무 처리를 중심으로 운영되는 학교의 관료적 시스템을 혁파해야 합니다.

학교로 내려오는 공문을 직접 헤아려 본 정성식 선생님은 교육부에 교사들이 수행하는 업무를 나열하고 그 법적 근거에 대해 질의했는데, 그 업무가 무려 227가지나 된다고 합니다. 대부분 학교 교육과 상관없이 서류로 존재하고, 서류 이상의 가치가 없는 것들입니다.

학교에서 수업과 학생 지도는 교사들이 각자 알아서 해야 할 영역입니다. 교사는 수업과 생활지도에 대해 조직적으로 토론하고 연구하면서 교육 전문가로 성장하는 게 아니라 공문을 접수하고 집행하는 사무직원이 되었습니다.

교사들은 수업과 생활지도를 중심으로 조직되어 있지 않고 교무부, 연구부, 학생부, 정보부 등 공문 처리와 공문 생산 업무를 중심으로 조직되어 '부장-기획-○○계'라 불리는 직책으로 생활합니다.

공문을 성실하게 처리하고, 교육부와 교육청이 추진하는 사업에 적극적으로 참여하는 사람이 교감, 교장으로 승진합니다. 수업과 생활지도를 잘해서 승진하는 게 아닙니다. 그렇게 승진한 교장, 교감은 다시 교육부, 교육청의 공문을 성실하게 집행하는 말단 관료가 됩니다.

공문서는 왜 예외 없이 철저히 처리되어야 할까요? 교장·교감이 공문서의 집행자이기 때문입니다. 학교로 내려온 공문은 교감이 분류하여 각 부서에 배치합니다. 교육청에 보고해야 할 사항을 부서에서 놓치게 되면, 교육청 담당 장학사는 곧바로 교감에게 연락하여 집행되도록 합니다. 교감이 있기에 교육청 공문은 일선 학교에서 누락 없이 다 집행됩니다.

왜 교감은 교육청의 공문을 빠짐없이 집행할까요? 교감에서 교장으로 승진하는 데 교장의 근평 점수가 50%, 교육청의 평가가 50%입니다. 그러니 교감은 교육청과 교장에게도 절대복종합니다. 교장은 자신도 교감 시절에 그렇게 했기 때문에, 교장이 되면 교감의 고생 위에 군림하며 편안히 생활하다 정년 퇴임합니다.

다른 나라 교사들도 우리처럼 공문서를 처리할까요? 교육개혁의 메카 핀란드에는 학교에 내려오는 공문서 자체가 극소수입니다. 1년에 5개 정도라고 합니다.

1970년대에 시작된 교육개혁이 1985년에 전국적으로 시행되기 이전까지 핀란드의 교육체제는 중앙집중적이었습니다. 교사의 매일매일 일과를 규제하는 규칙과 법령이 세밀하게 존재했습니다.

1990년대에 접어들면서 핀란드 정부는 교사 직무에 대한 전통적 통제를 과감하게 청산합니다. 학교 장학, 세밀한 국가 교육과정, 공식적 수업 자료, 가르칠 교과에 기반한 주간 시간표, 시간마다 가르친 것을 기록으로 남겨야 하는 교사의 학급 일지 등 모든 전통적 통제가 사라집니다. 종합학교에서 전국적으로 치러지던 표준 테스트도 없어졌습니다.[13]

프랑스 교사도 행정업무를 하지 않습니다. 독일도 캐나다도 호주도 미국도 싱가포르도 우리나라 교사들처럼 학교 전체를 위한 학교 행정 업무를 하지 않습니다.

교사를 행정업무에서 해방하려면 학교 행정을 전담하는 직원이 많이 필요합니다. 과거에는 행정실이 교무실을 돕는 조직이었습니다. 그러나 최근 행정실과 교무실의 관계를 보면 행정실 직원들은 자기들이 꼭 해야 할 일만 합니다. 직원도 몇 명 안 되니 이해는 합니다.

그런데 예를 들어 수학여행을 갈 때 실무가 얼마나 많습니까? 여행

---

13. 『핀란드 교육혁명』, 한국교육연구네트워크 총서기획팀, 살림터, 2010.

업체 담당자를 만나 구비해야 할 서류부터 시작해서 수학여행비 정산까지, 업무가 정말 산더미 같습니다. 그 대부분의 업무를 학년부에서 합니다. 수업하고 담임하면서 수학여행 업무를 하고 나면 다시는 2학년 담임을 하지 않겠다고 다짐하게 됩니다. 수학여행 가는 학년은 교사들에게 기피 학년이 되었습니다.

학교에 교무업무를 지원하는 행정실무사가 있지만 겨우 한두 명입니다. 교사가 아니라는 이유로 매우 단순한 업무만 맡깁니다. 제가 교무부장을 맡았을 때 교사가 하던 일 중 행정실무사에게 넘길 수 있는 일은 넘겨보려고 생각했으나 막상 해보니 그럴 수 없었습니다. 어느 날 우연히 교무실 복사기에 인쇄된 행정실무사들의 방학 중 임금을 보게 된 후 그런 생각을 접었습니다.

학교에 꼭 교사가 맡아야 할 행정업무는 많지 않습니다. 일이 가장 많다는 교무부의 업무 중 수업계, 고사계, 나이스계 등의 업무는 꼭 교사가 아니어도 할 수 있습니다. 연구부 업무도 굳이 교사가 하지 않아도 됩니다. 한 사람이 맡아서 매년 한다면 일의 효율성도 훨씬 높아질 것입니다. 학교에 교무행정을 담당하는 직원을 정규직으로 3명 정도만 배치하면 지금 교사들이 하던 업무의 절반 이상을 해결할 수 있습니다. 이게 가능할까요? 또는 합당한 주장일까요?

한국은 교사 대비 학교 행정 직원 비율이 OECD 국가 중 최하위권입니다. 학생 1,000명당 교육행정 인력을 비교해 보겠습니다.[14]

	전문 지원직	관리직	행정직	기능직
한국	0.9명	2.6명	2.4명	4.3명
OECD 평균	6.4명	5.3명	7.3명	17.9명

---

14. The Journal of Educational Administration 2009 〈초등학교의 공문서 처리 실태 분석〉.

그러면 교무행정 직원을 지휘하는 업무는 누가 해야 할까요? 교감이 하면 됩니다. 원래 그런 일을 하라고 교감이 있는 것 아니겠습니까? 이게 가능할까요? 당연히 가능합니다. 대학은 그렇게 운영하잖습니까? 대학교수라고 업무가 없겠습니까?

세상에 자기가 맡은 고유업무만 하고 직장이 돌아가기 위해 필요한 업무는 하지 않는 직업이 있겠습니까? 교수, 판사, 의사, 소위 전문직이라는 직업들도 다 직장이 돌아가기 위해 해야 할 업무가 있습니다. 그러나 그것이 직업의 본질과 어긋난 업무는 아닙니다. 예를 들어 제자가 취업하는 데 추천서 써주는 것은 업무지만 대학교수라면 당연히 해야 할 업무입니다. 연구비를 받기 위해 만들어야 할 서류도 업무지만, 대학교수라면 당연히 해야 할 업무입니다. 업무도 어느 정도 자기 직무와 관련된 것들이어야 하며, 직무를 방해할 정도로 많아서는 안 됩니다. 대학은 학과 행정실에서 업무를 하고, 교수는 수업 준비와 수업에 집중하는데, 지금 초중고는 주객이 전도된 양상입니다.

교육부-교육청-교육지원청을 통해 내려오는 공문도 심각한 문제지만, 학교 안에서 만들어야 하는 공문서, 소위 품의 제도도 심각한 문제입니다.

이와 관련하여 최동석 경영학 박사의 저서 『똑똑한 사람들의 멍청한 짓』에서 지적한 품의稟議 제도와 결재 시스템의 문제점을 살펴보겠습니다.

품의 제도는 일본에서 시작됐습니다. 일본 문헌에 의하면 1870년대 '오지제지'의 전신인 '쇼시회사'의 기록문서 중에 '품의서'라는 이름의 문서가 등장한다고 합니다.

130여 년 전 일본은 상사와 부하의 관계에서 매우 엄중한 질서를 중시했던 '에도江戸 시대'의 가부장 제도가 짙게 남아있었으며 회사의 의사 결정 제도에 반영되었기 때문이라는 것이 일반적 가설입니다.

문서를 처음 만드는 행위를 기안이라고 하며, 이 기안된 문서를 품의서라고 합니다. 결재라는 말은 품의 제도를 사용하는 나라에서만 통용되는 용어입니다. 영어에는 결재라는 말이 없습니다. OO계-부장-교감-교장으로 이어지는 결재 시스템은 21세기와 전혀 어울리지 않는 일제 강점기의 잔재입니다. 품의 제도를 폐지하고 세계인이 보편적으로 사용하는 투명한 의사 결정 시스템인 '단위업무담당제Work Unit System'로 전환해야 합니다.

2. 교장·교감 자격증 폐지와 교장선출보직제

서이초뿐 아니라 비슷한 비극이 발생했던 학교들에서 드러난 문제는 학부모의 악성 민원이 발생했을 때 교장들이 대부분 무책임했다는 것입니다. 학부모에게 원칙적으로 대하지 못했고, 교권을 지켜주지 못했고, 사건을 무마하려고 했으며, 심지어 은폐하기도 했습니다.

한두 개의 사건이나 경험으로 일반화할 수 없지만, 대체로 대한민국 교장들이 그렇습니다. 교장이 된 이유는 다양하겠지만 리더십이 있어서 된 게 아니라는 점은 분명합니다. 공립학교에서는 '아무것도 안 하는 게 가장 좋은 교장'이라는 비아냥이 존재하고, 사립학교에서는 '저 사람만 아니면 좋겠다'는 사람이 꼭 교장이 됩니다.

교장의 권한이 예전만 못하다고 하지만 아직도 교장의 권한은 막강합니다. 교장의 권한은 앞서 '공립학교의 분회 단위의 교섭권'에서 자세히 말씀드렸으니 생략하고, 여기서는 누가 어떻게 교장이 되는가를 살펴보겠습니다.

교원의 직위는 3가지가 있습니다. 교사, 교감, 교장입니다. 잘 모르는 분들은 가끔 서류의 '직위'란에 '부장교사'라고 쓰는 경우가 있습니다. 또는 '부장교사'와 '평교사'라는 표현도 쓰는데 부장은 직위가 아닙니다. 부장교사는 그냥 보직입니다.

교사는 직급이 없습니다. 일반 공무원은 임용 시험도 9급, 7급, 5급으로 나뉘는데, 교사는 신규 교사부터 정년 퇴임하는 교사까지 모두 같은 직급입니다. 그래서 교사가 교감이 될 때, 교감이 교장이 될 때만 승진이라고 표현합니다. 교장이 되려면 일단 교감이 되어야 합니다. 교감이 되는 방법은 두 가지입니다. 첫째는 교사로 근무하면서 교감 자격연수를 받을 점수를 쌓는 것입니다. 쌓아야 할 점수는 경력, 근무평정, 연수성적, 가산점의 합산점입니다. 아래 표는 교감, 교장 승진 후보자의 점수 기준입니다.

■ 평정 기준일: 2023.2.28.(모든 영역의 평정 기준일)

구분		배점	내용
경력 평정		70점	경력평정기간 : 20년= 기본경력(15년)+초과경력(기본경력 전 5년)
근무성적 평정		100점	• 평정자 및 확인자 - 교사: 다면평가(40점) + 평정자(교감 20점) + 확인자(교장 40점) - 교감: 평정자(교장 50점) + 확인자(교육정책국장 50점) • 평정점 반영 비율 - 교사: 최근 5년 이내 평정점 중 가장 유리한 것부터 3개년 선택 후 최근부터 34%, 33%, 33% - 교감: 최근 3년 평정점을 최근부터 34% , 33%, 33%
연수 성적 평정	교육 성적	27점 (15점)	• 자격연수 : 9점 • 직무연수(10년 2개월이내 이수한 60시간 이상의 연수) - 교감 승진후보자 : 18점(성적평정 6점 + 이수실적 12점) - 교장 승진후보자 : 6점(성적평정)
	연구 실적	3점	• 연구대회 입상실적 - 전국 규모 : 1등급 1.50점, 2등급 : 1.25점, 3등급 : 1.00점 - 시·도 규모 : 1등급 : 1.00점, 2등급 : 0.75점, 3등급 : 0.50점 • 학위취득실적(직무 관련/무관) - 박사 : 3점/1.5점, - 석사 : 1.5점/1점
가산점			• 공통가산점 : 교육부지정 연구학교 근무 1.00점, 재외교육기관 파견 0.5점, 직무연수 이수실적 1점, 학교폭력 예방 1점 이내 • 선택가산점 : 교육감이 인정하는 경력 또는 실적 10점 이내

교장·교감 승진 근무평정 기준

다음 페이지에 있는 표는 가산점의 기준입니다.

다음의 가산점 목록을 보니 숨이 턱 막히죠? 소수점 네 자리까지 점수를 계산해서 부장 몇 년, 담임 몇 년, 연수 점수 관리하고, 가산점 많은 학교로 전출하고, 이렇게 해서 교장·교감 자격연수 대상자가 됩니다.

구분	가산점 항목		평정만점 (상한점)	유의점	
공통가산점	교육부장관 지정 연구학교		1.0	1월마다 0.018점(1일 0.0006점) ※ 교육감지정 연구학교와 합산하여 1.25점까지 인정	
	재외국인교육기관 파견		0.5	1월마다 0.015점(1일 0.0005점)	
	직무연수 이수실적		1.00	15시간당(1학점) 0.02점, 1년 상한점:0.08점 ※ 1998.3.1. 이후 실적부터 인정	
	학교폭력 예방 및 대응 관련 실적		1.00	연 단위로 1회 0.1점 ※ 2013년 신설	
선택가산점	보직교사 근무경력		유아 2.00 초등 2.48 중등 3.00	1월마다 0.021점(1일 0.0007점) 상한점: (유·중등: 2.00, 초등: 2.48) ※ 2009.2.28.까지는 1.75점 인정 ※ (초등) 보직교사 2점 취득 후 보직교사로 근무한 경력은 월 0.01점(1일 0.00033점) 2022.3.1. 이후 경력만 인정	
	담임교사 경력 **(중등)**			1월마다 0.006점(1일 0.0002점) 상한점: 1.00 ※ 2009.3.1.이후 경력, 단, 2014.2.28.까지의 경력은 월 0.005점, 2016.3.1.이후 보직교사 경력 포함 가능	
	장학사·교육연구사 경력		1.00	1월마다 0.021점(1일 0.0007점)	
	도서벽지 근무 경력		2.00	지역 / 월 평정점 / 일 평정점 가 0.042 0.00140 나 0.034 0.00113 다 0.025 0.00083 라 0.017 0.00057 ※ 1998.1.1. 이후 불인정	상한점: 2.00
	한센병 환자 자녀학교 근무			1월마다 0.021점(1일 0.0007점) 상한점: 1.25 ※ 1998.1.1. 이후 불인정	
	교육감 지정 연구학교		1.25	1월마다 0.01점(1일 0.00033점)	교육부 지정 연구학교 가산점과 합산하여 1.25점까지 인정 (기간이 중복할 경우 유리한 것 하나만 인정)
	좋은학교만들기자원학교 [2009.7.1.이후는 교육지원우선지구학교(자원학교+교복투학교), 2011.3.1. 이후는 교육복지특별지원학교]				
	방과후학교 시범학교 연계 협력학교				
	연수 협력학교 유공교원				
	교원능력개발평가 선도학교 유공교원				
	산업수요맞춤형고등학교 유공교원				
	학교교육력제고 유공교원				
	교육실습 지도 **(초등)**	2004.2.29.까지		1월마다 0.021점(1일 0.0007점)	
		2004.3.1.이후		1월마다 0.01점(1일 0.00033점)	
	특수학교(급) ('05.12.31.까지)	특수학교		1월마다 0.021점(1일 0.0007점)	
		특수학급	'94.9.22. 전 담당	1월마다 0.021점(1일 0.0007점)	
			'94.9.22. 현재 담당은 95.2.28.까지)		
			'95.3.1.이후 담당 ('94.9.22. 이후 중간 담당포함)	1월마다 0.0105점(1일 0.00035점)	
	귀국학생 특별학급 담당 ('02.3.1~'10.2.28의 경력)			1월마다 0.0105점(1일 0.00035점)	
	청소년단체활동 지도교원 경력	'19.1.1.~'22.2.28.의 경력		1월마다 0.006점(1일 0.0002점)	
		'18.12.31.까지의 경력	0.75	1월마다 0.006점(1일 0.0002점) ※ 2007.3.1.부터 가산점 부여 자격 인정. 2010년 최초 평정. 단 2014.2.28.까지의 경력은 월 0.005점	

교장·교감 승진 가산점 기준

교무부장, 연구부장이 교장·교감의 오른팔, 왼팔이 되는 이유는 저 점수들 때문입니다. 특히 교감 자격연수를 받는 데 가장 중요한 항목 이 마지막 3년 동안의 근평입니다. 근평에서 동료 교사들의 다면평가 가 30%, 교장이 주는 근평이 40%, 교감이 주는 근평이 30%를 차지

합니다. 은어로 '1등수', '왕수'라고 부르는 근평 1등을 3년 동안 해야 그동안 누적해 온 점수가 빛을 발합니다. 그래서 교무부장, 연구부장은 교장·교감의 말을 거스르지 못합니다.

교장으로 퇴임하는 데 만족하는 교장이라면 그나마 낫습니다. 만약 젊은 나이에 교장이 되어서 교장을 마치고도 정년까지 시간이 많이 남는 경우, 교육지원청의 교육장이 되고자 한다거나 시도교육청의 과장이라도 되고자 한다면 그에 필요한 업적을 쌓기 위해 '이상한' 연구시범학교 같은 사업을 가져옵니다. 앞서 말씀드렸듯이 교감은 교장의 말을 거스르지 못하죠. 교무부장, 연구부장은 교장·교감의 말을 거스르지 못합니다. 그러면 학교가 완전히 망가집니다. 교사들이 정말 '개고생'합니다.

교감이 되는 두 번째 방법은 장학사 시험을 쳐서 교육청에서 5년 정도 근무하다 교감 자격연수를 받는 것입니다. 장학사가 되면 교사에서 바로 교감으로 나가는 것보다 5년 정도 빨리 교감 자격연수를 받을 수 있습니다. 빠르면 40대 중반에 교감이 될 수 있습니다.

일단 교감이 되면 대부분 교장으로 교직 생활을 마칩니다. 교장의 임기는 4년이고, 중임이 가능하니 8년까지 할 수 있습니다. 교감을 거쳐 62세에 교장으로 퇴직하려면, 교사에서 직접 교감으로 승진한 사람은 50대 초반, 장학사의 경우는 40대 초반부터 수업하지 않는 교원이 됩니다. 20년 동안 수업하지 않고 교장으로 퇴임하는 것이죠.

사범대학, 교육대학에 들어갈 때 우리의 꿈은 수업하지 않는 교원이었습니까? 교직에 발을 디딜 때 수업하지 않는 교원을 꿈꿨습니까? 왜 수업하지 않는 자, 소위 '관리자'가 되려는 것일까요? 재밌는 점은 수업하지 않으려고 교장·교감이 된 분들이 꼭 수업을 강조하고, 참된 교육자 행세를 합니다. 이래서야 교사가 전문직이라고 할 수 있을까요?

21세기 대한민국의 학교를 교육기관답게 만들려면 이러한 승진 제도를 혁파해야 합니다. 그리고 수직적 권력구조를 민주화해야 합니다. 교사로서 전문성이 아니라 전시성 사업에 종사하여 점수 따기로 승진하는 현 제도는 학교를 억압적 구조로 만들고 교육의 본질을 파괴하는 핵심적 문제입니다. 학교 현장과 몇 년 동안 동떨어져 행정업무를 하다 교감으로 나가는 장학사 제도 또한 비합리적 제도입니다. 그들은 '장학'과 거리가 먼 행정 요원들입니다.

세계에서 유일하게 교장·교감 자격증이 있는 나라, 그들의 근평에 의해 부장이 교감 교장으로 승진하는 제도를 폐지해야 합니다. 교장·교감 자격증제는 우리나라에만 존재하는 자격증일 뿐 아니라 다른 분야의 공무원들에게도 없는 기형적 제도입니다. 군인이 대위에서 소령으로, 대령에서 준장으로 진급할 때 자격증이 필요합니까? 평판사가 부장판사로, 부장판사가 법원장으로, 법원장이 대법관으로 승진할 때 자격증이 필요합니까? 의사가 병원장이 될 때 자격증이 필요합니까?

2007년 교장공모제가 도입되고, 2010년 진보교육감 시대가 열리면서 혁신학교를 중심으로 공모제 교장을 신청하는 학교들이 많아졌습니다. 특히 전교조가 교장 자격증이 필요 없는 '내부형 교장공모제' 확대를 주장해 왔는데, 이에 대해 교총은 '무자격 교장'이라고 비난해 왔습니다.

교장·교감 자격증이 없어도 아무 문제가 없다는 것은 사립학교를 보면 잘 알 수 있습니다. 사립학교는 재단이 교사 중에서 교감을 임명하면 교감이 된 상태에서 교감 자격연수를 받습니다. 교장도 마찬가지입니다. 공모 교장들이 교장에 임용된 후 교장 자격연수를 받는 것처럼 사립학교 교장들도 임명된 후 연수를 받습니다.

교장·교감 자격증은 교장·교감이 될 자격을 증명하는 게 아닙니다. 교장·교감 자격연수에 들어가서 치열하게 경쟁해서 딴 자격증도 아닙니다. 연수를 갈 자격이 되면 몇 개월의 연수를 거쳐 지급되는 자격증입니다. 교장·교감 연수를 받을 점수를 누적하는 게 중요하지, 연수에 들어가서 어떤 자격을 갖추는 게 아니라는 뜻입니다. 그래서 서이초 사건 같은 게 일어나면 무책임하고 무능한 모습이 다 드러나는 것입니다.

그러면 대안은 무엇일까요? 대학의 학과장, 단과대 학장, 총장처럼 보직 개념으로 만드는 것입니다. 대학교수가 총장까지 되는 것은 영예로운 일이지만, 총장이 교수의 목적은 아닙니다. 대학교수들은 수업하고 연구하다 교수들의 선거로 총장이 되면 그 임기를 마치고 다시 교수로 돌아갑니다.

교수들이 자신들의 대표를 뽑고, 임기가 마치면 원래의 직분인 가르치는 교수로 돌아가듯이 초중고도 그렇게 해야 합니다. 이를 '선출보직제'라고 부릅니다.

장학사 제도는 어떻게 할까요? 장학사 제도에 대해 살피기 전에 우리 교육계가 잊어서는 안 될 비리 사건을 말씀드리겠습니다. 2009년 12월 서울, 술을 먹고 언쟁을 하던 두 장학사가 있었습니다. 그중 한 장학사가 다른 장학사의 머리를 하이힐로 내리찍은 사건이 발생했습니다. 경찰서에 끌려간 이들이 조사를 받던 중 한 장학사가 "내가 (하이힐로 찍어버린) 장학사에게 2,000만 원을 주고 장학사 시험을 통과했으며 다른 장학사 역시 1,000만 원을 줬다"고 말해버렸습니다.

이 '하이힐' 사건이 계기가 되어 서울시교육청의 관행적 인사 비리에 대한 수사가 전방위로 확대되었으며, 결국 서울시교육청 직원 39명이 기소되었습니다. 그 비리의 최상위에는 공정택 서울시 교육감이 있었습니다. 공정택 전 교육감은 교육청 고위 간부로부터 승진 자리를 봐주는 등의 대가로 모두 1억 4,600만 원을 받은 사실이 인정되어 징역 4년에 벌금 1억, 추징금 1억 4,600만 원을 판결받았습니다. 사건에 연루된 교육공무원 39명 가운데 24명은 징계위원회의 파면·해임 결정으로 교육계를 떠났습니다. 이때 공정택 교육감이 남긴 유명한 말이 있습니다. "100만 원은 뇌물로 생각하지 않았다."

장학사가 되기 위해 돈을 주고받는 매관매직 행위가 서울만의 현상일까요? 2023년 6월 김승환 전 전북교육감은 12년의 임기를 모두 마치고 책을 한 권 냈습니다. 제목이 『나의 이데올로기는 오직 아이들』인데요, 자신이 임기 중 겪었던 충격적 이야기들이 담겨 있습니다.

김승환 교육감이 2010년 첫 교육감 임기를 시작할 때, 잘 알고 지내던 검사 출신 변호사가 그러더랍니다. 4년 임기 동안 100억을 챙기면 점잖은 거라고. 두고 보시면 알 거라고. 10억도 아니고 100억이요? 뇌물이 어떻게 오가는지 방법이 너무 다양해서 여기에서 다 말씀드릴 수는 없고, 김승환 교육감은 12년 내내 교육청 직원들에게 "이전에는 저희 모두 돈을 주고 이 자리에 왔습니다"라는 말을 반복적으로 들었다고 합니다. 그러면 돈을 준 교육청 직원은 어떻게 돈을 마련했을까요? 자기들이 관리하는 업체와 학교에서 마련했다고 합니다.

왜 이런 매관매직이 성행할까요? 장학사의 최종 목표는 교장입니다. 장학사-교감-장학관-교장으로 이어지는 승진은 시간이 흐른다고 저절로 되는 게 아닙니다. 교장 자격증을 가진 사람이 교장 자리보다 1.2~1.5배 많기 때문입니다. 교육청 관료들은 꼭 교장으로 퇴임하고 싶어 합니다. 참 이상하죠? 수업하기 싫어서 관료의 길을 걸은 분들이 퇴임만은 꼭 교육자로 꽃다발을 받으며 마치고 싶어 합니다.

장학사 제도를 어떻게 할까요? 교육청에 교육 경험이 있는 행정공무원이 필요할 것입니다. 행정공무원을 지금처럼 장학사 시험 쳐서 뽑든, 일정 경력을 가진 교사들의 지원을 받아 교육청에서 일하다 다시 학교로 보내든, 어떤 방법을 쓰더라도 장학사가 교감·교장의 빠른 승진 코스가 되도록 해서는 안 됩니다.

장학사는 교육을 장학하는 사람이 아닙니다. 40대 초반에 학교를 떠나 교육청에서 열심히 공문 만들고 자료 수합하는 일을 하다가 교감 자격증 받아서 학교로 돌아오는 자리입니다. 그렇게 20년 동안 수업하지 않으면서 장학사-교감-장학관-교장으로 학교의 리더가 되는 제도는 학교를 망가뜨리는 근본 문제입니다.

교장·교감 자격증제는 교사들이 자존심을 걸고 폐지해야 할 제도입니다. 군인은 진급해도 훈련을 합니다. 판사는 대법관이 되어도 재판을 합니다. 의사는 병원을 운영해도 진료를 합니다. 그런데 교장, 교감은 결재 외에 하는 일이 없습니다.

2019년 6월 이재정 경기도 교육감이 독일에서는 교장도 수업한다며 경기도의 교장들도 일주일에 단 몇 시간이라도 수업하는 게 어떠냐는 문제를 던졌더니 교장들이 아우성을 쳤습니다. 그렇게 수업하는 교사를 강조하는 분들이 왜 자신들에게 주당 몇 시간이라도 수업을 해보라고 하자 난리를 쳤을까요?

다른 나라 교장들은 어떨까요? 일본의 교장은 일이 너무 힘들다며 교사로 돌아가고 싶다고 전보를 냅니다. 미국의 교장은 수업과 평가 이외의 모든 일을 행장실 직원 서너 명과 함께 도맡아서 합니다. 영국과 독일의 교장은 수업도 하면서 각종 교무도 총괄해야 합니다.[15]

대한민국 교장이 어떤 직업인지 흥미로운 조사 결과가 있습니다. 한국고용정보원이 2010~2011년에 우리나라 759개 직업에 종사하는 26,000여 명을 대상으로 직업 만족도를 조사한 결과 직업 만족도 1위

15. 한국교육연구네트워크, 『교장제도 혁명』, 살림터, 2013.

는 초등학교 교장인 것으로 나타났습니다. 그 후로도 같은 조사에서 초등학교 교장은 5위 안팎입니다. 중고등학교 교장도 순위는 좀 밀리지만 최상위권입니다.

교사들은 수업에, 담임에, 공문서 처리에, 학부모와의 감정노동까지 다 해내고 있는데, 그 길에서 일찌감치 떨어져 나간 사람들이 학교의 관리자로 있는 한 교사들의 고충을 대변할 수 없습니다.

대학의 학과장, 학장, 총장처럼 교사 중에서 신망 있는 분이 4년간 교장을 하고, 임기가 끝나면 다시 아이들과 수업하고 담임하는 학교, 이게 그렇게 어려운 '혁명적 상상'인가요? 교원노조는 교장선출보직제를 학교 개혁의 핵심 과제로 밀고 나가야 할 것입니다.

3. 교육 관료의 간섭과 지배 청산

앞서 5.31 교육개혁은 교육 관료가 주도했고, 현재의 학교 교육체제가 교육 관료의 촘촘한 지배체제라는 것을 말씀드렸습니다. 학교 현장에서 교육 활동 경험이 없고, 현장 교사들의 의견을 들을 의지가 없는 교육 관료들이 어떻게 교육 정책들을 만들어 학교로 내려보낼 수 있을까요? 교육 관료와 마찬가지로 학교 현장을 모르는 대학교수들과 손잡고 국적 없는 교육이론들을 수입하여 정책을 만들고 학교에 내려 실행케 합니다. 이 때문에 교사들이 겪는 고통이 만만치 않습니다.

지금 우리 교사들이 해내고 있는 모든 교육 관련 지침들을 의심해봐야 합니다. 세 가지 정도 사례를 들어보겠습니다.

우리가 교육청에서 주관하는 연수를 들어보면 "현재 학교에 입학하는 초등학생의 65%는 지금까지 존재하지 않는 전혀 새로운 직업을 갖게 될 것이다. 지금 학교에서 배우는 지식은 성인이 되었을 때 쓸모없는 지식이 될 것이다."라는 담론으로 시작하여, "인터넷에 정보가 널려 있다. 정보는 이전 시대와 다르게 기하급수적으로 축적되고 있다. 교사는 노하우Know-how가 아니라 노웨어Know-where를 교육해야 한다. 지식을 가르칠 게 아니라 학습하는 법과 정보를 고르고 해석하는 법을 가르쳐야 한다. 지식교육이 아니라 역량 교육을 해야 한다"는 이야기를 듣습니다.

대체로 학창 시절 주입식, 암기식 교육을 받고 성장한 우리 교사들 입장에서 고개를 끄덕이게 됩니다. 그래서 어쩌라고요? 강의식 수업이 아니라 학생 중심, 활동 중심 수업으로 전환하는 것을 '수업 혁신'이라 부르며, 그렇게 하라고 요구합니다. 이게 맞는 이야기일까요?

저도 이런 부류의 연수를 많이 들었고, 실제로 수업을 바꿔보기도 했습니다. 도통 수업을 들으려 하지 않는 일반고에서 몸부림을 쳤지요. 그러다 영국의 교육학자 데이지 크리스토둘루Daisy Christodoulou가 쓴 『아무도 의심하지 않는 7가지 교육 미신』[16]을 읽고 충격을 받았습니다. 대한민국 관료들은 영국의 귀족 사립학교 제도만 베껴온 게 아닙니다. 영국 교육청의 교육철학과 교육 방법론도 그대로 베껴왔습니다.

『아무도 의심하지 않는 7가지 교육 미신』에서 비판하고 있는 7가지 교육 미신은 아래와 같습니다.

- 지식보다 역량이 중요하다.
- 학생 주도의 수업이 효과적이다.
- 21세기는 새로운 교육을 요구한다.
- 인터넷에서 모든 것을 찾을 수 있다.
- 전이 가능한 역량을 가르쳐야 한다.

---

16. 데이지 크리스토둘루, 『아무도 의심하지 않는 7가지 교육 미신』, 페이퍼로드, 2018.

- 프로젝트와 체험활동이 최고의 학습법이다.
- 지식을 가르치는 것은 의식화 교육이다.

많이 들어본 이야기죠? 교육청이 주관하는 연수에서 하는 이야기들은 모두 영국 교육청의 이야기를 수입한 것입니다. 영국의 교육기준청은 학교를 장학할 법적 권한과 의무가 있다고 합니다. 교육기준청 장학사들은 교실에 들어가 수업을 직접 참관하고 평가하며, 홈페이지를 통해 수업 참관 기준을 공개한다고 합니다.

교육기준청이 컨설팅에서 강조하는 수업 방법은 가급적 교사가 말을 적게 하는 것입니다. 교사가 말하게 되면 학생이 배우지 못하기 때문에 학생 활동을 중심으로 수업을 해야 한다는 게 영국 교육기준청의 입장입니다.

그렇게 밀고 나간 교육 정책의 귀결은 무엇일까요? 크리스토둘루는 영국 교육청의 지침이 학생들의 학력을 낮추고 교육 불평등을 강화했다고 주장하고 근거들을 제시합니다. 우리나라에서 영국 교육을 따라 배우자는 주장은 거의 없으나, 사실은 영국 교육기준청의 철학으로 학생들을 가르치고 있습니다.

최근 우리나라에서도 크리스토둘루와 같은 생각을 가진 분들이 적극적으로 문제를 제기하고 있습니다. 전북 완산고 박제원 선생님은 『미래 교육의 불편한 진실』[17]에서 "지식 없이 창의와 융합이 가능한가? 학습 과학 원리를 무시하는 미래 교육은 허상이다"라고 지적했습니다. 비슷한 취지로 2020년 제작된 EBS 다큐프라임 10부작 〈다시 공부, 다시 학교〉도 현재 교육청이 밀고 나가는 교육 방법론을 성찰하는 좋은 프로그램입니다.

---

17. 박제원, 『미래 교육의 불편한 진실』, EBS BOOKS, 2021.

영국 교육기준청의 철학을 신봉하는 교육 관료들은 평가할 때는 미국식으로 하자고 합니다. 전체 성적에서 수행평가 비율을 몇 퍼센트 이상 하라고 구체적 지침을 내립니다. 서울 고등학교의 경우 대략 40% 선입니다. 지필고사는 '악'이고 수행평가는 '선'처럼 취급합니다.

수행평가Performance Assessment의 국적은 미국입니다.[18] 1987년 미국 컬럼바인 고등학교에서 팀 웨스트버그Tim Westberg 교장의 주도 아래 시작되어 1992년 미국 전역에 소개되고 환영받고 확산이 됐습니다. 그런데 정작 컬럼바인 고등학교가 위치한 리틀턴의 교육위원회는 1994년 2월 수행평가를 중단할 것을 결정합니다. 이후 1995년 여름을 전후하여 수행평가를 채택했던 28개 주에서 수행평가는 취소되거나 유보됩니다. 수행평가가 평가의 핵심인 공정성과 객관성을 담보할 수 없다는 판단의 결과입니다.

수행평가는 5.31 교육개혁이 나온 다음 해인 1996년에 시범 도입되어 1999년 전면 실시됩니다. 미국에서 수행평가가 폐기될 때 우리나라에 도입되었네요. 한국의 교육정책은 미국 유학 다녀온 교육학자들에 의해 도입되고 교육개발원이나 교육과정평가원을 거쳐 한국 교사들에게 강요됩니다. 추측건대 미국에서 수행평가가 확산할 때 유학했던 누군가가 수행평가를 갖고 돌아왔을 것입니다.

학생들이 가장 싫어하는 게 수행평가입니다. 중간고사가 끝나면 좀 쉬어야 하는데, 그때부터 기말고사 전까지 수행평가가 시작됩니다. 한 학기에 10과목을 배운다 치고, 원래 실기 평가가 주된 음·미·체를 제외하고 7과목 정도가 수행평가를 3번 한다면 한 학기에 21번의 수행평가를 받아야 합니다. 교실에 들어가면 칠판에 수행평가 일정이 과목별로 적혀있습니다. 학급에서 1인 1역을 맡길 때 수행평가 일정을

---

18. 황용길, 『부자 교육 가난한 교육』, 조선일보사, 2001.

알려주는 학생이 있죠.

교사들은 교육청 지침이기도 하지만, 나이스의 '교과목별 세부능력 특기사항'(이하 교과세특)에 뭐라도 쓰기 위해서는 수행평가를 해야 합니다. 학생들은 수행평가의 바다에서 일년내내 허덕이다 지쳐갑니다.

한국 교사처럼 학생생활기록부(이하 생기부)에 교과·비교과 활동을 잔뜩 써 놓는 나라는 없습니다. 초등학교나 중학교에서도 생기부에 입력해야 할 글자 수가 있지만, 고등학교처럼 많지는 않습니다. 고등학교 교사들이 도대체 어느 정도 분량을 쓰는지 궁금하시죠?

교사는 자기가 가르치는 모든 학생의 교과세특을 써야 합니다. '모든' 학생입니다. 분량은 학생 1인당 1,500바이트, 대략 500자 정도입니다. 이게 어느 정도인지 감이 안 오죠? 한글 문서에서 글자 포인트 10, 줄 간격 160으로 하면 12~13줄, A4 용지로 1/3장 정도입니다. 저는 작년에 170명의 교과세특을 썼습니다. A4 용지로 50장 가까운 분량입니다. 고등학교에서 기말고사가 끝나면 교사들에게는 지옥문이 열립니다.

재미있는 것은 교육부 지침입니다. 절대 부정적으로 쓰면 안 됩니다. 수업 시간에 책상에 엎드려 잠만 자는 학생도, OMR 답안지 카드에 일렬로 찍는 학생도, 절대로 부정적으로 쓰면 안 됩니다. 3월에 새 학기가 시작되는 데 4월에 전학하는 학생도 모든 선생님이 교과세특을 쓰지 않으면 전학이 안 됩니다. 이 어려운 일을 대한민국 교사들은 잘도 해냅니다.

이렇게 작성된 생기부가 과연 신뢰성이 있을까요? 점수가 20점, 30점인데 수업 시간에 발견한 그 학생의 장점을 찾아서 쓴다 한들 그게 무슨 의미가 있다고 모든 학생의 교과세특을 써야 할까요? 대학생은 학점만 주면 되는데, 고등학생은 12~13줄씩 써야 한다는 규칙을 누가 만들어냈을까요?

생기부 기록은 고등학교만의 문제가 아닙니다. 초등학교까지 심각합니다. 2025년 7월 17~25일 초등교사노조가 전국의 초등학교 교사 2,468명을 대상으로 '2025학년도 초등학교 평가제도 및 생활기록부 인식 설문조사'를 진행한 결과를 보면, '현재 초등학교의 평가제도가 교육 목표를 달성하는 데 적절한가'라는 질문에 72.3%가 부정적으로 답했습니다. '수업과 평가의 연계성이 확보되고 있는가'에 대해서도 부정적 응답이 64.7%에 달했습니다. 같은 성취 기준을 평가했는데도 문장을 학생마다 다르게 써야 해서 수십 개의 문장을 억지로 지어내고, 현실에 존재하지 않는 학생들을 만들어내는 창작 글쓰기 대회가 되었습니다.

교육청의 평가 지침 중 한 가지만 더 말씀드려보겠습니다. 성취평가가 고등학교에 도입되면서 교육청에서 교사 연수를 조직하던 시기에 제가 잘 아는 선생님 한 분이 성취평가 연수 강사를 하고 있었습니다. 저보고 강의를 듣고 평가해달라고 해서 서울시 교육연수원에서 강의를 들었습니다. 다 듣고 제가 매우 부정적으로 이야기했습니다. 그랬더니 자기도 그렇게 생각한다고 하더군요. 그래서 왜 현장에서 안 될 일을 하고 계시냐고 물었더니, 교육과정평가원의 '성취평가 연구개발팀'에서 일하는 선배가 현장 교사의 의견이 필요하다고 부탁해서 할 수 없이 한다며, 교사를 대상으로 성취평가의 중요성을 역설해야 하는 자신도 자기가 싫다고 하더군요.

강의식 수업이 아니라 학생 중심·활동 중심 수업을 해야 한다는 교육청의 철학, 수행평가, 성취평가, 이 모든 것들은 한국 교사들이 뭘 잘 해보자고 제안한 것도 아니고, 어느 학교에서 성공한 사례가 전파된 것이 아니고, 미국과 영국에서 그렇게 한다더라 해서 도입된 것들입니다. 그런 것들이 교사의 일상을 지배합니다. 제가 예를 세 개 들어서 그렇지, 그런 게 얼마나 많습니까?

몇 가지 예를 더 들어보겠습니다.

교육과정에서 보이는 문제입니다. 현재 교육과정은 제7차 교육과정입니다. 그런데 1차부터 7차까지는 차수로 이름을 붙이더니 이후부터는 '개정 교육과정'으로 이름을 붙입니다. 7차 교육과정이 전면 시행된 2002년이 얼마 지나지 않아 '2009 개정 교육과정'이 예고되었습니다. '2009 개정 교육과정'이 시행되자마자 '2015 개정 교육과정'이 예고됩니다. 똑같은 방식으로 '2022 개정 교육과정'이 예고되고 시행되었습니다.

교육과정이 개정되면 시행해 본 후 문제점이 발견되면 개정해야 하는데, 시행하던 해부터 다음 교육과정이 예고됩니다. 도대체 누구를 위해 교육과정을 개발하고 있는 걸까요? 저는 교육과정을 개발하는 팀을 위해 한다고 봅니다. 어느 과목을 넣다 뺐다, 과목을 쪼갰다 합쳤다, 이런 짓을 계속하고 있습니다. 이유를 모르겠습니다.

고등학교는 주당 4시간의 창의적 체험활동(이하 창체) 시간이 있습니다. 이 중 2시간은 학교에서 특색 있는 수업을 할 수 있는 시간이고, 2시간은 학급 자치 활동이나 동아리 활동이나 각종 예방 교육 시간입니다. 학교가 일 폭탄이니 교사들이 해야 할 2시간은 교사들 수업시수 평준화를 위해 사용됩니다. 수업 시수가 적은 교과에서 맡아 대충 자습으로 때웁니다. 물론 명목상으로는 독서나 논술 수업으로 되어있지만 실제로는 자습입니다.

예방 교육, 말은 좋은데 정말 효과가 있습니까? 학교폭력 예방 교육, 생명 존중 교육, 성폭력 예방 교육, 아동학대 예방 교육, 정보 통신 윤리 교육, 약물 오남용 예방 교육, 가정 폭력 예방 교육, 심폐소생술 교육, 장애 이해 교육 … 이걸 매년 합니다. 방송으로 틀어주면 애들은 핸드폰을 보면서 시간을 보냅니다. 그렇다고 안 할 수 없습니다. 만약 학교에서 무슨 사고가 났는데, 이런 교육을 했냐 안 했냐는 학교가 책임을 피할 수 있는 변명거리이기 때문입니다. 과연 지금과 같은 창체 시간을 운영할 필요가 있을까요? 창체를 운영하지 않으면 창체부도 필요 없어지고, 교사들이 해야 할 업무도 줄어들겠죠.

전학생을 위해 존재하는 학교 정보 공시, 학교 정보 공시 때문에 아무짝에도 쓸모 없지만 제출해야 하는 교과 진도표, 수능과 거의 같은 강도로 진행되는 중간 기말고사 준비 등 할 말은 너무 많은데 지면 관계상 이쯤에서 정리하겠습니다.

교원노조는 교육 관료들이 만들어낸 엉터리 교육과정, 교육철학, 각종 교육행정 지침과 싸워야 합니다. 단체교섭을 하면 교육부 교육청 관료들은 분명히 단체교섭 사항이 아니라고 할 겁니다. '교사의 사회 경제적 지위 향상'으로 규정된 단체교섭 사항이 아니라는 것이죠. 교사의 일상을 지배하는 것이 왜 단체교섭 사항이 아니랍니까? 방송사 노조는 '공정방송은 근로조건이다'라는 법원의 판단을 근거로 파업도 하는데, 왜 우리는 우리 자신의 노동조건을 단체교섭 대상으로 할 수 없단 말입니까? 말이 안 되죠. 교원노조가 50만 교원들을 대변하는 진정한 노동조합이 되기 위해서는 교원노조법의 한계를 뛰어넘어 학교 정책의 근본을 건드리고 개혁해 나가야 합니다.

4.
학생과 교사 관계의 재정립

'학생과 교사 관계의 재정립'에서 다루려는 문제는 교권입니다. 국어대사전에는 교권을 '교사의 위신을 가지고 학생을 가르치고 지도하는 권력이나 권위'라고 규정하고 있습니다. '권력'이라는 표현은 좀 그렇고, '권위' 정도로 해두겠습니다.

서이초 사건이 사회적 문제가 된 이후 교권의 문제는 학생·학부모의 공격으로부터 교사를 보호하는 문제로 인식되고 있습니다. 공무집행 중인 경찰을 공격하면 안 되듯이, 진료 중인 의사를 공격하면 안 되듯이, 학생을 지도하는 교사를 공격하면 안 됩니다. 엄격하게 처벌해야 합니다. 저는 이것을 '수동적 교권' 또는 '방어적 교권'으로 부르고자 합니다.

그러나 학생·학부모로부터 물리적·정신적 공격을 받지 않는다고 해서 교권이 확립되었다고 볼 수는 없습니다. 다른 나라에서는 교사가 교육과정을 자율적으로 편성할 수 있고, 교사의 평가권이 보장되어 있습니다. 한국은 그렇지 않죠. 교육과정 편성권과 평가권은 교권의 핵심입니다. 저는 이를 '적극적 교권' 또는 '본질적 교권'이라고 부르고자 합니다.

제가 '수동적·방어적' 교권과 '적극적·본질적' 교권을 분리하여 고찰하려는 이유는 교사의 본질이 가르치는 것에 있고, 교사의 행복과 보람이 가르치는 과정에서 형성되는 감정이기 때문입니다.

의사를 예로 들자면, 의사가 환자에게 공격받지 않아야 하는 것은 너무나도 당연해서 말할 필요조차 없는 것입니다. 그런데 의사가 환자에게 공격받지 않는다고 해서 행복해지나요? 의사는 병을 진단하는 방법을 개선하고, 새로운 치료법을 연구하여 생명을 지켜주는 데서 보람을 느끼는 직업입니다.

교사도 그렇습니다. 교사는 학생에게 새로운 지식을 가르쳐주고, 세계관 형성에 기여할 때 보람을 느끼는 직업입니다. 그러나 2025년 한국의 교사는 그 지위를 학원 강사에게 빼앗겼습니다. 저는 교육과정 편성권이나 평가권까지 논하지 않겠습니다. 솔직히 말하면 현재 한국의 교사에게 교육과정 편성권과 평가권은 사치스러운 이야기입니다. '교사의 위신을 가지고' 학생을 가르쳐야 하는데, '위신'조차 없기 때문입니다.

저는 학생·학부모가 교사를 공격하는 현상의 근본적 원인이 교사에게 본질적 교권이 없기 때문이라고 봅니다. 한국 사회에서 본질적 교육은 학원에서 이루어지고, 교사는 내 아이의 기분을 나쁘게 하지 않아야 할 존재로 보니까 학생이나 학부모나 교사를 '막' 대하는 것으로 봅니다. 이에 대해 함께 생각해 보겠습니다.

1. 수동적·방어적 교권

2023년 4월 20~28일 교사노조연맹이 교사 11,377명을 대상으로 최근 5년간 교사들이 겪은 교권 침해 사례를 조사했습니다.

학생과 학부모에 의한 교권 침해를 경험한 선생님이 70%에 이릅니다. 교권 침해는 일상적 현상이며, 피해 갈 수 있는 교사가 없습니다.

2024년 5월 14일 교육부는 17개 시도교육청과 한국교육개발원과

교권 침해 유형	있다	없다
학생에 의한 교권 침해	70.4%	29.6%
학부모에 의한 교권 침해	68.5%	31.5%
교육 활동 중 아동학대로 신고당한 경험	5.7%	94.3%
정신건강의학과 치료 또는 상담 경험	26.6%	73.4%

함께 실시한 〈2024학년도 교육 활동 침해 실태조사〉 결과를 발표했습니다. 이 조사에 따르면 한국 사회에서 교권 침해는 빠른 속도로 증가해 왔습니다. 지역교권보호위원회 개최 횟수를 보면 알 수 있습니다. 2023년 서이초 사건 발생으로 인한 것인지 2024년에는 전년도보다 줄었으나, 2020년과 비교하면 4.2배 증가했습니다.

연도	2020년	2021년	2022년	2023년	2024년
교권보호위원회 개최 건수	1,197건	2,269건	3,035건	5,050건	4,234건

학생에 의한 교권 침해의 유형별 비율을 보겠습니다.

유형	비율
정당한 생활지도에 불응하여 의도적으로 교육 활동 방해	32.4%
모욕·명예훼손	26.0%
상해·폭행	13.3%

교권 침해 학생에 대한 조치 사항 현황을 보겠습니다.

출석정지	교내봉사	사회봉사	전학	학급 교체	특별교육·심리치료
27.7%	23.4%	19.0%	8.7%	6.7%	4.1%

교권 침해가 왜 증가할까요? 2023년 7월 3~16일 교원 22,084명을 대상으로 조사하여 발표한 〈교육 활동 보호 강화를 위한 교원 인식

조사 결과)를 보겠습니다.

교육 활동을 침해한 학생·학부모에 대한 엄격한 처벌 미흡	32.4%
교권에 비해 학생 인권의 지나친 강조	26.0%
교원의 직무 특성을 고려하지 않은 형사법적 판단	13.3%

교권 침해가 증가한 이유로 학생인권조례를 드는 경우가 있습니다. 학생인권조례는 2010년 경기도를 시작으로 광주(2012년), 서울(2012년), 전북(2013년), 충남(2020년), 제주(2021년), 인천(2021년), 7개 시도에서 시행 중입니다.

학생인권조례가 교권 침해의 중요한 이유라면, 학생인권조례가 제정된 후 교권 침해가 늘어났다거나, 학생인권조례가 있는 지역이 없는

연도	교권 침해		교권 침해 주체			초등학교	
	건수	증가율	학생	부모	부모 비율	건수	비율
2009년	1,570		1,559	11	0.7%		
2010년	2,226	41.8%	2,186	40	1.8%		
2011년	4,801	115.7%	4,754	47	1.0%		
2012년	7,971	66.0%	7,843	128	1.6%		
2013년	5,562	−30.2%	5,493	69	1.2%	58	1.0%
2014년	4,009	−27.9%	3,946	63	1.6%	42	1.0%
2015년	3,458	−13.7%	3,346	112	3.2%	85	2.5%
2016년	2,616	−24.3%	2,523	93	3.6%	98	3.7%
2017년	2,566	−1.9%	2,447	119	4.6%	167	6.5%
2018년	2,454	−4.4%	2,244	210	8.6%	208	8.5%
2019년	2,662	8.5%	2,435	227	8.5%	287	10.8%
2010년	1,197	−55.0%	1,081	116	9.7%	94	7.9%
2021년	2,269	89.6%	2,098	171	7.5%	26	9.5%
2022년	3,035	33.8%	2,833	202	6.7%	287	9.5%

지역보다 교권 침해가 많아야 합니다. 그러나 교육부가 국회에 제출한 연도별 교권 침해 건수는 그와 반대의 결과가 나옵니다. 교권 침해 사건은 2012년에 최정점을 찍고 학생인권조례가 확산하기 시작한 2012년 이후에 오히려 감소했습니다.

교권 침해는 학생인권조례가 아니라 2011년 실시된 정부의 체벌 금지 정책, 2013년 제정된 아동학대처벌법과 밀접한 관련이 있는 것으로 보입니다. 그러나 체벌 금지로 인한 교권 침해는 일시적으로 증가했다가 감소 추세로 돌아섰고, 2013년 이후 학부모에 의한 교권 침해가 급속히 증가한 것, 특히 초등학교에서 증가한 것을 보면 아동학대처벌법이 영향을 크게 끼쳤을 것으로 보입니다.

2023년 서이초 사건 이후 국회는 '교원의 정당한 생활지도는 아동학대로 보지 않는다', '교사가 아동학대로 신고됐더라도 정당한 사유가 없는 한 직위해제 처분을 금한다'는 법을 제정했습니다. 이것이 교사를 죽음으로까지 몰아간 심각한 교권 침해 행위에 대한 최소한의 법률적 조치입니다. 하지만 교실에서 일어나는 일상적 교권 침해에 대해서는 사실상 대책이 없습니다.

예를 들어 미국의 캘리포니아주는 학생이 수업을 방해하거나 지시에 따르지 않을 경우에 최대 2일간 수업에 들어오지 못하게 할 수 있습니다. 영국의 '2006 교육과 감사법'에서는 학교가 학습자에게 구금을 선고하고, 부적절한 물품은 압수할 수 있으며, 학생 통제나 제재를 위한 합당한 수준의 물리력을 행사할 수 있고, 학생의 부적절한 행동에 대해 훈육적 처벌을 내릴 권한을 부여하고 있습니다. 향후 우리도 학생에 대한 교사의 지도권 범위를 보다 강화해야 하고, 교원노조가 이 문제를 지속적으로 해결해야 합니다.

2. 학원에 교육을 빼앗긴 학교

'선생先生님'이라는 호칭의 사전적 의미는 '먼저 태어난 사람'이라는 아주 단순한 의미입니다. 우리 사회에서 교사가 아닌 사람에게도 선생님이라는 호칭을 많이 씁니다. 음식점에서 손님을 '사장님'이라 부르고, 식당에서 일하는 여성을 '이모'라고 부르듯 말입니다. 교사가 뭐 대단한 직업은 아니지만, 우리가 '선생님'이라는 호칭을 귀중히 여기는 이유는 학생에게 새로운 세상을 열어주는 직업이기 때문입니다.

저는 고등학교 시절 한 번도 학원에 다니거나 과외를 받아본 적 없는 세대입니다. 제가 중학교 3학년이던 1980년 전두환이 학원과 과외를 모두 금지했기 때문입니다. 전두환은 절대 용서할 수 없는 독재자지만, 당시 고등학생들은 대한민국에서 가장 복받은 '학령'이었습니다. 지금 젊은 세대들은 학원과 과외가 없는 세상을 상상하지 못하지만, 저는 학원과 과외 없는 교육을 실제로 경험한 세대입니다.

기득권층 자녀들은 몰래 과외를 받았다지만 대다수 민중의 자녀들은 그런 일이 있는지도 몰랐습니다. 사교육의 영향이 거의 없었기에 개천에서 용도 많이 나오고 한국 교육에서 평등성이 가장 높았던 시절이었습니다.

저는 지금도 '미적분' 하면 키가 작고 대머리인 수학 선생님이 떠오릅니다. 지금도 시를 읽으면 배가 볼록하게 나온 국어 선생님이 생각납니다. 선생님이란 새로운 것을 가르쳐준 사람입니다. 저에게 미적분은 고2 때 수학 선생님, 시는 고2 때 국어 선생님으로 '의인화'되어 각인되어 있습니다.

그런데 오늘날 우리는 그 지위를 학원 강사에게 빼앗겼습니다. 오늘날 한국 사회에서 학교가 우습게 되고 학부모들이 교사를 함부로 대하는 이유는 학원이 학교를 대치하고 있기 때문입니다.

지금 학생들은 새로운 것을 학원에서 배웁니다. 교사는? 공식적 기관인 학교에서 서열을 매겨주고, 대입에 필요한 것들을 적어주는 직업입니다. 진실이 아닌 것들을 부풀리고 포장해서 적어주는 역할입니다. 저는 농담으로 교사는 '적자생존' 직업이라고 말합니다. 동물 세계의 원리인 '적자생존適者生存'이 아니라 '적는 자가 생존'한다는 '아재 개그'입니다.

노벨상을 받은 오스트리아의 동물행동학자 콘라트 로렌츠는 1937년 인공부화로 갓 태어난 기러기가 처음 접한 로렌츠를 '엄마'로 여기고 졸졸 따라다니는 행동을 관찰했습니다. 오리, 거위, 까마귀도 비슷한 행동을 했다고 합니다. 로렌츠는 이런 행위를 '각인imprinting'이라고 명명했습니다. 각인 효과는 사람에게도 나타납니다. 아기들은 태어난 직후 반복적으로 얼굴을 마주한 엄마, 아빠에게 평생 지속되는 각인을 형성합니다.

저는 이 각인 효과를 늘 느끼며 삽니다. 몇 년 전 1학년 담임을 맡았을 때 일입니다. 제가 맡은 반에 전교 1등인 학생이 있었는데, 고등학교 들어오기 전에 고1 과정은 물론이고 고2 과정인 수학 I, 수학 II 까지 선행학습이 되어있었습니다. 그런데 가르쳐보니 학원의 선행학습 덕에 성적이 잘 나오는 게 아니라 정말 명석한 학생이었습니다. 그래서 제가 "학원에서 이제 너에게 하산하라고 안 해?"라고 물었더니, "학원에서도 그런 이야기를 하는데요, 학원을 너무 오래 다녀서 선생님들과 정이 들어 그만두지는 못할 것 같아요"라고 대답하더군요.

지금도 잊지 못하는 학생이 있었습니다. 기말고사를 본 후 제가 출제한 문제에 이의를 제기했습니다. 그래서 학생이 이해할 수 있도록 설명을 해주었는데, 학생의 대답은 "저는 지구과학을 그렇게 배우지 않았습니다"였습니다. 학원에서 그렇게 배우지 않았다는 거겠죠. 그와 비슷한 언행을 하는 학생을 가끔 만납니다.

학생들과 상담할 때 이전 학년 성적이 왜 떨어지거나 올라갔는지 물어보면 학생들은 "그때는 제가 공부에 손을 놨습니다", "제가 그때부터 맘잡고 열심히 공부했습니다"라고 표현합니다. 공부에 손을 놨다는 것은 학원을 안 다녔다는 뜻이고, 맘잡고 공부했다는 것은 학원을 열심히 다녔다는 뜻입니다. 학생들은 성적이 오르거나 내린 것이 학교 때문이 아니고 학원 때문이라고 답합니다.

2023년 5월 더불어민주당 강득구 의원실과 '사교육걱정없는세상'이 전국 초등학교 1학년 학부모 11,000명을 대상으로 진행한 설문조사 결과에 따르면 초등학교 입학 전에 사교육을 시작한 비율이 65.6%입니다. 과목은 국어 74.3%, 수학 70.6%, 영어 61.3%, 예체능 56.2%입니다. 5세 아동이 이수한 사교육 과목 수는 3개 이상이 49.2%, 그중 5개 이상이 11.1%입니다.

다른 나라는 다 초등학교 교사가 글자와 덧셈·뺄셈을 가르치는데 대한민국만 학원에서 가르쳐 학교로 보냅니다. 대한민국 초등학교 교사가 한글과 덧셈·뺄셈을 못 가르칠까 봐 걱정되어 그렇습니까?

선행학습을 통해 각인 효과가 생긴 학생은 학교에서 배우는 것에 흥미가 없고, 권위를 부여하지 않습니다. 새로운 것은 학원에서 배우니 학원은 소중하고, 학교는 이미 배운 것을 시험 쳐서 등급과 서열을 정해주는 역할을 하니, 학교는 지겹고 대충 때우다 가는 곳이 되어버렸습니다. 지구상에 이런 나라는 또 없습니다.

3. 적극적·본질적 교권이 실현되는 나라들

학원의 선행학습이 학교를 지배하는 한국 교육 현실이 얼마나 비정상적 상황인지 생각해 보기 위해, 독일 교육을 우리나라에 널리 알린 『꼴찌도 행복한 교실, 독일 교육 이야기』[19]에 나오는 흥미로운 대목을

---

19. 박성숙, 『꼴찌도 행복한 교실, 독일 교육 이야기』, 21세기북스, 2010.

소개합니다.

유럽의 대부분 나라가 그렇듯이 독일도 초등학교에 들어가기 전에는 글자를 가르치지 않습니다. 초등학교 입학 후 1년 동안 알파벳을 배웁니다.

독일은 선행학습이 금지되어 있습니다. 법으로 금지한 게 아니라 사회적으로 합의를 한 것입니다. 교사는 학부모에게 절대로 집에서 가르치지 말 것을 요구합니다. 가르치는 게 교사의 몫이기 때문만은 아닙니다. 교사는 학생들에게 계속 질문을 하는데, 선행학습을 한 학생이 정답을 말하게 된다면 다른 학생이 생각할 시간과 질문할 기회를 빼앗는 것이며, 질문에 대한 답을 기다리는 것으로 설계된 교사의 수업권을 침해하는 것이기 때문입니다. 그러니 학과 공부를 위한 사교육은 당연히 없습니다.

고등학교에서 발생하는 교권 침해의 상당량은 수업 시간에 자는 학생을 깨우다가 발생합니다. 수업을 듣다가 잠깐 조는 경우가 아니라 아예 처음부터 수업을 듣지 않겠다고 엎어져 버리는 학생을 깨우다가 욕설을 내뱉는 학생 때문에 마음에 상처를 입은 교사들이 많습니다. 저도 물론 그런 경험이 있습니다. 그래서 언제부턴가 저는 엎어져 자는 학생을 깨우지 않습니다.

엎어져 자는 학생도 이유가 있습니다. 수업을 전혀 듣지 않고, 시험 때 OMR 카드에 한 줄로 긋고 자도, 출석 일수의 2/3만 채우면 진급하고 졸업하는데 뭐가 아쉽겠습니까?

다른 나라는 어떨까요? 학업성취도가 일정 수준에 이르지 못하면 유급시키거나 졸업을 안 시키는 나라들이 많습니다. 프랑스는 2014년에 유급을 '매우 예외적인 경우'에만 시행하도록 교육법 시행령을 개정했지만, 그전에는 많은 학생이 유급을 경험했습니다. 2012년에는 15세 학생들의 28%가 최소 1회 유급 경험이 있었다고 합니다. 독일, 스위스, 스페인, 포르투갈 등에 유급제도가 있고, 벨기에는 고등학교 졸업 자체가 어렵습니다. 고등학교 졸업시험을 통과하면 파티를 열어줄 정도라고 합니다.

최근 '최성보' 씨가 문제입니다. 최성보는 '최소 성취 수준 보장 지도'의 줄임말인데요, 고교학점제를 실시해 놓고 최소 성취 기준에 미달한 학생이 나오면 교사가 책임지고 지도해야 한다는 것입니다. 학점제는 해놓고 기준 미달 학생이 절대로 나오면 안 된다는 유토피아적 상상을 하는 것인데, 대학에서 해결하지 못하는 것을 고등학교는 잘도 해결합니다. 해결한 것처럼 하면 꾸미면 되니까요.

적극적·본질적 교권에 대해 대한민국 교사로서 상상도 할 수도 없는 나라의 학교 모습을 소개하겠습니다. 덴마크의 학교 모습입니다. 덴마크는 유엔이 발행하는 「세계행복보고서」에서 매년 최상위권에 있는 나라입니다. 2024년에 1위는 핀란드, 2위는 덴마크였습니다.

덴마크 사회와 교육을 소개하는 책들도 꽤 있는데, 오마이뉴스 오연호 사장이 쓴 『우리도 행복할 수 있을까?』에 나오는 한 대목을 살펴보겠습니다. 교사와 학생, 교사와 교육, 교사와 교원노조가 어떤 관계에 있어야 하는지 함께 생각해 봅시다.

> 덴마크는 9년 내내 같은 반, 같은 담임이라는 전통이 있다. 몇 년간 똑같은 담임교사를 학생이나 학부모가 싫어하거나 거부할 수도 있지만 대부분 대화를 통해 오해를 풀어나가고, 정 안 되면 바꿔준다고 한다.
>
> 담임뿐 아니라 과목 교사도 수년간 한 반을 계속해서 가르치는 경우가 많다. 과목마다 다르지만, 어떤 과목은 3~4년간, 혹은 7~8년간 같은 선생님에게 배운다고 한다. 이에 대

해 덴마크 학생들은 어떻게 생각할까? 코펜하겐의 한 고등학생의 이야기를 들어보자.

"국어, 수학 선생님이 쭉 같았는데 안정감이 들어서 좋았어요. 선생님은 우리에게 제2의 엄마 같은 존재예요. 우리를 무척 잘 돌봐주고 어떤 문제가 있을 때마다 정성껏 함께 고민하며 잘 극복하게 해줬어요."

이것이 가능한 이유는 무엇일까? 덴마크 사람들은 교사의 자발성이 중요하다고 했다. 교육부와 교장의 지시가 아니라 교사 스스로 자율성을 갖고 학급과 학생을 이끌어가야 한다는 것이다. 그리고 교사들이 여유를 갖고 스스로 계속 배워야 학생을 즐겁게 가르칠 수 있다고 믿는다.

2013년 4월 덴마크의 공립학교 교사들로 구성된 교원노조는 한 달 이상 수업을 중단했다. 쟁점은 교사들의 수업 준비 시간 단축 문제였다. 정부는 그동안 한 과목을 한 시간 가르치기 위해 준비하는 시간이 두 시간이었다면 이를 한 시간으로 줄일 것을 제안했다. 같은 과목을 매해 반복하여 가르치니까 수업 준비 시간을 단축하라고 요구한 것이다. 교사들은 이를 반대했고 수업까지 거부했다. "교사가 즐거워야 학생들도 즐겁습니다. 우리가 충분히 공부해야 학생들을 쉽게 가르칠 수 있고요. 매년 똑같이 가르친다면 우선 교사가 먼저 지루하고 즐겁지 않을 겁니다. 그러면 학생들도 즐겁지 않겠죠."

덴마크는 9년의 의무교육 기간에 우리의 초등학교와 중학교에 해당하는 '기초학교Folkeskolen'에서 9년간 공부합니다. 그 9년 동안 특별한 일이 아니면 담임교사가 바뀌지 않습니다. 우리로선 상상할 수 없는 일이죠.

좀 길긴 해도 한 선생님이 계속 담임을 맡는 것은 이상한 일이 아닙니다. 독일, 핀란드, 덴마크, 스위스, 이탈리아, 오스트리아 등 유럽의 많은 나라들이 그렇게 합니다. 나라마다 초등 교육 기간이 다르니까 독일·오스트리아는 4년, 이탈리아는 5년, 핀란드는 6년 동안 담임이 바뀌지 않습니다.

이렇게 오랫동안 한 교사가 학생들을 관찰하면서 학생의 적성과 재능을 파악한 후 초등학교 졸업 시점에서 공부에 재능이 있는 학생은 대학 진학을 목표로 하는 인문 학교를, 기술에 재능을 보이는 학생은 직업교육 학교를 추천합니다. 대부분 학부모는 교사의 추천대로 자녀의 상급 학교를 결정합니다.[20]

이게 가능한 이유는 여러 가지가 있지만, 가장 중요한 이유는 학교가 생존을 위한 치열한 전쟁터가 아니기 때문입니다. 즉 사회가 먹고 살 만한 복지 체제를 갖추었기 때문에 교육도 인간의 얼굴을 할 수 있는 것입니다. 거기까지 이야기하기에는 지면이 부족하니 생략하지만, 덴마크의 학교는 진정한 교권이 무엇이며 교사와 학생의 관계가 어때야 하는지 고민을 던져줍니다.

덴마크 교사들은 학생들에게 '제2의 엄마'처럼 존경받고 사랑받는 교사가 되기 위해서 교원노조를 통해, 필요하면 파업을 통해 교권을 세워왔습니다. 교원노조와 교권, 교권과 교육의 관계에 대하여 매우 중요한 시사점인데요, 제가 덴마크를 비롯하여 한 명이 계속 담임을 맡는 제도를 이야기하면 교사들부터 손을 절레절레 젓습니다. 그래서 저도 이런 제도를 추진하자고 주장하지는 않는데요, 교권이란 무엇인가, 교권의 본질이 무엇인가를 생각해 보자고 덴마크의 학교 모습을

---

20. 중앙일보, 〈한국 엄마, 세계의 학교를 가다〉, 2015.8.19.

소개했습니다.

4. 선행학습은 아동과 학생에 대한 범죄

사교육 앞에 주로 붙는 수식어는 '천문학적', '공교육을 압도하는' 등입니다. 공교육 뒤에 붙는 단어는 '실패', '무능', '불신' 등입니다. 이를 결합하면 "공교육이 실패했거나 무능하거나 불신을 받기 때문에 공교육을 압도하는 천문학적 사교육비가 들어간다"는 문장으로 완성됩니다.

과연 그럴까요? 학교 시설이 학원만 못하거나, 교사들의 자질과 능력이 학원 강사들보다 부족해서 학원이 창궐할까요? 학교 교사들이 한글을 잘 가르치지 못해서 초등학교 입학 전에 한글을 배우고 들어올까요? 학교 교사들의 실력이 부족해서 초등학생에게 중학교 공부를, 중학생에게 고등학교 공부를 시킬까요?

사교육은 가정 경제에 심각한 문제를 일으키지만, 사교육으로 인해 파생되는 사회적 불행의 크기는 측정하기도 어렵습니다. 부모는 학원비 마련을 위해 장시간 노동을 마다하지 않고, 자녀는 부모를 만족시키기 위해 쉴 틈 없이 학원을 뺑뺑이 돌아야 하며, 많은 가정불화가 사교육을 둘러싸고 발생합니다.

학교 수업에서 뒤떨어진 학생이 학원을 통해 공부를 보충하려는 것이라면 이해할 수 있습니다. 현실은 공부를 잘하는 학생이 학원을 더 많이 다닌다는 것입니다. 단순히 부모의 경제력 때문이 아닙니다. 사교육의 본질이 보충학습이 아니라 선행학습이기 때문입니다.

아래 표는 2019년 한국교육개발원이 만19~74세 4,000명을 대상으로 실시한 〈2019 교육 여론조사〉 중 '학부모들이 사교육을 시키는 이유'입니다.

남들이 하니까 심리적으로 불안해서	20.9%
남들보다 앞서 나가게 하기 위해서	20.5%
학교 수업을 잘 따라가지 못해서	17.9%
더 높은 수준의 공부를 위해서	17.4%

'학교 수업을 잘 따라가지 못해서'는 17.9%에 불과하고, 나머지는 모두 불안하거나 남보다 앞서기 위해서입니다.

사교육의 본질이 무엇인지는 학생의 성적과 사교육에 참여하는 비율, 금액을 보면 더 명확합니다. 다음 표는 2019년 통계청이 발표한 '성적 구간에 따른 고등학생 사교육 참여율과 사교육비'입니다.

성적 구간	사교육 참여율	사교육비
상위 10% 이내	72.3%	47.5만 원
11~30%	67.8%	43.0만 원
31~60%	62.8%	38.5만 원
61~80%	57.2%	32.6만 원
81~100%	48.9%	24.8만 원

공부를 못 해서 사교육을 받는 것이 아니라 공부를 잘할수록 더 많이 참여하고 더 많은 돈을 씁니다. 하위 20%의 학생은 48.9%가 사교육을 받고 있는데, 상위 10%의 학생은 72.3%가 사교육을 받습니다.

영화관에서 앞자리 관객이 일어서서 영화를 본다면, 뒷좌석 관객도 줄줄이 일어서야만 하는 형상입니다. 모두 앉으면 되는데, 그게 안 되는 게 대한민국 교육입니다. 그래서 모두가 불행합니다. 선행학습이 핵심인 사교육의 문제는 세 가지 정도로 정리해 볼 수 있겠습니다.

첫째, 선행학습은 학생의 정신발달 단계를 무시하고 무리한 공부로 내몰아 정신적 고통에 빠뜨리는 비인간적 행위입니다. 선행학습은 예습이 아닙니다. 다음 수업 시간에 배울 것을 미리 훑어보는 것이 무슨 문제겠습니까? 학원에서 하는 선행학습이란 초등학교에서 배워야 할 것을 유치원 때, 중학교에서 배워야 할 것을 초등학교 때, 고등학교에서 배워야 할 것을 중학교 때, 3학년 때 배울 것을 2학년 때, 2학년 때 배울 것을 1학년 때 배우는 것입니다. 이것은 미친 짓입니다. 그런데 모두 하니까 미친 짓이 당연하게 되어버렸습니다.

선행학습을 하는 이유는 남들보다 앞서가려는 것인데, 모두가 선행학습을 하기 때문에 효과가 없습니다. 효과는 없으면서 후유증은 심각합니다. 어린 나이에 학습을 포기해 버리는 학생들이 급속히 증가했습니다.

둘째, 학원의 선행학습은 수많은 학습 포기자를 양산합니다. 선행학습에서 가장 큰 비중을 차지하는 것은 영어와 수학입니다. 2015년 시민단체 '사교육걱정없는세상'과 새정치민주연합 박홍근 의원이 전국의 초중고생 7,719명(초6학생 2,229명, 중3학생 2,755명, 고3학생 2,735명)과 교사 1,302명을 대상으로 실시한 〈수학교육에 대한 인식 조사 결과〉를 발표했습니다.

질문 문항	초6	중3	고3
수학 실력을 키우기 위해 수학 사교육을 받은 적이 있다	72.0%	81.7%	81.1%
학교에서 배우는 수학 진도에 앞서서 선행교육을 한다	70.4%	77.8%	72.1%
선행 교육 내용의 절반 또는 절반도 이해하지 못한다	27.3%	45.1%	57.0%
수학을 포기했다	35.5%	46.2%	59.7%

'수포자'(수학을 포기한 자)의 비율은 초6 학생의 36.5%, 중3 학생의 46.2%, 고3 학생의 59.7%라고 합니다. '학급의 절반 이상이 수학 수업을 못 따라오는 이유'에 대해 중학교 교사(453명)들은 선행학습으로 인한 집중력 저하를 주로 지적했습니다.

학급의 절반 이상이 수업을 못 따라오는 이유	비율(중복 응답)
내용이 많고 진도가 빠르다	29.5%
내용이 어렵다	27.3%
선행학습으로 집중하지 않는다	63.6%
학생들이 내 수업에 적응하지 못한다	2.0%

학부모들은 학교 선생님들이 "너희 학원에서 다 배웠지?"라며 수업을 열심히 안 한다는 식으로 비난하는데, 사실은 앞뒤가 뒤바뀐 것 아니겠습니까? 학교가 학원 수업 뒤치다꺼리를 하는 상황이 학교를 무능하게 만든 것 아니겠습니까?

셋째, 사교육을 통해 빈부격차가 학습 격차로 이어집니다. 아래 표는 교육부가 발표한 2020년 가구 소득수준별 월평균 사교육비와 사교육 참여율입니다.

가구 소득	사교육비(월평균)	참여율
200만 원 이하	9.9만 원	39.5%
200~300만 원	15.2만 원	50.5%
300~400만 원	19.6만 원	61.3%
400~500만 원	25.7만 원	67.8%
500~600만 원	31.0만 원	71.9%
600~700만 원	35.7만 원	74.2%
700~800만 원	42.5만 원	79.9%
800만 원 이상	50.4만 원	80.1%

부모의 소득은 사교육을 통해 자녀의 학업성취도로 대물림됩니다. 더 큰 격차는 사교육 참여율입니다. 월 소득 200만 원 이하의 가구는 39.5%가, 월 소득 800만 원 이상의 가구는 80.1%가 참여합니다. '기

회는 평등하고, 과정은 공정하며, 결과는 정의로운' 사회는 빛 좋은 개살구입니다.

우리나라 의료 서비스에 대한 불만은 매우 높습니다. 오진도 많고 불친절한 경우도 많습니다. 그렇다고 병원 이외의 곳에서 의료 서비스를 받지는 않습니다. 의료인이 아니면 의료행위를 할 수 없고, 의료인도 허가된 분야 이외의 의료행위를 할 수 없도록 의료법에서 규정하고 있기 때문입니다. 우리나라의 법률 서비스에 대한 불만도 매우 높습니다. 그렇다고 해서 법무사나 로펌 사무장이 소송을 대리할 수는 없습니다.

그런데 교육은 어떻습니까? 교사 자격증이 뭐 대단한 것은 아니지만, 그래도 국가가 인정한 교사 자격증을 소지하고 치열한 임용고시를 거쳐 학교에 들어온 교사를 믿지 않고 학원에 자기 자식 교육을 맡기는 시스템, 이게 정상일까요?

5. 선행학습이 목적인 보습학원

사교육은 두 가지로 나눠볼 수 있습니다. 학생·학부모를 고통으로 몰아넣고 공교육에 걸림돌이 되는 사교육과 공교육의 보완재로서 사교육입니다. 이에 따라 사교육 대책도 두 가지로 나뉩니다. 공교육에 걸림돌이 되는 사교육은 없애고, 보완재로서 사교육은 국가가 흡수하여 질 좋은 교육 서비스를 제공해야 합니다.

공교육에 걸림돌이 되는 사교육은 소위 보습학원補習學院이라고 불리는 학원에서 하는 사교육입니다. 보습학원은 '보충학습학원'의 준말입니다. 명칭은 '보충학습' 학원인데 하는 일은 '선행학습'입니다. 명칭부터 거꾸로 되었습니다.

사실 보충학습을 목적으로 하는 학원은 거의 없습니다. 학교 공부를 따라가기 어려운 학생을 보충해 주겠다는 목적을 내걸고 학원을 운영하면 생존하기 어렵습니다. 학부모들이 자녀를 학원에 보내는 이유는 학교 공부를 따라가지 못해서가 아닙니다. 남들보다 앞서가기 위해서입니다.

선행학습을 달리기 경주에 비유하면 신호가 울리기 전에 미리 출발하는 부정 출발입니다. 부정 출발인데 모두 하니까 당연한 것처럼 되어버렸습니다. 선행학습을 해서 월반하려는 것도 아닌데 왜 모두 선행학습을 할까요? 막상 대학에 가서는 다른 나라 대학생들보다 앞서가기는커녕 뒤따라가기도 힘들어하는데 선행학습을 어떻게 해야 할까요?

금지해야 합니다. 1980년 전두환의 과외 금지 조치는 사교육 억제 정책 중 유일하게 성공한 정책입니다. 문제는 총칼로 권력을 쥔 전두환이 사회적 합의 없이 밀어붙였다는 점입니다. 전두환 방식이 아니라 전 사회적으로 합의하여 금지하면 됩니다.

전 사회적으로 합의한다는 것은 사회 구성원 100%가 동의해야 한다는 뜻이 아닙니다. 사교육이 존재해야 이득을 보는 사람도 있습니다. 돈 많은 사람들이지요. 그런 사람들의 욕망은 사회적으로 통제되어야 합니다. 마약을 하려는 개인의 욕망이 자유라는 이름으로 허용될 수 없는 것처럼, 아이들의 건강과 행복을 위하여 선행학습 학원을 금지해야 합니다.

6. 학원에 대한 미신

아이가 학교 공부를 따라가지 못할 때, 학원에 보내면 효과가 있을까요? 학원에서 학생의 기초가 부족한 점을 채워주고, 학교 공부에서 어려웠던 부분을 도와준다면 효과가 있겠죠. 즉 기초 실력 보충과 복습이 중심이라면 저도 학원을 권유하겠습니다. 그러나 그런 학원은 없습니다. 학원을 직접 운영한 사람의 경험담을 들어보시죠.[21]

학원 상품은 크게 보충학습, 선행학습, 후행학습, 입시 대비로 구분됩니다. 그 가운데 가장 잘 팔리는 것은 선행학습입니다. 실제로 많은 학생에게 필요한 것은 보충학습이나 후행학습이지만요.

제가 원장으로 있을 때 실제로 고등학교 1학년 학생들을 대상으로 후행학습 상품을 팔아본 적이 있습니다. 그 학생들이 어느 정도였냐면 'I-my-me-mine'을 모르는 학생들이었습니다. 아이들에게 이게 마지막 기회라고 생각하고 중학교 과정을 하자고 했지요.

정말 열심히 가르쳤습니다. 100명을 모아서 시작했는데 중간에 애들이 떨어져 나가고 끝까지 남은 학생이 30명 정도 됐습니다. 그중 좋은 결과를 맺은 학생도 있었지만, 두 번 다시 후행학습 상품을 팔지 않겠다고 생각했습니다. 현실적으로 팔기도 어렵고 과정도 너무 어렵습니다. 돈 때문이 아니라 애들을 위해서 한 건데, 학원 운영이 너무 힘들었습니다.

학원이 학생들에게 해줘야 할 것은 후행학습인데, 실제로는 대부분 선행학습을 시킵니다. 왜냐? 이유는 세 가지입니다.

첫째, 학부모들의 불안감을 부추기기 좋습니다. 불안감을 부추겨야 학원에 계속 잡아둘 수가 있죠.

둘째, 학생에 대해 책임지지 않을 명분이 됩니다. 부모는 성적이 오를 걸 기대하고 학원에 보냈지만, 학원 운영진은 선행학습을 하면서 그 효과가 나중에 나타난다고 말해도 됩니다. 지금 잘하는 아이들은 과거 선행학습의 결과라고 말하면 됩니다.

---

21. 사교육걱정없는세상, 『아깝다! 학원비』, 비아북, 2010.

셋째, 학원의 위신을 높여야 학원을 유지할 수 있기 때문입니다. 선행학습을 전문으로 해야 공부 좀 하는 학생들이 옵니다. 공부 좀 하는 학생들이 와야 '저 학원에 가면 성적이 오를 수 있다'는 환상으로 학생들이 모입니다. 공부 못하는 학생들이 오는 학원은 학생을 모으기 어렵습니다.

그러면 그렇게 선행학습을 해서 효과가 있을까요? 없습니다. 지금 하는 공부도 제대로 이해하지 못하는 아이들이 1년 후 배울 것을 이해할 수 있을까요? 그저 그런 공부를 해 봤다는, 기억에도 남지 않는 문제 풀이만 맛보다가 제자리로 돌아오는 것입니다.

그래서 학원은 달콤한 거짓말을 합니다. 평상시에는 선행학습을 하고, 중간·기말고사 한 달 전부터 내신을 대비해 준다고. 학교에서 선생님이 가르친 것을 학교 선생님이 출제하는데, 왜 대비를 학원에서 합니까? 정말 웃기는 이야기입니다.

선행학습이 효과가 있는지 없는지에 대한 연구 결과가 많습니다. 2009년 8월 '사교육걱정없는세상'은 선행학습에 대한 궁금증을 풀기 위해 집중 토론회를 세 차례 개최했다고 합니다. 서울 경기 지역 초중고생 953명의 학업성취도를 분석하고 교육 전문가 16인이 발제자와 토론자로 참여했는데, 결론은 효과가 없다는 것입니다. 수십 편의 논문 중 선행학습에 대해 긍정적 결론을 낸 사례는 단 한 건도 없었다고 합니다.

선행학습을 소화할 수 있는 학생은 극소수 상위권으로 현재 나가고 있는 진도를 거의 완벽히 이해하는 학생만 가능합니다. 그것도 1년, 2년 후 배울 게 아니라 3~6개월 정도만 의미가 있습니다. 선행학습에 쏟는 시간의 1/3만 투자해도 훨씬 좋은 성과를 거둘 수 있습니다.

7. 2000년 헌법재판소의 과외 금지 위헌 판결

어릴 때부터 학원을 학교처럼 다닌 세대들은 제가 경험한 학원 없는 교육을 상상하지 못할 것입니다. 그렇게 된 결정적 계기는 2000년 헌법재판소 판결입니다.

2000년 헌법재판소는 초중고생의 학원 공부를 금지한 '학원의 설립·운영에 관한 법률'에 대해 헌법재판관 6:3 의견으로 위헌 판결을 내렸습니다. 2000년이면 이미 초중고 학생들에 대한 과외가 폭넓게 허용되는 상황이었는데, 헌법재판소는 무엇이 헌법에 위배된다고 판결했을까요?

헌법재판소는 '학원의 설립·운영에 관한 법률'은 '원칙적 금지와 예외적 허용'이라는 방식을 채택하여, 고액 과외 방지라는 당초 입법목적과는 아무런 연관이 없는 교습행위까지도 광범위하게 금지하는 결과를 가져왔으며, 이는 과도한 기본권 제한으로서 국민의 자녀교육권, 인격의 자유로운 발현권, 직업선택의 자유를 침해했다고 규정했습니다.

그래서 헌법재판소는 위헌 판결을 내리면서 고액 과외, 입시준비생을 대상으로 하는 대학교수와 학교 교사의 과외 교습 등 사회적 폐단이 있는 경우는 이를 규제할 수 있으므로 대체입법을 마련하라고 했습니다.

2000년 헌법재판소 위헌 판결 보도

법률 용어들이 많아 말이 좀 어렵죠? 쉽게 설명하면, 고액 과외를 금지하는 것은 옳지만, 그 목적을 이루자고 다른 학원의 교습까지 금지하는 것은 과도한 기본권의 제한이며, 사회적 폐단이 있는 과외는 대체입법을 마련하라는 것입니다.

쟁점이 달라지면 다른 관점의 판결이 나오는 것은 얼마든지 가능합니다. 2016년 헌법재판소는 고등학생을 자녀로 둔 학부모 박모 씨와 학원 운영자 등 11명이 심야 학원 교습을 제한하고 있는 서울, 경기, 인천, 대구 등 4개 지자체의 조례가 "학생의 인격권과 학부모의 자녀 교육권, 학원 운영자의 직업 수행의 자유 등을 침해한다"며 낸 헌법소원 사건에 대해 6:3으로 기각했습니다.

헌법재판소는 "학원 심야 교습을 제한하면 학생들이 휴식과 수면을 취하거나 자습능력을 키울 수 있고, 사교육 과열로 인한 학부모의 경제적 부담 증가 등과 같은 여러 폐해를 완화시킬 수 있을 뿐만 아니라 학교 교육의 충실화도 가져올 수 있다"며 "조례로 제한되는 사익이 공익보다 중대한 것이라고 보기 어렵다"고 판결했습니다. 이 판결문에서 학원 심야 교습을 '선행학습'으로 바꾸면 어떨까요?

시대의 변화에 따라 헌법재판소의 판결이 바뀐 경우는 매우 많습니다. 호주제는 1950년대부터 오랫동안 위헌소송과 헌법소원이 제기되었으나 계속 기각되었다가 2005년에야 위헌 판결을 받았습니다. 양심적 병역거부에 대한 처벌도 여러 번 기각되다가 2018년에야 비로소 헌법불합치 판결을 받았습니다.

2000년 헌법재판소의 과외 금지 위헌 판결도 시대가 변하고 국민의 생각이 변하면 얼마든지 바뀔 수 있습니다. 아니 바뀌어야 하며, 23년 전 헌법재판소 판결에 우리 아이들의 삶을 맡길 수 없습니다.

헌법재판소의 입장보다 더 중요한 것은 우리 사회의 합의입니다. 헌법재판소가 진리의 기준이 아니지 않습니까? 우리 아이들이 아무 의

미도 없고 고통만 가중하는 학원 뺑뺑이 생활을 하고 있는데, 헌법재 판관 9명의 생각이 중요할까요? 대통령도 국민이 뽑고, 시장·도지사 도 국민이 뽑는 세상에서 선출되지 않은 헌법재판관들이 국민의 삶을 결정하게 놔둘 수 없지 않겠습니까? 국민투표에 부쳐서라도 학원을 금 지해야 합니다.

만약 현직 교사들이 밤에는 학원을 차리거나 과외 교습을 한다면 어떨 것 같습니까? 젊은 분들은 상상이 안 되겠지만, 제가 중학교 다 닐 때까지는 교사들이 사교육을 직접 했습니다. 수업 좀 한다는 선생 은 낮에 학교에서 쉬엄쉬엄 가르치고 밤에는 과외와 그룹 지도를 하 면서 돈을 많이 벌었습니다. 그런 교사들은 퇴직할 때 빌딩 하나씩 갖 고 있었습니다. 그걸 못 하게 한 게 1980년 과외 금지 조치입니다. 지 금은 교육공무원법 64조에 '겸직 금지' 조항을 만들어 불가능하게 법 제화했습니다.

이는 교사의 직업 선택권 제한이나 경제활동의 자유를 침해하는 것 이 아니라 공교육 강화를 위한 법적 규제로 해석하는 것이 옳겠죠. 마 찬가지로 학원을 금지하는 것 역시 사회 공익적 관점에서 합의하면 됩니다.

초등학생에게 중학교 공부시키고, 중학생에게 고등학교 공부시키고, 학교 수업 시간에는 이미 배워서 재미없다고 하는 이 어처구니없는 현 실을 계속 유지하자면 되겠습니까? 세계에서 가장 우수한 교사들로 학교를 채워놓고 학원 강사들이 교육을 주도하는 이 한심한 체제를 언제까지 유지해야 할까요?

서울 강남 대치동이나 지방 중소도시나 교사들의 자질과 능력은 차이가 별로 없습니다. 학생들의 학력 차이는 사교육에서 결정되는 것 입니다. 학원이 주, 공교육이 종이 된 물구나무선 교육체제를 바로잡 아야 합니다.

8. 보습학원 금지에 대한 사회적 합의

대한민국은 전 세계에서 자녀 양육비가 가장 비싼 나라입니다. 2023년 중국의 위와인구연구소YuWa Population Research Institute는 각국 정부의 통계를 토대로 자녀 1명을 18세까지 키우는 데 드는 양육 비용을 조사한 후 그 나라의 1인당 GDP로 나눴더니 한국이 3억 6,500만 원으로 세계에서 1등, 중국이 2등이었습니다.

그래서 2021년 8월, 중국 정부는 '쌍감雙減 조치'라고 부르는 교육개혁 조치를 시행했습니다. '쌍감'이란 두 가지를 줄인다는 뜻인데, 학교가 주는 학업 부담과 사교육 부담을 말합니다.

중국은 1978년 개혁·개방 정책 도입 이후 경제가 성장하여 G2 시대를 열었지만, 불평등이 심각한 사회문제가 되었습니다. 게다가 중국 정부가 오랫동안 권장해 온 '한 자녀' 정책으로 교육열이 과잉되고, 사교육이 번창했습니다.

사교육에서 발생한 불평등은 사회 불평등의 원인이 되었습니다. 사교육비가 증가하면서 합계출산율이 낮아졌으며, 소비와 내수 시장이 위축되는 현상까지 나타났습니다.

2022년 중국의 합계출산율은 1.09입니다. 1995년에 2.05명이었는데, 줄곧 떨어져 한국처럼 조만간 1.0 밑으로 떨어질 상황입니다. 이에 중국 정부는 쌍감 조치를 내놓게 됩니다. 쌍감 조치가 무엇인지 알아보겠습니다.

첫째, 학교 공부의 부담을 줄이기 위해 학교에 있는 동안 모든 공부를 마치고 집에서는 쉴 수 있도록 숙제를 주지 않도록 했습니다. 대신 부모가 퇴근하기 전까지 학교 운영을 연장했습니다.

둘째, 사교육을 줄이기 위해 예체능을 제외하고 초·중학생을 대상으로 하는 교습을 금지했습니다. 기존 사교육 업체는 비영리 기구로 재등록하여 온라인 무료 수업만 허용하며, 사교육 기관을 신규 개업

하는 것은 불가능하며, 사교육업체에 대한 외국자본의 투자도 금지했습니다. 중국 정부가 쌍감 조치를 발표했을 당시 중국 사교육업체의 주식은 대폭락했습니다. 쌍감 조치에 대해 중국 학부모들은 대찬성했습니다.

중국 정부가 쌍감 조치를 과감히 취할 수 있었던 자신감은 어디에서 나온 것일까요? 세계 최대의 홍보 회사인 미국의 '에델만Edelman'이 발표한 〈2022 에델만 신뢰지수 보고서〉에 따르면 2021년 중국 정부에 대한 중국 인민의 신뢰도는 91%에 달합니다. 세계 1위입니다. 서방 언론은 '중국은 공산당 일당독재 국가다', '시진핑은 진시황과 다름없다'라고 비난하지만, 막상 중국 인민은 자국 정부를 신뢰하고 있습니다.

중국의 쌍감 조치를 길게 이야기했는데요, 독일이 선행학습을 법률이 아니라 사회적 합의로 금지했듯이, 중국이 강력한 사교육 대책을 내놓을 수 있었던 이유도 시진핑 정부에 대한 지지가 굳건하기 때문입니다.

생각해 보면 선행학습을 금지할 사교육 대책도 어느 정도 답이 나왔다고 볼 수 있습니다.

첫째, 특목고·자사고 등을 없애면 최소한 초등학생, 중학생이 선행학습을 위해 학원에서 밤 10시까지 매달리는 일은 없앨 수 있습니다. 아래 표는 교육부가 발표한 2022년 사교육 현황입니다.

	초등학교	중학교	고등학교
사교육 참여율	85%	76%	65%
1인당 사교육비	37만 2천 원	43만 8천 원	46만 원

초등학생의 사교육 참여율이 높은 것은 예체능이 많이 포함되어 있어서 그렇다 치고, 고등학생보다 중학생의 사교육 참여율이 더 높은

것은 어떻게 설명해야 할까요? 특목고의 영향이 그만큼 크다는 것을 보여줍니다.

둘째, 독일은 법률이 아니라 교사의 권위와 사회적 합의로 선행학습을 금지하지만, 우리는 학원이 너무 오랫동안 뿌리내렸기 때문에 법률적 강제가 필요할 수 있습니다. 2000년에 헌법재판소가 학원 금지에 대해 위헌 판결을 했으니 개헌 시기가 왔을 때 헌법에 명시하든지, 그게 '좀스럽다면' 헌법에서는 취지만 명시하고 학원을 금지하는 법률을 사회적으로 합의하면 됩니다.

셋째, 학교 수업을 따라가지 못해 보충수업이 필요한 학생은 보습학원이 아니라 학교가 책임지게 해야 합니다. 이것이 국가 교육의 책무성입니다. 방과 후에 남겨서 가르치든지, 정규 수업 시간에 배움이 느린 학생들을 위한 보조교사를 운영하든지, 대안학교에 대한 국가의 지원을 강화하여 일반 학교와 다른 방식의 교육을 받도록 해야 합니다.

초등학교, 중학교에서는 국가가 책임지고 일정 수준의 학력에 도달하도록 해야 한다면, 고등학교 단계에서는 인문교육과 직업교육을 제대로 분리하고 공부에 흥미가 적은 학생은 기술 교육에 집중하도록 해야 합니다. 다른 나라에서 다 그렇게 하는데, 대한민국만 하지 못할 이유가 있습니까?

9. 교원노조가 사교육 문제를 제기해야 할 이유

사교육이 우리 사회의 가장 심각한 문제 중 하나라는 것을 부인하는 사람은 없습니다. 청년들이 결혼을 못 하는 이유는 불안정한 노동조건과 터무니없이 높은 집값 때문이고, 애를 안 낳는 이유는 세계 최고 수준의 경쟁교육 때문입니다. 경쟁교육 체제에서 승자가 되려면 사교육비를 퍼부어야 하는데, 그럴 능력이 안 되니 애를 낳지 않습니다.

교원노조는 교사들의 노동 조건 향상을 위해 노력하는 조직입니다. 노동조건에는 여러 가지가 있지만, 가장 중요한 것은 가르치는 것입니다. 가르치는 보람을 느껴야 하는데, 선행학습 학원 체제가 이를 가로막습니다. 학원에 젖은 학생, 학부모들은 학원 강사보다 훨씬 우수한 집단인 학교 교사들을 가볍게 봅니다.

저는 이 문제를 교원노조가 정면으로 제기하길 바랍니다. "아이들 교육을 교사에게 맡겨라!" 지구상에 가장 우수한 교사들로 구성된 대한민국 학교를 믿지 않고 학원 강사에게 의지하는 이 미친 시스템을 정면으로 비판하고, 국민을 설득하고, 교원노조야말로 올바른 주장을 하는 '공익적' 조직이라는 것을 국민에게 보여주면 어떨까요?

대한민국 교육을 바로 세워보겠다는 거창한 목표를 가지고 교사가 된 사람은 없습니다. 어릴 때부터 선생님을 꿈꿨거나, 안정적 직업이니까 해보라는 주변의 권고를 받았거나, 다른 것을 해보려다 어찌어찌하여 교사가 되었거나, 다양한 이유가 있을 것입니다.

그러나 일단 교육공무원이 되어 국민의 세금으로 먹고살고 있으니, 교육에 대한 국가 책임제를 생각해 봐야 합니다. 지금 학교는 공공기관으로서 책임이 없습니다. 교육은 학원에서 이루어지고, 학교는 학생들을 관리하고 있을 뿐입니다. 배워야 할 것을 제대로 이수하지 못해도 출석 일수만 채우면 진급시키고 졸업시킵니다. 이런 황당한 현실에 대해 문제의식조차 없는 게 진짜 문제입니다

저는 선행학습 보습학원은 전면 금지하고, 보충수업이 필요한 학생은 학교가 책임지겠다고 선언했으면 합니다. 방과 후에 하든, 보조교사를 채용하든 학교가 공부가 느린 학생들을 돌보겠다고 해야 합니다. 그리고 정부에 필요한 인적 지원을 요구해야 합니다.

선행학습 보습학원 폐지는 교사에게 가르치는 보람을, 국민에게 교육 고통을 해결하는, 교원노조 운동이 교사의 이익과 사회 공익이라

는 두 마리 토끼를 동시에 잡는 운동이 될 것입니다.

올해 3월 『사교육 해방 국민투표』[22]라는 제목의 흥미로운 책이 출간되었습니다. 저자들은 사교육으로 인해 망가진 한국 교육의 문제점, 아동과 학부모의 피해 등을 설명하면서 "적어도 유아·초등학생만이라도 입시 사교육에서 해방시키자"고 주장하며, 구체적 방법으로 국민투표를 제안했습니다.

예를 들어 2016년 영국은 유럽연합에서 탈퇴하는 브렉시트BREXIT를 국민투표로 결정했습니다. 2016년 스위스는 모든 국민에게 조건 없이 지급하는 기본소득안을 놓고 국민투표를 실시했습니다. 2019년 프랑스에서는 마크롱 대통령이 추진한 연금 개혁안을 놓고 국민투표를 실시했습니다. 그런 식으로 사교육 문제를 국민투표로 결정하자는 것입니다.

저는 유아·초등뿐 아니라 고등학교까지 보습학원 전체를 폐지하자고 주장하지만, 일단 국민투표 방식으로 사교육 문제를 해결해 보자는 참신한 주장에는 동의합니다.

국민투표는 우리 헌법 제72조에 있습니다. "대통령은 필요하다고 인정할 때는 외교·국방·통일 기타 국가 안위에 관한 중요 정책을 국민투표에 부칠 수 있다"는 조항입니다. 문제는 보습학원 폐지를 '기타 국가 안위에 관한 중요 정책'으로 볼 수 있냐는 것이겠는데요, 사교육 때문에 애를 낳지 않는 이 시대적 문제를 그렇게 보지 못할 이유도 없지 않을까요?

---

22. 이형빈, 송경원, 『사교육 해방 국민투표』, 살림터, 2025.

맺음말

저는 머리말에서 시도 교육감들은 '단 한 명의 아이도 포기하지 않는 교육', '모두가 행복한 교육'을 공약으로 내걸지만, 그걸 직접 실행해야 할 교사들이 지금 어떤 처지인가 하는 질문을 던졌습니다. 그리고 서이초 교사의 죽음부터 시작하여 교원노조의 역사, 교원노조에 대한 성찰, 교원노조법의 문제, 교원노조의 학교 개혁 정책에 이르기까지 참 많은 이야기를 쏟아냈습니다.

다시 머리말의 질문으로 돌아가서 '단 한 명의 아이도 포기하지 않는 교육'은 실현이 가능할까요? 제가 교육 관련한 책들을 꽤 많이 읽었는데요, '단 한 명의 아이도 포기하지 않는 교육'을 느낀 장면이 두 번 있었습니다.

첫 번째는 핀란드입니다. 핀란드 헬싱키 대학에 유학하면서 핀란드 교육을 깊이 들여다보고 핀란드 교육 '전도사'로 많은 활동을 해온 정도상 박사가 쓴 『북유럽의 외로운 늑대! 핀란드』에 그런 장면이 나옵니다.

정도상 박사가 핀란드 유학 시절에 세 살짜리 아이를 유치원에 보냈는데, 어느 날 선생님이 면담을 요청했다고 합니다. 아이가 핀란드어를 몰라서 의사소통이 어렵기 때문이었는데, 정도상 박사는 집에서 핀란드어를 잘 가르쳐달라고 요청받을 것으로 예상하고 유치원에 갔다고 합니다. 그런데 뜻밖에도 유치원 선생님의 제안은 자신이 한국말을 배워서 아이를 돌볼 테니 한국말을 가르쳐달라는 것이었다고 합니다.

제 머리에서는 절대로 나오지 않을 사고방식입니다. 한 사람의 낙오자도 만들지 않겠다는 핀란드 교사들의 정신은 제도나 형식 문제가 아닙니다. 우리가 핀란드의 교육제도를 베껴올 수는 있겠지만, 저 유치원 선생님의 교육 정신은 어떻게 가져올 수 있을까요?

핀란드 교육을 성공으로 이끌어가는 교사들은 한국 교사와 무엇이 다를까요? 1980년대 핀란드 교원노조의 광고 문구 "핀란드의 교사는 세계에서 가장 높은 수준의 교육을 받은 전문인들이다"에서 볼 수 있듯이, 핀란드 교육의 성공 비결을 말할 때 교사들의 높은 수준을 빼놓을 수 없습니다.

그러나 한국 교사의 우수성도 핀란드 못지않습니다. 사범대학이나 교육대학에 입학하는 학생들의 실력을 보면 세계 최고 수준입니다. 그러면 한국과 핀란드의 교사는 무엇이 다를까요? 핀란드 교사들의 높은 수준을 이야기할 때 석사 학위가 필수라는 점을 지적하는데, 여기에는 약간의 오해가 있다고 합니다. 핀란드의 대학 시스템은 대학원까지 연결된 학제라서 대학 졸업에 평균 6년 정도 걸리며, 대부분 석사 학위를 취득한다고 합니다.

정도상 박사는 핀란드 교육의 성공 비결이 교사들의 강한 애국심과 열정에 있다고 지적합니다. 상상 밖의 평가입니다. 핀란드 정부도 한때는 교사들을 통제하고 학교에 간섭했습니다. 핀란드가 1970년대 들어 교육개혁에 착수하면서 교원노조를 파트너로 삼고 교사들의 자율성을 최대한 보장하는 방향으로 개혁을 밀고 나갔습니다. 핀란드의 교원노조도 그런 정부를 믿고 교육개혁에 적극적으로 나섰습니다. 교사들이 정부와 만나는 방식은 교원노조를 통해서입니다. 교사의 95%

가 교원노조에 가입해 있습니다. 교장들도 대부분 교원노조에 가입합니다.

자원이라고는 숲과 호수밖에 없는 나라에서 인재를 키우는 교사들이야말로 애국자라는 자부심으로 학생들을 가르쳤습니다. 이것이 핀란드 교육개혁의 동력이라고 정도상 박사는 평가합니다.

또 하나의 장면은 덴마크의 학교 모습입니다. 제가 제5부 4장 「적극적·본질적 교권이 실현되는 나라들」에서 말씀드린 장면입니다. 매년 담임이 바뀌는 학교에서 학창 시절을 보냈고, 교사가 되어서도 그렇게 살아왔는데, 9년씩이나 한 명이 담임을 한다는 것, 교과목 선생님도 몇 년씩 함께 학년을 올라가면서 가르친다는 것이 저에게 엄청난 충격이었습니다.

'어머니 같은 교사', '자식 같은 학생', 지금 대한민국의 현실에서는 도무지 상상도 할 수 없는 교육입니다. 그런데 그런 교육을 만들기 위해 덴마크 교사들은 정부의 수업 준비 시간 단축 정책에 맞서 교원노조로 뭉쳐 한 달간 파업을 합니다.

핀란드와 덴마크는 유엔 '지속가능발전해법네트워크SDSN'가 매년 발행하는 〈세계 행복보고서〉에서 1, 2위를 하는 나라입니다. 2025년 3월 20일 발표한 보고서에서도 핀란드는 8년째 1위이고, 덴마크는 2위입니다. 국제노총이 발표하는 〈글로벌 노동권 지수〉도 늘 1등급인 노동 존중 사회입니다. 오랜 세월 진보적 정당이 집권하여 복지국가를 건설해 왔습니다. 그런 나라들에서 교사는 교원노조를 건설하여 '단한 명의 아이도 포기하지 않는 교육'을 실현하고자 노력해 왔습니다.

대한민국은 어땠습니까? 4.19혁명으로 숨져간 학생들에 보답하자며 일어선 교원노조를 풍비박산냈습니다. 군부독재 교육을 극복하자고 일어선 전교조 교사들을 거리로 쫓아냈습니다. 무려 30년 동안 전교조는 합법화 자체를 위해 싸웠습니다. 군부독재가 끝난 다음에는 교육을 상품으로, 교사와 학교를 공급자로, 학생과 학부모를 소비자로 규정하는 교육체제를 만들었습니다. 그런 체제에서 2023년 서이초 사태는 발생했고, 연인원 80만 명의 교사들이 거리로 나왔습니다. 대한민국 정부는 교사들에게 할 말이 없습니다. 이렇게 교사들을 탄압하고 무시해 놓고도 교사들이 학교 교육에 헌신하길 바란다면 나무에서 물고기를 구하는 것과 같습니다.

그러나 어떻게 합니까? 교육의 최후 보루는 교사입니다. 정치인들과 교육관료들은 교육을 망쳐놨지만, 교사들은 교육을 포기할 수 없습니다. 교육의 주체인 교사가 나서서 교육을 바꿔야 합니다. 그 방도는 교원노조의 힘을 키워 학교를 교육이 중심인 체제로 바꾸는 것입니다.

저는 이재명 정부 출범 이후 교원노조의 족쇄를 풀어내고 도약할 기회가 왔다는 생각으로 집필을 시작했습니다. 개헌이 최선이고 반드시 해내야 하지만, 당장은 아쉬운 대로 교원노조법을 개정해서라도 교원노조의 발목을 잡는 독소조항들을 해결해야 한다고 생각했습니다. 그러기 위해선 먼저 교원노조 내부에서 깊이 있는 토론을 해야 하고, 그에 도움이 되어보고자 책을 썼습니다.

저의 주장 중 무리한 게 있을 것입니다. 당장은 실현되지 않을 주장도 있습니다. 제가 교사로 근무할 시간이 얼마 안 남았기 때문에 조급한 마음으로 무리하게 이야기한 부분도 있습니다. 제 주장의 부족한 점은 제 경험의 한계에서 나온 것입니다.

저는 단결권도 제대로 보장이 안 되고, 단체교섭 의제도 무시당하고, 파업은 꿈도 꿔보지 못한 채 교원노조 활동을 마무리하겠지만, 다음 세대가 새롭게 만들어 나갈 교원노조는 정상적 노동조합으로서 학교를 제대로 바꿔나가길 바랍니다. 모쪼록 교원노조의 새로운 진로를 모색하는 데, 저의 졸저가 조금이라도 쓸모가 있다면 더할 나위 없는 기쁨이 될 것입니다.

삶의 행복을 꿈꾸는 교육은 어디에서 오는가?

● **교육혁명을 앞당기는 배움책 이야기** 혁신교육의 철학과 잉걸진 미래를 만나다!

● **비고츠키 선집** 발달과 협력의 교육학 어떻게 읽을 것인가?

● 경쟁과 차별을 넘어 평등과 협력으로 미래를 열어가는 교육 대전환! 혁신교육 현장 필독서

참된 삶과 교육에 관한
생각 줍기